让法律被信仰

美国反就业歧视法律制度研究

原理与案例

Research on Employment Discrimination Law in the United States: Theories and Cases

本书受对外经济贸易大学中央高校基本科研业务费专项资金资助（批准编号：18YB05）

贸大法学学术文库

卢杰锋 著

法律出版社
LAW PRESS·CHINA

序

很高兴卢杰锋博士的专著《美国反就业歧视法律制度研究:原理与案例》由法律出版社出版。美国国会于1964年通过的《民权法案》是美国最重要的反歧视联邦法律。该法案第七章禁止雇主、职业中介机构和工会等基于个人的种族、肤色、宗教信仰、性别、宗源国等原因实施就业歧视行为。该法案实施以后,涉及就业歧视的诉讼案件在美国法院快速增加。如今,在美国联邦法院系统受理的民事案件中,就业歧视相关争议案件比重已超1/4。与此同时,美国学界对就业歧视理论和实践的关注程度也日趋高涨,成果丰硕,为立法者完善立法以及法院推进司法提供了较好的理论支撑。美国在反就业歧视法治构建方面的有益的理论、立法和实践经验为其他国家提供参考。

我国1994年颁布的《劳动法》明确了劳动者享有平等就业和选择职业的权利,并明文禁止针对劳动者在就业过程中基于民族、种族、性别和宗教信仰原因的歧视行为。直到21世纪初,随着"身高就业歧视案""乙肝就业歧视案""年龄就业歧视案""性别就业歧视案""容貌就业歧视案"等一系列影响性就业歧视诉讼案件的产生,就业歧视问题及其法律规制逐渐引起社会的广泛关注。2008年实施的《就业促进法》设"公平就业"专章,突出强调了劳动者的平等就业权,并禁止用人单位、职业中介机构等基于劳动者的民族、种族、性别、宗教信仰,以及劳动者是否是残疾人、传染病病原携带者和进城就业的农村劳动者等原因实施就业歧视行为。2018年年底,最高人民法院发布《关于增加民事案件案由的通知》，正式将“平等就业权纠纷”归为民事案件案由，为法院受理和审理平等就业与就业歧视案件提供了有力支撑。但是反就业歧视立法也仍然存在待完善的空间。

我从事平等就业与反歧视法律制度研究工作已达10余年。早在2008年我们团队就组织国内的专家学者起草了《反就业歧视法（专家建议稿）》。同时，为加强反歧视研究，促进政府、学界、民间组织和法律实践者在反歧视领域沟通交流，自2010年起，每年都召开全国性的反歧视研究年会，广泛邀请来自高校、科研机构、行政机关、法院、律师事务所、社会组织等机构的专家学者齐聚一堂，就反歧视领域的重大理论和实践问题展开研讨。为了鼓励和支持年轻学者从事反歧视方面的研究和教学，从2011年起每年举办“高校教师平等与非歧视培训研讨会”。我们也编辑出版了国内首部以平等和反歧视为主题的连续出版物《反歧视评论》，现已出版7辑。我非常欣喜地看到中国反就业歧视法律研究和教学逐渐发展、深化，也有幸见证了年轻一代反歧视研究学者的快速成长，杰锋博士是这些年轻学者中的佼佼者。

杰锋博士早期曾参与了一系列有较大影响力的就业歧视诉讼案件，后又赴美留学，在美国天普大学法学院攻读法学博士学位。杰锋博士回国后一直致力于反歧视法律研究和教学工作，并取得了可喜的成绩，在国内外核心期刊以及《反歧视评论》上发表多篇高质量、有创建的学术论文，也参与了中国第一本反就业歧视法方面的教材《反歧视法讲义：文本与案例》的编写。本书不仅介绍了美国反歧视法律制度产生的背景，还系统分析了美国反就业歧视相关理论、立法和司法判例，有助于我们进一步了解美国的反就业歧视法律制度，可为国内相关研究提供参考。

刘小楠*

2021年1月5日于北京

* 中国政法大学人权研究院教授。

目录

第一章　禁止就业歧视的法律渊源及保护群体

在普通法规则之下，雇主和雇员之间的关系被描述为"自由雇佣"关系。"自由雇佣"通常也被称为"任意雇佣"，指除非存在明确的相反协议，否则雇主或雇员任何一方都可以随时终止雇佣关系：既可以是因为某种理由，也可以不需要任何理由。[1] 在"自由雇佣"原则下，雇主拥有绝对的自由，拒绝录用或者开除雇员；同样，雇员也可以在任何时间、以任何理由或者无理由而离职。[2] 在美国法下的雇佣关系中，"自由雇佣"仍然作为一个基本原则存在。诚然，雇佣关系的双方主体——雇主和雇员，可以通过个体的或者集体的劳动合同来约定雇佣的条件和期限，从而限制"自由雇佣"原则的适用。在美国法院看来，有关雇佣的合同本质上与其他形式的合同一样，只要具备合法要件，就具有执行力。需要说明的是，在美国，个体雇佣合同更多地受合同法的规制；而集体雇佣合同则更多地受美国《国家劳工关系法案》等法律的规制。

从19世纪晚期开始直至20世纪，美国联邦政府和州政府陆续制定了一些规制雇佣关系的法案，对"自由雇佣"原则进行限制，试图为处于雇佣关系中相对弱势地位的雇员提供更多的法律保护，从而减轻雇主针对雇员的劳动

---

〔1〕 参见薛波主编：《元照英美法词典》，法律出版社2003年版，第470页。

〔2〕 See Joel W. Friedman and George M. Strickler, *The Law of Employment Discrimination: Cases and Materials* (5th Edition), Foundation Press, 2001, p. 1.

剥削,典型的如美国国会于 1938 年制定的美国《公平劳动标准法案》。通过该法案,美国国会立法者不仅规定了雇主应当支付给雇员的最低工资标准,还禁止雇主在工业生产领域雇用童工。再如,美国国会于 1970 年制定了美国《职业健康与安全法案》,要求雇主必须为雇员提供安全健康的工作环境。此外,美国国会还于 1974 年颁布了美国《雇员退休收入保障法案》,为雇员退休后的养老金以及相关福利待遇的获得提供法律保障。除上述联邦立法外,许多州政府也制定和颁布了类似的调整雇佣关系的法案。

在雇佣关系的建立以及建立以后的履行过程中,禁止雇主基于与履行工作职责或工作能力无关的因素对雇员进行差别对待是美国国会立法者对"自由雇佣"进行的另一种形式的限制。这些差别对待由于并非基于雇员的工作能力作出,因而具有本质上的不合理性和道德上的可谴责性。出现在就业领域中的不合理的差别对待即我们所说的就业歧视。当立法者通过法律明确禁止就业歧视时,不合理的差别对待就具有了违法性,就业歧视行为的实施者就应当承担相应的不利法律后果。

本章主要讨论美国禁止就业歧视的法律渊源及保护群体。美国是一个联邦制国家,存在联邦和州两个政府系统,其均享有立法权、行政权和司法权。因此,就反就业歧视法律而言,也存在两套法律体系,即联邦反就业歧视法律和州反就业歧视法律。值得注意的是,美国反就业歧视法律的主要渊源由联邦法律构成。美国各个州虽然都有特定形式的反就业歧视法,但这些州法律大多参照了联邦法律。反就业歧视法的保护群体,是指因具有某些特征而可能在就业过程中遭受雇主非法歧视性对待的人群,譬如,特定种族的人、女性、残疾人、宗教信仰者等。进一步来说,并不是所有的区别对待都构成法律上的歧视,只有法律设定的保护群体直接或者间接地遭受反就业歧视法明确禁止的歧视事由侵害时,才构成违法的就业歧视。立法者通过设定特定范围的保护群体,区分非法的就业歧视和其他意义上的就业歧视,在雇主的用人自主权和劳动者的平等就业权之间形成权利平衡。[1]

---

〔1〕 See Owen M. Fiss, "A Theory of Fair Employment Laws", 38 *U. CHI. L. REV.* 235, p. 235.

一、《美国联邦宪法》

1787年制定的《美国联邦宪法》是世界上第一部成文宪法,迄今已有200多年的历史,是世界上实施时间最长的成文宪法。《美国联邦宪法》是在美国本土具有最高效力的法律,其中可以作为反就业歧视法律渊源的宪法条款主要包括两个部分:一是直接涉及禁止歧视与平等保护的宪法"平等保护条款",由《美国联邦宪法》第五和第十四修正案构成;二是虽不直接规制就业歧视,但在特定情形下可能对其有所涉及的其他宪法条款,如《美国联邦宪法》第一修正案关于言论和宗教自由的规定等。

下面介绍的是美国联邦上诉法院第四巡回庭于1945年审理的一个案件。原告是一名黑人女性,她申请参与当地图书馆的培训课程,为成为图书馆工作人员做准备。但原告的申请遭被告拒绝,因为她是一名黑人。原告诉称被告的行为侵犯了其基于《美国联邦宪法》第十四修正案所享有的平等保护权利。被告辩称其拒绝原告申请的原因并非仅仅是种族和肤色。

"科尔与*巴尔的摩市伊诺克·普拉特免费图书馆案"[1]

美国联邦上诉法院第四巡回庭索珀(Soper)法官出具了法庭意见书。

本案的原告路易斯·科尔(Louise Kerr)是一位年轻的黑人女性,她向法院提起诉讼,称其向被告巴尔的摩市的伊诺克·普拉特(Enoch Pratt)免费图书馆申请参加相关培训课程,为成为图书馆雇员做准备,但她的申请遭到被告拒绝。原告诉称,被告是履行政府职能的机构,排除包括原告在内的所有有色人种参与培训课程是被告长期以来践行的政策;被告的上述行为剥夺了原告基于《美国联邦宪法》第十四修正案以及其他联邦法律下的平等权利。原告的诉求包括损害赔偿、永久禁止被告歧视行为的禁制令以及确认她有权不受种族和肤色歧视参与培训课程的宣誓性判决等。

本案的被告包括图书馆公司、作为图书馆理事会成员的9位巴尔的摩市

---

* 由于在不同诉讼阶段当事人程序上的身份可能出现变化,比如,一审时的原告可能是二审时的被上诉人,因此本书统一将案件名称译为"××与××案"。——作者注

〔1〕 See Kerr v. Enoch Pratt Free Library of Baltimore City, 149 F. 2d 212(4th Cir., 1945).

民、图书馆管理员以及巴尔的摩市市长等。被告的答辩意见主要由两个方面组成：第一，原告被排除在培训课程之外并非仅仅是因为她的种族和肤色；第二，图书馆是一个私有公司，受理事会控制和管理，并不以州政府代理人的身份履行任何公共职能。

我们认为，在本案中应当考虑的问题是，原告是否由于其种族原因被排除在被告的培训课程之外；如果是，被告的行为是否与《美国联邦宪法》和法律相违背。

毫无疑问，原告作为申请人被排除在培训课程之外的原因是她的种族。被告图书馆从1928年开始设立的培训课程主要面向可能成为图书馆员工助理的人员，进入培训课程的竞争比较激烈，最终能参与培训课程的人数为15～20个。进入培训课程的人员每月可以获得50美元的补助，因为他们在培训课程中所从事的工作基本上等同于兼职的员工。

从上述培训班设立伊始，共有超过200名黑人申请者申请参与培训课程，但所有的黑人申请者都被拒绝。直到1942年，图书馆理事会在一个有较多黑人光顾的图书馆分支机构雇用了2名没有参与培训课程的黑人作为技术协助工。据统计，被告图书馆在总部以及各个分支总共雇用了70名高级图书馆助理员和80名初级图书馆助理员。图书馆没有基于种族的隔离行为，所有的白人和黑人顾客都被平等地对待。另外，在巴尔的摩市的人口构成中，白人约占80%，有色人种约占20%。

尽管图书馆在一个分支机构雇用了2名黑人技术协助工，但图书馆长期以来排除黑人申请者参与培训课程，包括本案的原告。被告辩称，将原告排除在培训课程之外并非仅仅是因为她的种族，而是因为针对黑人开放的图书馆助理员的职位在当时已经有人担任。并且，适合前述职位的黑人在当地大有人在，即便出现空缺也不会轮到原告。基于此，录用原告进入培训课程不仅浪费原告的时间，也会凭空增加图书馆的开支。被告拒绝录用原告并非基于针对黑人的敌意或偏见，而是由于在白人更多光顾的地方，白人图书馆助理员能够提供更高效的服务。尽管如此，我们认为，原告被拒绝的唯一的原因是她的种族。被告未能录用原告是因为培训学校不招收黑人；而培训学校之所以不招收黑人是因为在图书馆理事会看来,黑人的种族属性使他们不适合为主要由白人构成的社区提供服务。因此,我们需要明确的是,基于《美国联邦宪法》第十四修正案禁止歧视的规定,在本案中被告是否有合理的理由将黑人排除在培训学校之外进而使他们无法获得图书馆的职位。

审理本案的下级联邦地区法院法官认为被告是由理事会控制和管理的私人公司,并非具有履行公共职能的州政府代理人。因此,《美国联邦宪法》第十四修正案不适用于被告,因为该修正案只约束侵害美利坚合众国公民特权或豁免权、剥夺任何人受法律平等保护权利的州政府的行为。

本院详细考察了巴尔的摩图书馆的历史。我们无疑可以得出以下结论:首先,图书馆建立者捐献以及促使州政府接受捐献的目的,在于建立一个可以使所有人受益的传播知识、促进教育的公共机构。其次,捐献者如果想建立一个完全私立的公司制的图书馆以便能更好地拥有和管理图书馆,不受州政府的控制,那么他完全可以这么做,但他没有这么做。取而代之的是,其在市政府协助下建立了一个具有公益性质的机构。最后,在图书馆建立60年后,市政府在图书馆中的获利已经大为增加,以至于现今图书馆的运营很大程度上依赖市政府的财政拨款。

综上所述,我们认为图书馆是马里兰州政府的一个机构。原告被剥夺了一项她本当享有的权利;应当撤销下级法院的判决,将本案发回重审。

《美国联邦宪法》第十四修正案规定,"各州不经法律正当程序,不得剥夺任何人的生命、自由或财产;对于在其管辖下的任何人,也不得拒绝给予法律的平等保护"。在就业歧视案件中,该条是最主要的主张平等保护的宪法条款。《美国联邦宪法》第五修正案也规定,"任何人不经正当法律程序,不得被剥夺生命、自由或财产"。

《美国联邦宪法》第五修正案和第十四修正案的差异主要体现在以下两个方面:首先,第五修正案适用于联邦政府,而第十四修正案则适用于各州政府;其次,第五修正案的文本本身并没有明确提及平等保护问题。但是,联邦最高法院在其审理的相关判例中明确表示,《美国联邦宪法》第五修正案中的正当法律程序条款包含了平等保护的含义,因而,第十四修正案中的平等保护条款与其是一脉相承的。[1]

《美国联邦宪法》第五修正案和第十四修正案构成了宪法平等保护条款,该条款的字面意思是,任何人都不应当受到美国联邦政府以及各州政府的不平等对待。但毫无疑问,只有不合理的不平等对待才是《美国联邦宪法》所禁止的。申言之,《美国联邦宪法》的平等保护条款不能被理解为要求对所有人都采取一样的对待措施。一项差别化的,甚至是歧视性的对待措施是否违反《美国联邦宪法》的规定,应当根据造成差别对待的原因、具体环境,以及是否具有正当的理由等方面来进行综合判断。

经过长期的司法实践,美国法院总结了三种审查差别对待是否符合宪法规定的标准,即严格审查标准(strict scrutiny)、中度审查标准(intermediate scrutiny)以及合理审查标准(rational scrutiny)。在美国法院已阐明的三种审查标准中,严格审查标准是严厉程度最高的一项审查标准。如果政府的某项差别对待行为受到法院的严格审查,这表明政府的上述行为在本质上有违宪的嫌疑。在严格审查标准下,被诉的政府行为必须为实现"紧迫性"的政府利益所"必需"时,才会被法院维持。在中度审查标准下,被诉的政府行为必须与"重要"的政府利益之间有"实质性"的关联时,才会被法院维持。合理审查标准,又称一般性审查或最低审查,是严厉程度最低的一种审查标准,该标准仅要求政府证明被诉的政府行为与"合法"的政府利益之间存在"合理"的关联。在适用严格审查标准时,法院假定被诉的政府行为是违宪的,除非政府能够证明该行为是为实现"紧迫性"的政府利益所"必需"的。而在适用合理审查标准时,法院假定被诉的政府行为是合宪的,除非原告能够证明该行为与合法的政府利益之间不存在任何的合理关联。在实践中,法院选取哪一种审查标准,往往预示了审查的结果。因为,在严格审查标准下,政府往往很难证明被诉的行为是为实现"紧迫性"的政府利益所"必需"的;而在合理审查标准下,原告也很难证明被诉的政府行为与"合法"的政府利益之间不

[1] Buckley v. Valeo,424 U. S. 1(1976).

存在任何的“合理”关联。

但法院并非可以随意地选择审查标准,美国联邦最高法院通过判例确立了不同分类所对应的审查标准。具体来看,第一,基于种族的分类适用严格审查标准。这表明,在美国基于种族的差别对待被推定为违宪,政府要通过严格审查极度困难。在已有的案例中,只有在联邦上诉法院第七巡回庭审理的一个案件中,法院认为在关押的大多数犯人为黑人的监狱中优先录用黑人狱警并不违法。[1] 除此之外,在就业中的所有基于种族的差别对待都被法院判定为违宪。第二,基于宗源国的分类适用严格审查标准。联邦最高法院明确指出,基于宗源国的歧视与基于种族的歧视一样需要通过最严苛的审查才能获得合法性。第三,基于性别的分类适用中度审查标准。[2] 但是,基于性倾向的分类只适用合理审查标准。美国没有禁止性倾向歧视的联邦法律。在“鲍尔斯与哈德威克案”(Bowers v. Hardwick)中,联邦最高法院裁定进行同性性行为并非一项基本权利,因而只适用合理审查标准。[3] 第四,政府的分类行为如果基于年龄因素,那么只需通过合理审查标准即可。在已有的案例中,政府设定的法定退休年龄通常被法院认定为合法。[4] 第五,基于残疾的分类适用合理审查标准。[5]

除平等保护条款外,《美国联邦宪法》中的一些其他条款也被用于挑战政府雇主的就业歧视行为。比如,基于宗教信仰的就业歧视诉讼主要依据《美国联邦宪法》第一修正案规定的信仰自由条款。一些由于同性恋倾向遭到不利对待的雇员也试图依据《美国联邦宪法》第一修正案中的言论自由条款以及第十四修正案中的实体正当法律程序权利所包含的隐私权来起诉。此外,《美国联邦宪法》第五修正案中的特权和豁免条款也被用于挑战基于州居民身份的歧视行为。

---

〔1〕 Wittmer v. Peters, 87 F. 3d 916(7th Cir., 1996).

〔2〕 Craig v. Boren, 429 U. S. 190(1976).

〔3〕 Bowers v. Hardwick, 478 U. S. 186(1986).

〔4〕 如 Massachusetts Board of Retirement v. Murgia, 427 U. S. 307(1976); Vance v. Bradley, 440 U. S. 93(1979)等。

〔5〕 City of Cleburne, Texas v. Cleburne Living Center, Inc., 473 U. S. 432(1985).

需要指出的是,《美国联邦宪法》第十一修正案禁止在联邦法院提起针对各州政府及其官员的诉讼,包括涉及歧视的诉讼。在这里,有必要简单回顾一下《美国联邦宪法》第十一修正案产生的历史缘由。在1793年联邦最高法院审理的一个案件中,法院判决允许一个州的居民在联邦法院起诉另一个州的政府,[1]但该判决遭到美国国会的强烈反对。作为回应,美国国会于两年后的1795年通过了《美国联邦宪法》第十一修正案,推翻了联邦最高法院的判决。按照《美国联邦宪法》第十一修正案的规定,美利坚合众国的司法权,不应当被解释为适用于由其他州的居民或者任何外国的公民或国民提起的,针对合众国中任何一个州的诉讼,无论该诉讼是基于普通法或是衡平法。《美国联邦宪法》第十一修正案的核心,是保障州政府及其官员免于在联邦法院进行由个人提起的未经其同意的诉讼。

尽管《美国联邦宪法》第十一修正案极大地限制了在联邦法院提起的针对州政府的诉讼,但这种限制不是绝对的。第一,联邦法律明确授权联邦政府可以作为原告起诉州政府涉嫌就业歧视的行为。在由联邦政府提起的诉讼中,个人可以以适当的方式参与诉讼。第二,如果个人提起的诉讼针对的是州的官员,且诉讼请求仅限于要求法院颁布禁制令或者给予宣告性法律救济,而非赔偿性法律救济,那么这样的诉讼是被允许的。第三,《美国联邦宪法》第十一修正案规定,个人不得针对州政府提起诉讼,这里的州政府包括州的各个政府机构,但不包括州以下的政府及机构,如郡县、地方自治体等。第四,受《美国联邦宪法》第十一修正案保护的州政府及其官员可以自愿放弃豁免,在联邦法院成为被告。第五,美国国会可以通过联邦立法明确取消《美国联邦宪法》第十一修正案授予州政府及其官员的豁免权。

由于《美国联邦宪法》中的平等保护条款适用于所有的由联邦及州政府实施的分类行为(差别对待行为),因此,很难给《美国联邦宪法》界定一个确定的保护群体范围。但除《美国联邦宪法》外,联邦及各州的反就业歧视法律均有确定的保护群体范围。

---

〔1〕 Chisholm v. Georgia, 2 U. S. 419(1793).

二、民权立法

(一)《美国法典》第 1981 节、第 1983 节和第 1985 节

美国的民权立法是重要的反歧视法律渊源。民权立法在美国的产生有特定的历史背景。在美国的南北战争结束以后,为了巩固解放奴隶的战争成果,美国国会相继通过了《美国联邦宪法》第十三修正案、第十四修正案和第十五修正案,从宪法的高度昭示奴隶制度的非法性。[1] 其中,《美国联邦宪法》第十三修正案明确规定在美利坚合众国废除奴隶制和强制劳役;第十四修正案明确规定非经正当法律程序,各州不得剥夺公民的生命、自由和财产;第十五修正案明确禁止联邦或州政府根据公民的种族、肤色或以前曾是奴隶等理由而限制公民的选举权。上述三个宪法修正案的核心,旨在确保美国南北战争之后黑人获得自由和公民权利。为了落实前述宪法规定,美国国会又先后制定了《美国法典》第 1981 节、第 1983 节和第 1985 节,以保障获得解放的黑人能够平等地享有《美国联邦宪法》规定的各项权利。

按照《美国法典》第 1981 节的规定,所有公民(包括黑人)在各个州以及其他美国领土范围内有签订和履行合同的权利。从时间上来看,第 1981 节于 1866 年获得通过,因此,被视为美国最早的反歧视联邦法律。[2] 但是,在很长的一段时间内,第 1981 节被认为不具有支持个人提起诉讼的功能。直到 1975 年,联邦最高法院在其审理的"约翰与美国捷运公司案"(John v. Railway Express Agency)中判定第 1981 节可以成为个人的起诉依据。[3]

《美国法典》第 1981 节规定,在所有合同的订立、条件、管理、履行等各个方面禁止基于种族的歧视行为,这当然也包括涉及雇佣关系的合同。有两点值得注意:第一,联邦最高法院曾在 1989 年审理的"帕特森与麦克林信用合作社案"(Patterson v. McLean Credit Union)中将第 1981 节的效力限定于合

---

〔1〕 See Joel W. Friedman and George M. Strickler, *The Law of Employment Discrimination: Cases and Materials*(5th edition), Foundation Press, 2001, p. 9.

〔2〕 See Thomas R. Haggard, *Understanding Employment Discrimination* (Second Edition), LexisNexis Matthew Bender, p. 4.

〔3〕 John v. Railway Express Agency, 421 U. S. 454(1975).

同的订立和形成阶段,在合同成立以后的行为,比如,歧视性的工作条件等,被排除在了第1981节的效力范围之外。联邦最高法院认为,合同成立以后产生的诉求应当适用1964年美国《民权法案》第七章以及相关州法律的规定。[1] 但联邦最高法院的这一判决在实践中给下级法院带来了众多疑惑,也招致了来自学术界和立法者的广泛批评。最终,美国国会在1991年对美国《民权法案》进行修订时,明确规定,第1981节的效力及于合同的订立、执行、修改、终止等各个环节。可以认为,美国国会通过立法推翻了联邦最高法院在"帕特森与麦克林信用合作社案"中的判决意见。第二,从第1981节的字面意思来看,其所禁止的是基于种族的歧视行为,立法者的原意旨在保障美国黑人在合同的签订和履行过程中所享有同白人一样的平等权利。但在此后的实践中,第1981节中种族的含义已经大为扩张,法院将种族的概念广泛解释为包括所有与宗源国有关的含有少数族裔特征的群体。从19世纪至今,种族的概念已经包括犹太人、阿拉伯人、德国人、希腊人、爱尔兰人、波兰人、吉普赛人以及其他少数族裔人群。

除第1981节外,美国国会立法者还分别于1866年和1871年通过了《美国法典》第1983节和第1985节。按照第1983节的规定,任何人,假借任何州和领土或者哥伦比亚特区下的任何法律、法规、规则或者习惯法,使得或者造成美利坚合众国公民或者其管辖之下的其他人基于宪法和法律所保护的权利、特权及豁免被剥夺的,应当通过普通法或者衡平法上的诉讼程序,或者其他适当的救济程序,对权利遭受损害的一方承担责任。第1983节主要是为主张基于第1981节的宪法权利遭受侵害的人提供法律救济的途径。按照第1985节的规定,州政府官员不得和个人合谋剥夺公民享有的宪法权利。虽然在实践中,第1985节很少在涉及就业歧视的诉讼中被用到,但只要出现州政府官员和个人合谋实施就业歧视行为侵害公民平等就业权的,就可以适用第1985节的规定。

---

[1] Patterson v. McLean Credit Union, 491 U. S. 164(1989).

(二)1964 年美国《民权法案》

美国国会于 1964 年通过的美国《民权法案》是美国有史以来最有影响力的民权立法,也是美国最为重要的反歧视联邦立法,被称为反就业歧视法律中的"旗舰"。该法案第七章第 703(a)条规定,雇主的下列雇佣行为违法:基于个人的种族、肤色、宗教信仰、性别或者宗源国的原因,对其不予雇用、拒绝雇用,或解雇,或在工资待遇、工作条件、工作权利等方面给予其歧视对待的;抑或是基于个人的种族、肤色、宗教信仰、性别或者宗源国的原因,通过限制、隔离,或对其员工或职位申请者进行等级分类等方式,剥夺或者试图剥夺任何个人的工作机会,或者对其作为一位员工的身份产生不利影响。

在适用的对象上,美国《民权法案》的反歧视条款适用于绝大多数的公私雇主、职业介绍机构以及工会组织;在适用的范围上,该法案的反歧视条款适用于雇佣关系的建立、履行和终止等各个方面。美国《民权法案》禁止基于种族、肤色、宗教信仰、性别以及宗源国原因的所有直接或间接的就业歧视。虽然该法案本身没有就禁止事项的具体含义给出定义,但法院在各个具体案件的判决中,对上述重要概念的含义进行了阐述。法院的解释如下:

(1)"种族",是指就其肤色、国族或人种本源认为自己有特殊历史身份的人群。美国联邦最高法院在解释种族概念时强调,美国《民权法案》禁止任何形式的种族偏好或歧视,无论是针对少数族群,还是多数族群。[1] 因此,该法案设定的涉及种族因素的保护群体不仅包含黑人,也包含白人以及其他种族的人群。[2] 同时,禁止种族歧视也意味着禁止对涉及种族因素的群体进行任何形式的种族骚扰行为(racial harassment)。[3]

(2)"肤色"与"种族"在很多时候被当作近义词甚至同义词,但法院认为,美国《民权法案》将"肤色"和"种族"列为不同的保护群体,表明立法者区分涉及"肤色"因素的保护群体与涉及"种族"因素的保护群体。[4] 在实践

---

〔1〕 Griggs v. Duke Power Co. ,401 U. S. 424(1971).

〔2〕 McDonald v. Santa Fe Trail Transportation Co. ,427 U. S. 273(1976).

〔3〕 Faragher v. City of Boca Raton,524 U. S. 775(1998).

〔4〕 See Barbara Lindemann and Paul Grossman (Editor), *Employment Discrimination Law* (4th Edition,2007),BNA Books,p. 273.

中,基于肤色的就业歧视案件在美国非常稀少,主要是原告认为由于其肤色更浅或更深的原因遭受了歧视性待遇的案件。例如,在一个典型案件中,原告(一位肤色较浅的非裔美国人)声称她的上司(一位肤色较深的非裔美国人)基于对肤色较浅的非裔美国人的偏见对其实施了歧视行为并解雇了她。法院审理后认为,原告的诉讼请求符合美国《民权法案》第七章禁止基于肤色的歧视的规定,即使在本案中是一位黑人起诉了另一位黑人。[1]

(3)根据美国《民权法案》的规定,宗教信仰包括秉持宗教因素的信念(belief)以及施行宗教因素的仪式(observation and practice)。[2] 法院在一系列判例中强调,"信念"要成为受法律保护的、宗教意义上的"信仰",必须表明该"信念"在行为人自我认知和发展过程中被认为具有宗教性,并且该"信念"由行为人真实、虔诚、笃定地所享有。[3] 不具有宗教因素的"信念",譬如,文化上的或者政治上的"信念",不在该法案的保护范围内。另外,宗教信仰歧视包括基于宗教信仰原因的骚扰行为。

(4)涉及性别因素的群体不仅包括女性群体,也包括男性群体。法律也禁止歧视怀孕、分娩,或受与此相关的医疗状况影响的妇女。此外,职业场所中的性骚扰行为也被认定为是性别歧视的表现,[4]即便是同性对同性的性骚扰。[5] 但目前大多数联邦法院认为仅仅基于性取向的歧视或骚扰不属于美国《民权法案》规定的性别歧视,[6]对变性人的歧视也被排除在了涉及性别因素的保护群体范围之外。[7]

(5)"宗源国",是指"你或你的祖先来源的国家",[8]或"一个人出生的

---

〔1〕 Walker v. Secretary of Treasure, 742 F. Supp. 670(N. D. Ga., Atlanta Div. 1990).

〔2〕 42 U. S. C. § 2000e(j)(2000).

〔3〕 Welsh v. United States, 398 U. S. 333(1970); United States v. Seeger, 380 U. S. 163(1965); Franzee v. Illinois Department of Employment Security, 489 U. S. 829(1989).

〔4〕 Meritor Savings Bank v. Vinson, 477 U. S. 57(1986).

〔5〕 Oncale v. Sundowner Offshore Services, Inc., 523 U. S. 75(1998).

〔6〕 Bibby v. Philadelphia Coca-cola Bottling Co., 260 F. 3d 257(2002). 但值得注意的是,在部分州的反就业歧视立法中已经明确禁止基于性倾向和性别认同的就业歧视行为。See Stephanie Rotondo, "Employment Discrimination against LGBT Persons", 16 *Geo. J. Gender & L.* 103(2015).

〔7〕 Ulane v. Eastern Airlines, Inc., 742 F. 2d 1081(1984).

〔8〕 110. CONG. REC. 2456(1964).

国家,或者他或她的祖先来源的国家”。[1] 但法院认为,宗源国不等于国籍:前者表明个体(以及他或她的祖先)地理上的出生地;而后者则表明个人政治上的归属地。[2] 按照法院的意见,美国《民权法案》禁止基于宗源国的歧视,但并不禁止基于是否拥有美国国籍的歧视。[3]

三、其他联邦立法

除《美国联邦宪法》和相关民权立法以外,从20世纪60年代开始,美国国会陆续通过了一些或独立或包含禁止就业歧视规定的联邦立法,包括1963年的美国《平等报酬法案》、1967年的美国《就业年龄歧视法案》、1973年的美国《康复法案》以及1990年的《美国残疾人法案》等。在这些重要的反歧视立法通过以后,在联邦层面,美国基本上形成了以《美国联邦宪法》为依据,以1964年美国《民权法案》为主线,以其他联邦反歧视立法为补充的较为完整的立法体系。

(一)美国《平等报酬法案》

美国国会于1963年通过的美国《平等报酬法案》是作为1938年的美国《公平劳动标准法案》的修正案而制定的。该法案的立法宗旨,是要求雇主向在同一个公司或单位内从事相同工作的女性雇员和男性雇员支付相同的工资报酬。相同的工作,是指在相似工作条件下需要同样的技术、承担同样的职责的工作。虽然该法案几乎涵盖美国境内的所有雇员,但法案的调整范围还是相对较为狭窄,因为该法案只针对基于性别因素的不平等待遇,而基于其他因素的不平等待遇,如种族、年龄、宗教信仰等,均不在其规制范围之内。

不难看出,当事人依据美国《平等报酬法案》提出平等报酬诉求时需要

---

〔1〕 Espinoza v. Farah Manufacturing Co. ,414 U. S. 86(1973).

〔2〕 See Barbara Lindemann and Paul Grossman (Editor), *Employment Discrimination Law* (4th Edition),BNA Books,2007,p. 292.

〔3〕 譬如,在一个典型的案例中,被告雇主拒绝雇用一个在美国具有合法身份但不具有美国国籍的墨西哥人,而雇用了另外一个具有美国国籍的美国人,法院认为雇主的行为并不违反《民权法案》的规定。See Espinoza v. Farah Manufacturing Co. ,414 U. S. 86(1973).

证明的关键问题是从事了“相同的工作”。按照规定,相同的工作表明所涉及的岗位具有实质上的相同性,而不仅仅是类似而已。因此,在实践中,原告往往需要花费较大的精力来举证证明工作岗位的实质相同性。这通常需要原告证明:所涉及的工作岗位是在同一公司或单位内;工作是在相似的环境下进行的;完成工作任务所需的技能、精力和责任是相同的。由于这样的诉讼需要运用大量的统计数据,因此,案件牵涉的主要是事实问题,而非法律问题。[1]

该法案还规定,雇主基于以下理由支付不同报酬的,不是违反法案的行为:(1)基于资历制度支付不同报酬的;(2)基于奖励制度支付不同报酬的;(3)按照产品的数量或质量计算报酬的;(4)基于性别以外的其他因素支付不同报酬的。由于该法案本身的适用范围较狭窄,外加雇员的举证能力较弱以及雇主有一系列的抗辩事由,因此,在实践中,美国《平等报酬法案》的实施效果并不理想。

(二)美国《就业年龄歧视法案》

美国《民权法案》第七章并未禁止基于年龄的就业歧视,但几乎在美国《民权法案》通过的同时,美国国会即着手调查了就业领域的年龄歧视问题。在当时的美国社会,在就业领域罔顾履职潜力而恣意设置年龄限制的做法相当普遍,年纪较大的员工即使拥有更好的生产力、更丰富的经验,在求职和工作过程中仍然经常性地面临不利的处境。[2] 国会开展的相关调查表明,在就业领域存在的年龄歧视对美国社会和经济发展产生了不利影响。[3] 基于此,以特定年龄群体为保护对象的美国《就业年龄歧视法案》在 1967 年获得通过。按照该法案的规定,雇主不得基于年龄原因,不雇用、拒绝雇用,或解雇,或在工资待遇、工作条件、工作权利等方面给予员工或者求职者歧视性对待。[4] 该法案在最初通过时,设立的保护群体较为狭窄,仅规定了年龄 40

---

〔1〕 See Thomas R. Haggard, *Understanding Employment Discrimination* (Second Edition), LexisNexis Matthew Bender, p. 5.

〔2〕 29 of the United States Code, section 621(a)(1)(2)(3).

〔3〕 29 of the United States Code, section 621(a)(4).

〔4〕 29 U. S. Code § 623(a)(1)(2000).

岁至65岁的人群不受歧视性对待。1978年美国国会对其进行了修订,将保护群体的年龄上限由65岁调整至70岁。1986年其再次被修订时,美国国会完全取消了年龄歧视保护群体的年龄上限。根据现行《就业年龄歧视法案》的规定,当雇主基于年龄原因在保护群体(40岁以上人群)和非保护群体(不满40岁人群)之间进行歧视性区别对待时,受保护群体(40岁以上人群)可以依据该法案提起就业歧视诉讼。

(三)美国《康复法案》

美国国会于1973年制定的美国《康复法案》(The Rehabilitation Act of 1973)和之后于1990年制定的《美国残疾人法案》一起构成保障残疾人平等就业的主要联邦法律。美国《康复法案》的适用范围比较狭窄,只禁止三类雇主针对雇员或求职者实施基于残疾的就业歧视:一是联邦政府机构(包括美国邮政);二是接受联邦金融资助的单位;三是联邦合同承包商。具体来看,美国《康复法案》第501节禁止联邦政府机构歧视符合法案规定的残疾人。[1] 该节的规定不仅禁止歧视残疾人,同时还要求联邦政府机构在招录雇员时应当采取积极措施(affirmative action)来雇用有残疾的个人,并为有需要的雇员或求职者提供必要的合理便利。美国《康复法案》第504节禁止接受联邦金融资助的单位实施针对残疾人的包括就业在内的歧视行为。[2] 美国《康复法案》第503节禁止联邦合同承包商以及次承包商在标的额超过10,000美元的合同实施过程中歧视残疾人。[3] 该节还同时规定,上述承包商以及次承包商应当采取积极措施来实施禁止在就业过程中歧视残疾人的法律法规。

(四)《美国残疾人法案》

1990年美国国会制定的《美国残疾人法案》(Americans with Disabilities Act of 1990)是一部涉及残疾人权利保护的综合性立法。其中,与就业有关的规定主要集中于第一章和第二章,规范的对象包括公私雇主、职业介绍机

[1] 29 U. S. C. § 791.
[2] 29 U. S. C. § 794.
[3] 29 U. S. C. § 793.

构以及工会组织等。该法案的立法宗旨是保障残疾人能够平等地参与社会活动，通过参与工作等方式融入社会，获得经济来源从而可以独立生活。该法案明确规定要消除针对残疾人的歧视，要为处罚残疾歧视提供一个清楚而强有力的可执行的法律标准等。但值得注意的是，在禁止就业领域，该法案只保护符合该法案规定条件的残疾人，即《美国残疾人法案》设定的保护群体范围仅为"符合法案规定条件"的"残疾人"。

(1)残疾人的定义。根据《美国残疾人法案》的规定，"残疾人"是指，具有一项生理或心理上的损伤的个人，并且该损伤极大地限制了一项或者多项个人的主要生活活动。①生理或心理损伤。生理损伤是指任何生理障碍或状况，面容损毁，或影响一个或一个以上身体系统的组织丧失，包括神经系统、肌肉骨骼、特殊的感觉器官、呼吸器官（包括言语器官）、心血管、生殖系统、消化系统、泌尿生殖系统、血液、淋巴结、皮肤和内分泌等。[1] 心理损伤是指任何精神或心理紊乱，包括心理障碍、器质性脑综合征、情感或精神方面的疾病以及特定的学习障碍等。[2] ②该损伤影响了主要生活活动。主要生活活动是指常人可以完成的基本但重要的，包含公共、经济和日常特性的活动。已有判例表明下列活动是符合《美国残疾人法案》规定的主要生活活动：照顾自己、洗澡、装扮、如厕、拿稳自己的碗、清除垃圾、睡眠、进食、喝水、坐立、行走、看、听、说、与他人交流、呼吸、生育、阅读、写字、思考以及工作等。[3] 下列活动是否符合《美国残疾人法案》规定的主要生活活动仍存在争议：集中思想、跑步、下蹲、屈身、使用楼梯、爬、举、搬运、旅行、驾驶等。[4] 下列活动被认为是不符合《美国残疾人法案》规定的主要生活活动：意识、汽车机械工作、到商店购物、铲雪、刈草、造园、滑雪、高尔夫球运动、网球运动、钓鱼以及徒步旅行等。[5] ③损害对主要生活活动的影响应当达到极大限制的

---

〔1〕 29 C. F. R. § 1630.2(h)(1)(2005).

〔2〕 29 C. F. R. § 1630.2(h)(2)(2005).

〔3〕 29 C. F. R. § 1630.2(i)(2005).

〔4〕 See Barbara Lindemann and Paul Grossman (Editor): *Employment Discrimination Law* (4th Edition, 2007), BNA Books, pp. 831 – 834.

〔5〕 See id at pp. 834 – 835.

程度。在衡量损害对主要生活活动的影响是否为极大限制时,损害的性质和严重程度,损害的持续时间或者预计的持续时间,以及现有的或预计会有的长期影响都是需要考虑的因素。[1] 法院的判例显示,虽然构成极大限制的损害无须具有永久性特征,但是一般来讲,只具有暂时性、短期性和非慢性特征,而不具有或者几乎不具有长期或永久性影响的损害通常不被认为是残疾。从时间跨度上来看,损害状态至少应当持续数月。[2]

(2)符合《美国残疾人法案》规定条件的残疾人的定义。根据《美国残疾人法案》的规定,"符合法案规定条件的残疾人"是指,在具备或者不具备"合理便利"条件下可以完成"实质性工作职责"的残疾人。该法案把在具备或者不具备"合理便利"条件下无法完成"实质性工作职责"的残疾人排除在了反歧视保护群体之外。"合理便利"包括:便于残疾人使用的通道、电梯、卫生间等工作场所设施,灵活的工作时间,阅读和翻译设备以及必要的培训等;"合理"是指上述便利设备和措施没有给雇主造成过度的经济负担。[3] 判断是否属于"实质性工作职责"需要考量该职责是否由雇主要求所有员工都应完成以及将该职责从某一工作内容中移除是否会实质性地改变工作的性质。[4] 在诉讼程序和法律救济方面,《美国残疾人法案》则完全使用了美国《民权法案》第七章中的相关规定。

四、总统行政命令

美国总统是行政部门的最高负责人,在执行《美国联邦宪法》和联邦法律的过程中,有权以总统行政命令的方式制定具体的实施规则,其中也包括涉及反就业歧视的规则。在美国的法律效力等级体系中,总统行政命令的效力位于《美国联邦宪法》和联邦法律之后,州法律之前。从历史上来看,美国

---

[1] 29 C. F. R. § 1630. 2(j) app. (2005).

[2] See e. g. , Taylor v. Federal Express Corp. , 429 F. 3d 461 (4th Cir. , 2005); MacKenzie v. Denver, 414 F. 3d 1266 (10th Cir. , 2005); Rossbach v. City of Miami, 371 F. 3d 1354 (11th Cir. , 2005).

[3] See Mark Rothstein et al. , *Employment Law* (3rd Edition), West Publishing Co. , pp. 466 – 467.

[4] See Barbara Lindemann and Paul Grossman (Editor), *Employment Discrimination Law* (4th Edition), BNA Books, 2007, pp. 856 – 857.

前总统罗斯福、肯尼迪、约翰逊、尼克松等均颁布过禁止就业歧视的总统行政命令。这其中,11246 号总统行政命令和 11478 号总统行政命令是两个最为重要的反就业歧视总统行政命令。

11246 号总统行政命令由美国前总统约翰逊于 1965 年颁布,适用于和联邦政府有业务往来的雇主及其雇员。按照 11246 号总统行政命令的规定,作为与联邦政府订立合同的一个前提条件,雇主应当同意承担比一般法律规定更为广泛的反歧视义务。这些额外的义务包括收集公司员工以及员工来源地区人口有关种族、民族、性别等的构成情况。如果通过数据分析发现公司员工构成与员工来源地区人口构成存在差异,前述雇主还应当采取必要的措施来消除这样的差异。11478 号总统行政命令由美国前总统尼克松于 1969 年颁布,可以被看作 11246 号总统行政命令的强化版。按照 11478 号总统行政命令的规定,联邦政府应当在联邦就业活动中为所有人提供平等的机会,禁止任何基于种族、肤色、宗教信仰、性别或者宗源国的就业歧视,并继续通过联邦各个机构及部门实行的肯定性行动来提供完全的平等就业机会。该命令还要求,各个联邦政府机构及部门的负责人应当调动所有可以利用的资源,为肯定性行动的有效执行提供保障。

五、各州和地方的反歧视立法

如前所述,除联邦层面的反就业歧视立法以外,美国还有州层面的反就业歧视立法。从效力和影响力上来看,联邦反就业歧视法律显然更具优势;但从时间上来看,州层面的反就业歧视法律则出现得更早。在州层面的法律中,尤以纽约州的反歧视法律最具影响力。

在 1964 年美国《民权法案》颁布之时,美国国会就已经充分认识到各州及地方政府在推进平等就业机会和反歧视方面的积极作用。基于此,在反歧视法领域,美国国会在立法中不仅明确放弃了传统上的联邦法律优先原则(preemption),还要求当事人应尽可能寻求州法律的反歧视保护。由于很多州的反就业歧视法几乎是“复制”了联邦反就业歧视法,因此,在现实生活中,当出现联邦和州法律双重禁止的情况时,当事人通常会选择依据联邦法律进行维权。但这并不意味着州反歧视法律无足轻重,因为相比联邦反歧视法律,州反歧视法律的保护群体范围通常更为宽泛。譬如,美国《民权法案》第七章虽然禁止基于性别的就业歧视,但联邦法院在解释性别时并未将性倾向纳入其中。因此,基于性倾向的就业歧视仍不在联邦法律的保护范围之内。但是,美国很多州及地方政府却已经明确将性倾向纳入反歧视法律的保护范围。同样,很多州及地方反歧视法律还将性别表达、基因、婚姻、犯罪前科等纳入保护范围,而这些均不在联邦反歧视法律的保护范围之内。

表1是万律(Westlaw)和律商联讯(LexisNexis)等法律数据库统计的美国各个州的主要反就业歧视立法以及州法律所确立的保护范围。不难看出,大多数州立法采取了与联邦立法相同或相似的保护范围。相同是指,州立法完全使用了联邦立法设立的反就业歧视保护群体范围,即种族、肤色、宗教信仰、宗源国、性别、年龄以及残疾。这些州包括亚拉巴马州、爱达荷州、艾奥瓦州、北卡罗来纳州、南卡罗来纳州、田纳西州等。相似是指,州立法主要使用了联邦立法设定的反就业歧视保护群体范围,适度增加了反歧视保护群体,但增加的保护群体与联邦法律确立的保护群体具有十分密切的联系。例如,科罗拉多州、印第安纳州、堪萨斯州、缅因州、密苏里州、俄亥俄州、南达科他州、西弗吉尼亚州、怀俄明州等州在联邦立法的基础上增加了一个"血统",但涉及"血统"的保护群体与联邦法律中规定的"种族"和"宗源国"保护群体具有十分密切的联系。

表1 美国各州反就业歧视立法及保护群体范围

州名	州主要反就业歧视立法索引	保护群体范围
亚拉巴马州(Alabama)	Ala. Code § 25-1-20, et. seq.	种族、肤色、宗教信仰、宗源国、性别、年龄、残疾
阿拉斯加州(Alaska)	Alaska Stat. Ann. § 18.80, et. seq.	种族、肤色、宗教信仰、宗源国、性别、残疾、年龄、婚姻、怀孕、血统

续表

州名	州主要反就业歧视立法索引	保护群体范围
亚利桑那州（Arizona）	Ariz. Rev. Stat. Ann. § 41 – 1461, et. seq.	种族、肤色、宗教信仰、宗源国、性别、年龄、残疾、基因
阿肯色州（Arkansas）	Ark. Code Ann. § 16 – 123 – 101, et. seq.	种族、肤色、宗教信仰、宗源国、性别、年龄、残疾、怀孕
加利福尼亚州（California）	West's Ann. Cal. Gov. Code § 12900, et. seq.	种族、肤色、宗教信仰、宗源国、性别、年龄、残疾、婚姻、血统、性取向
科罗拉多州（Colorado）	Colo. Rev. Stat. § 24 – 34 – 401, et. seq.	种族、肤色、宗教信仰、宗源国、性别、年龄、残疾、血统
康涅狄格州（Connecticut）	Conn. Gen. Stat. Ann. § 46a – 60, et. seq.	种族、肤色、宗教信仰、宗源国、性别、年龄、残疾、婚姻、血统、精神障碍、性取向、基因
特拉华州（Delaware）	19 Del. Code Ann. § 710, et. seq.	种族、肤色、宗教信仰、宗源国、性别、残疾、年龄、婚姻、基因
哥伦比亚特区（District of Columbia）	D. C. Code Ann. § 2 – 1402, et. seq.	种族、肤色、宗教信仰、宗源国、性别、年龄、相貌、性取向、家庭责任、残疾、大学学历、政治派系、收入来源、营业地或居住地
佛罗里达州（Florida）	Fla. Stat. Ann. § 760. 01, et. seq.	种族、肤色、宗教信仰、宗源国、性别、年龄、残疾、婚姻
佐治亚州（Georgia）	Ga. Code Ann. § 34 – 5 – 1, et. seq.	种族、肤色、宗教信仰、宗源国、性别、年龄、身体或精神残疾（包括药物和酒精成瘾）
夏威夷岛（Hawaii）	Haw. Rev. Stat. § 378. 1, et. seq.	种族、肤色、宗教信仰、宗源国、性别、年龄、性取向、婚姻、血统、残疾、逮捕和法庭记录
爱达荷州（Idaho）	Idaho Code § 67 – 5909, et. seq.	种族、肤色、宗教信仰、宗源国、性别、年龄、残疾

续表

州名	州主要反就业歧视立法索引	保护群体范围
伊利诺伊州（Illinois）	775 Ⅲ. Comp. Stat. 5/1 – 101, et. seq.	种族、肤色、宗教信仰、宗源国、性别、年龄、残疾、公民身份、婚姻、血统、性取向
印第安纳州（Indiana）	Ind. Code Ann. § 22 – 9 – 1 – 1, et. seq.	种族、肤色、宗教信仰、宗源国、性别、年龄、残疾、血统
艾奥瓦州（Iowa）	Iowa Code Ann. § 216.1, et. seq.	种族、肤色、宗教信仰、宗源国、性别、年龄、残疾
堪萨斯州（Kansas）	Kan. Stat. Ann. § 44 – 1001, et. seq.	种族、肤色、宗教信仰、宗源国、性别、年龄、残疾、血统
肯塔基州（Kentucky）	Ky. Rev. Stat. § 344.040, et. seq.	种族、肤色、宗教信仰、宗源国、性别、年龄、残疾、家庭状况
路易斯安那州（Louisiana）	La. Rev. Stat. Ann. § 23：301, et. seq.	种族、肤色、宗教信仰、宗源国、性别、年龄、残疾、基因、怀孕
缅因州（Maine）	Me. Rev. Stat. Ann. Tit. 5, § 4572, et. seq.	种族、肤色、宗教信仰、宗源国、性别、年龄、残疾、血统
马里兰州（Maryland）	Md. State Gov. Code Ann. § 20 – 601, et. seq.	种族、肤色、宗教信仰、宗源国、性别、年龄、残疾、婚姻、基因
马萨诸塞州（Massachusetts）	Ann. Laws of Mass. Gen. Laws, ch. 151B § 1	种族、肤色、宗教信仰、宗源国、性别、年龄、身体或精神残疾、性取向、基因
密歇根州（Michigan）	Mich. Comp. Laws § 37 – 2202, et. seq.	种族、肤色、宗教信仰、宗源国、性别、年龄、家庭或婚姻、身高、体重、怀孕
明尼苏达州（Minnesota）	Minn. Stat. Ann. § 363A.08, et. seq.	种族、肤色、宗教信仰、宗源国、性别、年龄、残疾、婚姻、接受公共救济、性取向、地方委员会的成员或参加活动
密苏里州（Missouri）	Mo. Ann. Stat. § 213.010, et. seq.	种族、肤色、宗教信仰、宗源国、性别、年龄、残疾、血统

续表

州名	州主要反就业歧视立法索引	保护群体范围
密西西比州(Mississippi)	Miss. Code Ann. § § 25 – 9103; 149	种族、肤色、宗教信仰、宗源国、性别、残疾、年龄、残疾、政治派系
蒙大拿州(Montana)	Mont. Code Ann. § 49 – 2101, et. seq.	种族、肤色、宗教信仰、宗源国、性别、年龄、残疾、婚姻、怀孕
内布拉斯加州(Nebraska)	Neb. Rev. Stat. Ann. § 48 – 1101, et. seq.	种族、肤色、宗教信仰、宗源国、性别、年龄、残疾、婚姻
内华达州(Nevada)	Nev. Rev. Stat. Ann. § 613.310, et. seq.	种族、肤色、宗教信仰、宗源国、性别、年龄、残疾、性取向、基因、怀孕
新罕布什州(New Hampshire)	N. H. Rev. Stat. Ann. § 354 – A:1, et. seq.	种族、肤色、宗教信仰、宗源国、性别、年龄、残疾、婚姻、性取向、怀孕
新泽西州(New Jersey)	N. J. Stat. Ann. § 10:5 – 12, et. seq.	种族、肤色、宗教信仰、宗源国、性别、年龄、残疾、婚姻、民事伴侣、怀孕、血统、性取向、基因、国籍、服兵役
新墨西哥州(New Mexico)	N. M. Stat. Ann. § 28 – 1 – 7, et. seq.	种族、肤色、宗教信仰、宗源国、性别、年龄、残疾、婚姻、血统、性取向、性别表达
纽约州(New York)	N. Y. Exec. Law § 290, et. seq.	种族、肤色、宗教信仰、宗源国、性别、年龄、残疾、婚姻、怀孕、性取向、军籍、基因、逮捕和犯罪记录
北卡罗来纳州(North Carolina)	N. C. Gen. Stat. § 143 – 422.1, et. seq.	种族、肤色、宗教信仰、宗源国、性别、年龄、残疾
北达科他州(North Dakota)	N. D. Laws § 14 – 02.4, et. seq.	种族、肤色、宗教信仰、宗源国、性别、年龄、残疾、婚姻
俄亥俄州(Ohio)	Ohio Rev. Code § 4112.01, et. seq.	种族、肤色、宗教信仰、宗源国、性别、年龄、残疾、血统
俄克拉何马州(Oklahoma)	25 Okla. Stat. Ann. § § 1301, et. seq.	种族、肤色、宗教信仰、宗源国、性别、年龄、残疾、基因

续表

州名	州主要反就业歧视立法索引	保护群体范围
俄勒冈州（Oregon）	Or. Rev. Stat. § 659a. 001, et. seq.	种族、肤色、宗教信仰、宗源国、性别、年龄、残疾、婚姻及家庭状况、基因、封存的未成年人犯罪记录、性取向、性别表达
宾夕法尼亚州（Pennsylvania）	Pa. Stat. Ann. tit. 43, § 951, et. seq.	种族、肤色、宗教信仰、宗源国、性别、年龄、残疾、家庭状况、血统
罗得岛（Rhode Island）	R. I. Gen. Laws Ann. § 28 – 5 – 1, et. seq.	种族、肤色、宗教信仰、宗源国、性别、年龄、残疾、性取向、性别认定或表达
南卡罗来纳州（South Carolina）	S. C. Code § 113 – 30, et. seq.	种族、肤色、宗教信仰、宗源国、性别、年龄、残疾
南达科他州（South Dakota）	S. D. Code. Law § 20 – 13 – 1, et. seq.	种族、肤色、宗教信仰、宗源国、性别、年龄、残疾、血统
田纳西州（Tennessee）	Tenn. Code Ann. § 4 – 21201, et. seq.	种族、肤色、宗教信仰、宗源国、性别、年龄、残疾
得克萨斯州（Texas）	Tex. Lab. Code § 21.001, et. seq.	种族、肤色、宗教信仰、宗源国、性别、年龄、残疾、基因
犹他州（Utah）	Utah Code Ann. § 34a – 5 – 101, et. seq.	种族、肤色、宗教信仰、宗源国、性别、年龄、残疾、怀孕、性取向、性别表达
佛蒙特州（Vermont）	Vt. Stat. Ann. tit. 21, § 495, et. seq.	种族、肤色、宗教信仰、宗源国、性别、年龄、残疾、血统、性取向、性别表达、出生地、HIV 感染、基因、信用记录
弗吉尼亚州（Virginia）	Va. Code Ann. 2.1 – 714, et. seq.	种族、肤色、宗教信仰、宗源国、性别、年龄、残疾、怀孕、婚姻
华盛顿州（Washington）	Wash. Rev. Code Ann. § 49.60.010, et. seq.	种族、肤色、宗教信仰、宗源国、性别、性取向、性别表达、年龄、残疾、婚姻、血统、退役军人

续表

州名	州主要反就业歧视立法索引	保护群体范围
西弗吉尼亚州(West Virginia)	W. Va. Code §5 - 11 - 1,et. seq.	种族、肤色、宗教信仰、宗源国、性别、年龄、残疾、血统
威斯康星州(Wisconsin)	Wis. Stat. Ann. §111. 31, et. seq.	种族、肤色、宗教信仰、宗源国、性别、年龄、残疾、婚姻、血统、性取向、逮捕及犯罪记录、兵役、基因
怀俄明州(Wyoming)	Wyo. Stat. § 27 - 9 - 101,et. seq.	种族、肤色、宗教信仰、宗源国、性别、年龄、残疾、血统

资料来源:万律(Westlaw)以及律商联讯(LexisNexis)法律数据库。

第二章 禁止歧视的行为主体

禁止歧视行为的主体是指受反歧视法调整，不得对法律保护的群体实施就业歧视行为的个人或组织。按照1964年美国《民权法案》的规定，在就业领域禁止歧视行为的主体包括雇主、职业介绍机构和工会组织三种。应当指出的是，在禁止歧视行为的主体方面，美国其他的联邦禁止就业歧视法律完全沿用了1964年美国《民权法案》中的相关规定。

一、雇主

雇主，在英美法中又被称为雇佣者，指根据合同雇用他人为其工作的人，其控制着该工作的过程和结果并支付相应报酬。[1]

在反歧视法领域，法律对雇主的含义进行了重新界定。按照1964年美国《民权法案》第701(b)条的规定，法案中的雇主是指"一个从事影响商业的工业生产者，在本年度或者上一个年度中有20个或者多于20个星期中的每一个工作日至少雇用15个及以上的雇员的人，以及任何这样的人的代理人"。按照第701(a)条的规定，符合法案规定的"雇主"可以包括一个或多个个人、政府、政府机构、政治分支机构、合伙、社团、公司、信托、非法人组织或破产程序中的受托人等。

---

〔1〕 参见薛波主编：《元照英美法词典》，法律出版社2003年版，第469页。

不难看出,法案规定可以构成雇主的"人"的范围十分宽泛,不仅包括自然人,还包括法人以及非法人组织;不仅包括私营性质的组织,还包括政府以及政府机关等。这样宽泛地定义雇主范围,表明美国国会立法者意图将该法案的适用范围最大化。[1] 但与此同时,美国《民权法案》也对"雇主"进行了限制性规定。这主要体现在两个方面:第一,雇主的营业时间要求。按照该法案的规定,符合条件的雇主需要在本年度或上一个年度中至少营业 20 个星期。也就是说,如果在一个年度时间内生产或者经营的时间不到 20 个星期的"人"不属于该法案规定的雇主的范畴。第二,雇主雇用的雇员的人数要求。按照该法案的规定,符合条件的雇主必须雇用 15 个及以上的雇员。[2] 也就是说,如果雇用的雇员在 15 个以下,则不属于该法案规定的雇主,也不受该法案的规制。美国《民权法案》之所以对"雇主"进行限制性规定,主要目的在于保护那些生产或经营时间较短、规模较小的企业。由于这些企业经济实力有限,一旦涉嫌就业歧视被诉,可能因难以负担诉讼成本而遭遇破产或倒闭,这样反而不利于保护这些企业雇员的利益。

值得注意的是"雇员"的含义,也即什么样的人可以成为雇员。美国《民权法案》只是简单地将"雇员"界定为"被雇主雇用的人",这实际上等于没有界定。由于雇员的数量是判断雇主是否受美国《民权法案》规制的重要因素,因此,在很多案件中,雇主是否雇用了符合该法案规定数量的雇员往往成为案件的主要争议焦点之一。在实践中,法院通常适用传统劳动法规则中的控制权力标准来认定当事人双方之间是否存在雇主和雇员的关系。

在下面的这个案件中,法院对在律师事务所从事律师工作的专业人员是否属于律所的"雇员"这一问题进行了分析和阐述。

---

[1] See Joel W. Friedman and George M. Strickler, *The Law of Employment Discrimination: Cases and Materials* (5th Edition), Foundation Press, 2001, p. 18.

[2] 在 1964 年美国《民权法案》刚颁布之初,法案确定的最低雇员人数为 25 人,但美国国会在 1972 年对法案进行了修正,将最低雇员人数降至 15 人。

“平等就业机会委员会与瑞内拉 & 瑞内拉律师事务所案”[1]

美国联邦地区法院威尔(Will)法官出具了法庭意见书。

阿琳·纳吉(Arlene Nagy)是由被告瑞内拉 & 瑞内拉律师事务所(Rinella & Rinella)雇用的一位法务秘书,于1974年7月被解雇。从1974年3月开始,阿琳·纳吉是“雇佣妇女”组织的成员之一。该组织是伊利诺伊州的一个非营利性公司,宗旨是反对基于性别的歧视以及提高芝加哥地区女性的就业地位和工作环境。

从1973年3月至1974年7月,阿琳·纳吉参与了许多针对瑞内拉 & 瑞内拉律师事务所的抗议活动。阿琳·纳吉声称瑞内拉 & 瑞内拉律师事务所涉嫌针对女性的就业歧视。在1974年7月30日,瑞内拉 & 瑞内拉律师事务所的所有人撒母耳·瑞内拉(Samuel Rinella)将阿琳·纳吉解雇,原因是其从事了前述针对律所的活动。

被告基于一系列管辖权和程序方面的瑕疵提出动议要求法院驳回起诉。被告认为法院基于以下原因缺乏对本案的事项管辖权:(1)被告不属于美国《民权法案》规定的从事影响跨州商业工业的雇主;(2)被告没有持续地雇用15个及以上的雇员。基于以下原因,本院认为被告提出的驳回原告诉讼请求的理由不成立。

原告认为,被告作为一个律师事务所,属于美国《民权法案》第701(b)条规定的雇主范畴,因而应当承担美国《民权法案》规定的禁止歧视的法定义务。美国《民权法案》将“雇主”界定为:“一个从事影响商业的工业生产者,在本年度或者上一个年度中有20个或者多于20个星期中的每一个工作日至少雇用15个及以上的雇员的人,以及任何这样的人的代理人。”法案对“雇员”的定义是开放性的,指“被雇主雇用的人”。

被告承认在相关时间段内他们雇用了至少11个雇员,包括秘书、书记员以及其他行政人员等。阿琳·纳吉是否是一位雇员在被告看来是有争议的,

---

[1] Equal Employment Opportunity Commission v. Rinella & Rinella, 401 F. Supp. 175 (N. D. Ⅲ. 1975).

但她至少在表面上是被告的第 12 个雇员。在案件调查期间内,被告律师事务所同时还有一群律师,人数为 6 个至 8 个。被告辩称,基于这些律师的身份特质,他们应当属于独立承揽人,而非律师事务所的雇员,由此,他们不能用来作为计算被告雇员人数的基数。相应地,由于雇员人数未达到法案规定的要求,被告不在法案规制的范围内。

被告认为,在确定一个人是否属于雇员时,最主要需要考虑的问题是雇主是否有权力在履行工作的过程中指令、控制和监管雇员。被告认为,在本案中,律师事务所对律师没有控制的权力。被告强调,前述律师跟事务所根据事先达成的协议进行收入分成;律师没有固定的上班时间;律师可以自行确定休假时间;律师在自己负责办理的案件中自行确定收费的标准。此外,律师在被分配案件以后就独立办案,不受律所的指导。

我们认为,被告的观点表明,被告与其专业人员之间仅维持最小限度的直接监督关系,但由此得出雇用专业人员的律所不属于美国《民权法案》第七章的调整范围显然并不正确。第七章的相关立法史表明立法者将专业人员纳入调整范围。

法院也同时认为,从反就业歧视角度来看,专业性的工作和非专业性的工作几乎没有什么差别;美国《民权法案》第七章的主要立法目的在于消除工作中的就业歧视行为,在专业性的工作中出现的就业歧视并不在该法案的豁免范围之内。因此,认为律师由于在律所具有较大的工作自由度和工作自主性从而不属于律所的雇员,这样的观点我们不能认同。在本案中,已有的证据压倒性地表明瑞内拉 & 瑞内拉律师事务所的律师是其雇员。

撒母耳 · 瑞内拉是瑞内拉 & 瑞内拉律师事务所的唯一所有人。撒母耳 · 瑞内拉承认他雇用了每一个律师,并且有权解除与律师的雇佣关系。此外,撒母耳 · 瑞内拉将大量的案件委托给律师办理。他对律师可以获得报酬有着极大的影响力。尽管撒母耳 · 瑞内拉和律师之间存在收入分配的事前协议,但无可否认的是,撒母耳 · 瑞内拉对律师可以获得的收入有着最终的决定权。

最后,律所给公众的外在印象也表明律师是其雇员。在律所办公室门牌上的名字,以及律师使用的将律所的名字作为抬头的信笺等都表明律师为律所工作。

基于上述原因,被告所雇用的律师是其雇员。加上秘书、书记员以及其他行政等人员,被告雇用的人数超过15人,因此,其在美国《民权法案》第七章的调整范围内。

按照美国雇佣法律的规定,在确定一个人是否属于雇主雇用的雇员时,主要需要考察雇主是否有权力在履行工作的过程中对雇员行使指令、控制和监管的权力。法院在具体案件的判决中也形成了所谓的"经济现实标准"(economic reality test),即在考虑某一个人是否属于雇员时需要综合考虑以下因素:

(1)"雇员"受雇主控制的程度;

(2)"雇员"对设备和材料投资的程度;

(3)"雇员"分享利润和承担损失的机会;

(4)工作所需要的专业技术的程度;

(5)"雇员"和雇主维持关系的时间跨度;

(6)"雇员"所提供的劳务作为雇主业务不可分割的组成部分的程度等。[1]

在上述因素中,最主要要考虑的是雇主对雇员是否具有控制的能力。如果雇主对某个个人在工作过程中缺乏有效的、普遍的控制能力,那么上述个人很难被认定为雇员。

与雇员身份有相似之处,但法律地位完全不同,有时候又容易混淆的是被称为"独立合同人"(independent contractor)的一类工作者。独立合同人通常以自己的设备和劳动工具独立地完成特定的工作,并获得报酬。按照美国法律的规定,"独立合同人"不属于雇佣法上的雇员,美国禁止就业歧视的联邦法律也不适用于具有独立合同人身份的个体。

---

〔1〕 See Mark Rothstein et al., *Employment Law*, West, 2005, p. 331.

在下面的“雷罗与明尼苏达管弦乐之友俱乐部案”(Lerohl v. Friends of Minnesota Sinfonia)中，美国联邦法院就“独立合同人”的定义和法律特征进行了详细的说明。

“雷罗与明尼苏达管弦乐之友俱乐部案”[1]

美国联邦上诉法院第八巡回庭罗肯(Loken)法官出具了法庭意见书。

特里西亚·雷罗(Tricia Lerohl)和谢莉·汉森(Shelley Hanson)分别对明尼苏达管弦乐之友俱乐部提起了诉讼，明尼苏达管弦乐之友俱乐部是一家非营利公司。原告声称，他们被终止了作为管弦乐团组织的常规成员的资格，这一行为分别违反了美国《民权法案》第七章和《美国残疾人法案》的相关条款。初审法院以简易判决的方式驳回了原告的诉讼请求，理由是，前述法案均不适用于原告，因为原告的身份是独立合同人，而不是被告的雇员。

一、案件背景

管弦乐团组织是由一个名叫杰·菲什曼(Jay Fishman)的人和其他几个明尼阿波利斯市管弦乐会所前成员于1989年发起设立的。管弦乐团组织设立的宗旨是为在市中心的公立学校和其他在市中心生活的青年、有年轻孩子的家庭和资产有限的人提供免费的古典音乐表演。在它运营的前10年，管弦乐团提供的免费表演从每年的32场增加到每年70场。菲什曼管理着管弦乐团的运营，同时也是该组织的总经理和艺术指导。一场管弦乐团的音乐会通常由25～30名专业音乐家共同演奏。菲什曼和所有其他的管弦乐团演奏者都是当地美利坚联邦音乐家协会30～73号的成员。菲什曼打出的广告称管弦乐团的音乐家是“此区域自由音乐家联营机构中最棒的”。

在企划了一系列管弦乐团音乐会以后，菲什曼为这个系列的音乐会准备了一个符合条件的音乐家名单。企划案以邮件的形式发送给符合条件的“常规”或者“优先”演奏者，这些演奏者接着告知管弦乐团他们同不同意演奏这一系列音乐会。管弦乐团的这些自由音乐家同时为其他的组织演奏或者作

---

[1] Lerohl v. Friends of Minnesota Sinfonia, 322 F. 3d 486(8th Cir., 2003).

独奏。他们甚至可以退出他们已经同意出席演奏的管弦乐团音乐会，只要他们提前两周告知并安排符合条件的替代人员进行演奏。但是，为了维持管弦乐团的“常规”成员身份，菲什曼要求音乐家应当“接受绝大多数的演奏活动”，以确保能够有机会尽可能多地参与管弦乐团的音乐会活动。

所有的管弦乐团演奏者，以及作为管理者的菲什曼，都是按照工会标准在每一场演奏结束后获得报酬。在这些报酬中，管弦乐团不会截留收入或者按照美国《联邦社会保险捐款法》规定应缴纳的税务，但会将这些报酬以国税局 1099 式规范进行文件编制。管弦乐团不为音乐家提供带薪年假、健康或生命保险、工伤补偿保险或者其他的附加福利，除了按一定比例为音乐家公会养老金账户支付商定的存缴款。管弦乐团向菲什曼一次性支付报酬，作为担任总经理和艺术指导工作的回报。从税收和其他目的来看，菲什曼接受前述报酬是因为其被视作管弦乐团的一位雇员。

1990 年至 1999 年，雷罗和汉森是管弦乐团音乐会的“常规”演奏者。雷罗演奏法国号，汉森演奏单簧管。在 1999 年年中，管弦乐团没有为雷罗和汉森安排演奏工作。雷罗声称管弦乐团和菲什曼违反了美国《民权法案》第七章的条款，非法终止了和她的工作关系，因为她投诉了菲什曼对其进行的性骚扰，并由此遭受了报复。汉森声称她在一场管弦乐团的演奏排练中受了伤，在她数月的休息养病期间没能参加管弦乐团的演出，被告由此终止了和她的长期工作关系；汉森声称被告的行为违反了《美国残疾人法案》的相关条款的规定。前述两项法案均保护雇员，但不保护独立合同人。

二、相关法律标准

一个人是雇员还是独立合同人是在许多情况下都会遇到的法律问题。如果这个问题涉及联邦法律的适用范围的话，我们首先要做的是检视相关法案的具体条文。在给雇员下定义时，美国《民权法案》和《美国残疾人法案》均使用了循环解释，即雇员是被雇主雇用的人。鉴于此，联邦最高法院应用了普通法关于代理的规定去判断当事人是雇员还是独立合同人。联邦最高法院指出，在适用该规则时，应当考虑代理法重述中列明的如下指导性意见：

“在普通法的代理原则下判断被雇用的当事人是雇员还是独立合同人，

我们要考虑的是雇佣方是否具有控制工作的方式以及工作的成果的能力。在回答前述问题时,我们需要考虑的相关因素包括:完成工作所需的技术要求;完成工作所需的设备与工具的来源;工作的地点;当事人之间的关系的持续时间;雇佣方是否有权指派额外的工作任务给被雇佣方;被雇佣方在多大程度上可以自行决定何时开始工作以及工作的时长;付款的方式;在雇用助理以及给助理支付报酬方面被雇佣方所起到的作用;被雇佣方所从事的工作是否是雇佣方常规业务的组成部分;雇佣方是否处在业务运营状态;雇员福利的提供情况;被雇佣方的交税情况等。以上这些因素应当综合考虑,单独一个因素不能起决定性作用。”

在上诉期间,原审原告和平等就业机会委员会(Equal Employment Opportunity Commission,EEOC)的主要观点,用平等就业委员会的话来说是,“(在考虑某个个人是雇员或是独立合同人时)最关键的因素是雇主对该个人是否有‘控制’的权力”。他们阐述了在管弦乐团组织的音乐会中涉及“控制”权力的问题,并毫无意外地得出结论认为,菲什曼作为音乐会的指挥“控制”着这些音乐会的排练与演出,由此,所有参加管弦乐团演出的音乐家都是雇员。我们明确地拒绝接受这种观点。首先,原审原告和平等就业委员会的上述观点与联邦最高法院反复警告的,在考虑雇员身份时没有一个单独的因素是决定性因素、所有因素都应当被考虑的原则相违背。其次,从一个更为实际的角度来看,认为所有的音乐家始终具有雇员身份的观点和常识与本案的事实相违背。正如作为本案原告之一的汉森的证词所述,当她自己进行录音并聘请其他的音乐家进行演奏时,她也不是一位雇主。在这种情况下,被邀请参与演出的人通常具有独立合同人的身份。在“里德案”中,联邦最高法院明确指出,基于1976年《美国版权法》的规定,一位雕刻家具有独立合同人的身份,尽管雇用他的非营利机构给他指定了雕刻的地点以及雕刻完成以后雕塑所应当具有的形态,包括雕塑的大小以及应当适用的材料等。因此,在本案中,尽管菲什曼对演奏曲目具有无可争辩的选择权,也可以决定音乐会的排练和演奏的时间安排,以及决定演奏的进行方式,但“控制”因素不是普通法下决定雇员身份的唯一决定性因素。

三、先前有关音乐家的判例

关于在乐队或者管弦乐团演奏的音乐家是否属于演出实体或者乐队负责人或者乐团指挥的雇员的问题,我们发现涉及这样问题的案件数量惊人地少。在一个涉及国家劳动关系法案的案件中,法院认为在一个赌场长期演出的乐队成员不是赌场雇佣的雇员。法院的这个判决表明决定音乐家是否是雇员的问题往往比较复杂,但在该案中情况还算简单,因为这些音乐家承认自己是他们独立的乐队负责人的雇员。"西雅图歌剧与美国劳资关系委员会案"(Seattle Opera v. NLRB)是与本案更有关联度的案件,在该案中,法院认定西雅图歌剧的辅助唱诗班歌手是它的雇员。[1] 法院的多数意见判决尊重了美国劳资关系委员会的结论。但也有法官提出了反对意见。我们认为,兰多夫(Randolph)法官的反对意见对反驳本案中原审原告雷罗和汉森,以及平等就业委员会提出的控制理论有重要的参考意义:

"董事会和多数人认为判断辅助唱诗班歌手是雇员而不是志愿者的重要的原因是,歌剧院有权力或者有权利决定在实质性问题上控制和指导这个人该如何工作。"这种说法完全是错误的。按照这样的逻辑,我们是不是该认为志愿消防员或者志愿救援队员属于雇员,因为消防队长或者救援队长"指导"他们该如何开展工作?

四、案件分析

正如"里德案"里的雕刻家一样,在本案中,管弦乐团组织里像雷罗和汉森一样的音乐家们都是自己拥有演出工具且不需要参加在职培训,只需要进行排练就可以表演形式多样的音乐节目的具有高度职业技术的专业人士。当然,职业音乐家也可以选择成为特定乐队或管弦乐团的雇员。本案的记录材料表明明尼苏达管弦乐团、圣保罗室内(St. Paul Chamber)管弦乐团以及西雅图歌剧院工作的音乐家们选择成为相应乐团的雇员。但是,也有其他的音乐家选择保持"自由职业"的身份,不专门供职于某个特定的客户,而是保留选择乐团和演出的权利。这样的音乐家,更像是自由执业的律师、会计师和

---

[1] 292 F. 3d 757(D. C. Cir. ,2002).

公司业务咨询顾问,而不像是在特定的公司上班的雇员。

从法院已有的适用了普通法代理规则的判例来看,自由选择原则在确定技术型职业人员在特定案件中究竟是一个雇员还是一个独立合同人这一问题上有着决定性的作用。我们认为,自由选择原则才是与本案相关的最重要的原则,而不是菲什曼到底有没有权力指示雷罗和汉森在音乐会或排练中往哪儿坐、怎么表演等。由此,原告是雇员抑或独立合同人的主要区别在于,参与管弦乐团演出的音乐家有没有权利拒绝特定场次的管弦乐团演出,并能自由地决定去其他地方演出。

在本案中,没有争议的一点是,包括雷罗、汉森和其他"常规"管弦乐团成员在内的音乐家,都保留了去其他地方演出以及接受或拒绝参加管弦乐团特定音乐会演出的权利。事实上,即便上述音乐家答应了参加管弦乐团的演出,如果他们能够安排合适的替代者,他们也可以随时退出特定演出。尽管管弦乐团也给演出的音乐家一些优惠待遇,比如,给予特定音乐家"常规"成员身份等,但是音乐家们最终还是保留了他们参与管弦乐团演出时间的控制权。

还有很重要的一点就是,管弦乐团没有为参加演出的音乐家代扣代缴演出薪酬所得税以及联邦保险捐款税,也没有保留国税局 1099 表下的音乐家薪酬信息。此外,除为音乐家支付独立养老基金外,管弦乐团并没有为音乐家提供任何的员工福利。已有的判例显示,从"里德案"以后,在任何一个案件中,如果雇佣方未能给被雇佣的一方以员工福利或者支付社会保险金,那么依据普通法规则,这样的被雇佣方都被认定为是独立合同人。本案中,参加管弦乐团演出的音乐家们保持了自由职业者的身份,并且有权决定接受或者拒绝参加演出,加上他们选择薪酬的方式,表明了他们具有独立合同人的地位。鉴于此,我们无法干涉当事人通过自由决定来选择这种形式的关系,而在事后认定他们之间存在雇主和雇员的雇佣合同关系。美国《民权法案》第七章以及《美国残疾人法案》未将独立合同人纳入法案的保护范围,如果美国国会立法者认为有必要纳入,那么,他们完全可以通过修改法案来达成。

综上所述,本案中,雷罗和汉森从法律上讲是独立合同人。

法院在“雷罗与明尼苏达管弦乐之友俱乐部案”(以下简称“雷罗案”)中的判决为我们理解雇主和雇员之间的关系问题提供了很好的参考。如前所述,在判断某个个体是否属于雇员时,我们主要需要考察雇主对该个体是否具有控制力,即在该个体履行工作的过程中雇主能否对其行使指令、控制和监管的权力。但这种控制力不仅仅体现在雇主能否对相关个体进行指示、指令,更重要的部分是,该个体是否有权对雇主的指示、指令予以拒绝。在“雷罗案”中,被告虽然可以控制原告演出的时间,指令原告演出的内容,甚至可以决定原告在演出时所站立的位置,但由于原告保留了拒绝参与被告安排的演出的权力,因此,法院认定原告并不具有被告雇员的身份。此外,雇主是否为个体提供了完整的员工福利以及缴纳社会保险,也是判定个人是雇员还是独立合同人的重要因素。

最后,除规定什么样的雇主受法案调整外,美国《民权法案》还进一步通过列举的方式将特定种类的主体排除在了其调整的范围之外。这些被排除的主体包括:

(1)美国联邦政府;

(2)印第安部落;

(3)获得美国税收法典豁免的真实会员私人俱乐部;

(4)虽然违反美国《民权法案》的规定但根据双边协议可以实施歧视行为的在美国从事商业活动的外国公司;

(5)在美国境外从事商业活动的美国公司雇用了外国人的,以及虽然雇用了美国人但遵守美国《民权法案》第七章会导致违反外国当地法律的。

二、职业中介机构

职业中介机构是为寻找工作的个人或者为招录雇员的雇主提供中介服务的组织。在美国,占非常高比例的一部分人群是通过职业中介机构完成就业的。根据2005年的统计数据,全美每天通过职业中介机构完成就业的人数达290万。[1]

按照1964年美国《民权法案》第七章第701(c)条的规定,职业中介机构是指,任何经常性地、无偿或有偿地为雇主招录雇员或者为雇员提供工作机会的人,以及这样的人的代理人。[2] 职业中介机构既包括长期从事职业介绍的机构,也包括临时从事职业介绍的机构;既可以是有偿提供中介服务的机构,也可以是无偿提供服务的机构。尤其值得注意的是,临时就业(contigent employment)在美国的劳动力市场中的占比非常可观,而临时就业者通常是通过职业中介机构完成就业的。因此,对职业中介机构的反歧视规制尤为重要。

由职业中介机构实施的非法的歧视行为通常包括:歧视性地推荐职位,歧视性地接受可推荐的职位,歧视性地进行职业咨询等。另外,职业介绍机构还可能涉及违法发布歧视性的招聘广告,实施针对职业中介机构自身员工的就业歧视,以及对客户、工作申请者和自己的员工进行非法的报复等行为。美国《民权法案》相关条款进行了有针对性的规定。其中,按照其第703(b)条的规定,职业中介机构的下列行为违法:基于个人的种族、肤色、宗教信仰、性别或者宗源国的原因不推荐或者拒绝推荐就业机会,或以其他方式实施歧视行为;或基于个人的种族、肤色、宗教信仰、性别或者宗源国的原因对其进行分类或推荐就业机会。[3] 按照第704(b)条的规定,职业中介机构不得印制或者发布,或者唆使他人印制或发布,任何涉及职业介绍或分类的广告,如果该广告是基于种族、肤色、宗教信仰、性别或者宗源国原因,体现优惠、限制、特例或歧视的内容;除非种族、肤色、宗教信仰、性别或者宗源国构成真实职业资格。[4] 此外,第704(a)条还禁止职业中介机构歧视对本章所规定的非法行为或做法进行反抗、提出指控、进行作证、提供协助或参与依据本章的

---

[1] See Barbara Lindemann and Paul Grossman (Editor), *Employment Discrimination Law* (4th Edition,2007), BNA Books, p. 1593.

[2] 42 U. S. C. A. § 2000e(c)(2000).

[3] 42 U. S. C. A. § 2000e - 2(b)(2000).

[4] 42 U. S. C. A. § 2000e - 3(b)(2000).

规定进行的调查、诉讼或听证程序的个人。[1]

如前所述,美国《民权法案》对雇主主体资格的构成有雇员人数以及经营或生产时间等方面的具体要求。但该法案对职业中介机构的构成没有这样的要求,任何规模或者经营时间的职业中介机构都可以成为该法案规定的禁止实施歧视行为的主体。尽管如此,仍有几点需要注意的地方。首先,按照该法案的规定,职业中介机构无论是将雇员介绍给雇主还是为雇主招录雇员提供机会,这里的雇主必须也是符合该法案规定的雇主。因此,在一个案件中法院认为将登记的护士介绍给患者的登记站不属于法案规定的职业中介机构,因为经登记站介绍的是患者,而不是美国《民权法案》规定的雇主。[2] 此外,在前面谈到雇主的定义时,有一部分雇主被美国《民权法案》排除在外。因此,只给排除在外的雇主介绍雇员的中介机构也不是法案规定的职业中介机构。其次,一个从来不或者极少为雇主推介雇员的中介机构也不构成美国《民权法案》规定的职业中介机构,因为该法案要求相关机构经常性地为雇主招录雇员或者为雇员提供工作机会。[3] 最后,从业务角度来讲,为雇主推介雇员或者为雇员提供就业机会应当是有关的职业中介机构的主营业务,而非辅助业务。因此,发布就业信息广告的报纸不属于职业中介机构,因为其虽然含有提供就业机会的信息,但分类广告显然是报纸的辅助性业务而非主营业务。[4]

在下面的"格林菲尔德与菲尔德股份有限公司案"(Greenfield v. Field Enterprises, Inc.)中,法院具体分析了刊登具有歧视性的招聘广告的报纸是否属于美国《民权法案》第七章调整的禁止歧视的行为主体的问题。

"格林菲尔德与菲尔德股份有限公司案"[5]

美国联邦地区法院麦加(McGarr)法官出具了法庭意见书。

---

[1] 42 U.S.C.A. § 2000e-3(a)(2000).

[2] Cecil C. Shrock v. Altru Nurses Registry, 810 F. 2d 658(7th Cir., 1987).

[3] Scaglione v. Chappaqua Central School Dist., 209 F. Supp. 2d 311(S.D.N.Y. 2002).

[4] Brush v. San Francisco Newspaper Printing Company, 315 F. Supp 577(N.D. Cal. 1970).

[5] Greenfield v. Field Enterprises, Inc., 4 FEP Cases 548(N.D. Ⅲ. 1972).

原告声称她们是芝加哥劳动力市场上的6名已满21岁的女性。被告是一家报纸出版公司,其所出版的报纸涵盖芝加哥地区内不同类型的广告版面。原告诉称,被告的广告版面中将男性和女性招聘信息分开刊登,但并未说明性别因素对广告发布者的正常商业经营是否构成真实职业资格要求。原告认为上述行为违反了1964年美国《民权法案》第七章,特别是第703(b)条的以下规定:

职业介绍机构的下列行为违法:基于个人的种族、肤色、宗教信仰、性别或者宗源国的原因,不介绍或拒绝介绍工作,或以其他方式实施歧视行为;或者基于个人的种族、肤色、宗教信仰、性别或者宗源国的原因,对个人进行分类或者介绍工作。

上述条款中"职业介绍机构"一词的含义包含在美国《民权法案》的其他章节中。第701(c)条中与此有关的部分这样写道:

"职业介绍机构"这一术语是指,在有报酬或无报酬的情况下,为雇主招募雇员或为雇员争取工作机会的任何人,包括该人的代理人。

原告诉称,上述相关职位的发布剥夺了她们平等就业的机会,因为性别不是相关职位的真实职业资格要求,这导致她们遭受了无法弥补的伤害。原告要求对被告实施初步和永久性禁令,禁止其在招聘广告中将男性和女性招聘信息分开刊登,除非性别构成真实职业资格要求。

被告提出异议,认为原告向本法院提出的诉讼理由不成立。

本案需要解决的最重要的问题是,按照相关法律的规定,本案所涉及的刊登了分类广告的报纸,是否属于法律规定的职业介绍机构。

为解决上述问题,我们首先必须审查美国《民权法案》第703(b)条的含义,并将其与第701(c)条中"职业介绍机构"一词的含义一并考虑。这些条款,加上立法史上可能赋予它们的一些含义,将会影响本院的审查结果。

在美国《民权法案》第701(c)条定义职业介绍机构之前,我们注意到它以"任何人"一词开头,而"人"一词的含义包括公司。该条继续指出,"经常性地从事为雇主招募员工,或向雇员为雇主工作提供机会,无论是否收取报酬”。在传统和被普遍接受的意义上,这个定义清楚地描述了职业介绍机构所从事的活动,即任何一个为其工人客户寻找工作和为其雇主客户寻找工人的机构。在成文法或立法史的角度,没有任何规定对此作出了更广泛或者不同的定义。只有对这些词进行最为勉强和曲折的解释,才能将一家把罗列分类广告作为其出版活动一部分的报纸出版公司纳入这一定义。

“职业介绍机构”定义的最后一个相关短语是“并包括该人的代理人”。原告递交的诉求称,如果报纸在其分类广告活动中不是职业介绍机构,那么它们肯定是职业介绍机构的代理人,因此符合法定定义。如前所述,职业介绍机构是指经常性为雇主招揽雇员或为雇员争取工作机会的人。成文法将“人”定义为个人、工会、合伙企业、协会、公司、法定代表人、共同公司、股份公司、信托、非公司组织、受托人等。上述法律实体已被包括在“人”的定义中。“包括该人的代理人”一词的含义必须是指从事相同活动的“该人”的代理人。将该人纳入“职业介绍机构”一词的定义。也就是说,承担为雇主客户招录雇员或为雇员客户寻找工作机会的常规任务。虽然分类广告的发布可能促进职业介绍机构的业务,但并不是职业介绍机构的业务组成部分。此外,相关法案的立法史,虽然在案件的审理中不具有拘束力,也与我们的上述解释相一致。

从原告的诉求摘要中所包含的材料来看,报纸中有关需求信息和工作机会的广告,有许多是以性别为标准进行分类的,这些广告显然是不当的和不可被接受的。我们认为原告提交的材料大部分是具有说服力的。但是,对本法院来说,基于业务和管辖权,我们只决定原告提出的诉讼请求所依据的法律在本案中是否可以适用。我们认为,上述法律在本案中不适用,并且基于此,本法院对案件没有管辖权。

被告提出的驳回起诉和作出有利于其判决的动议获准。

三、工会组织

按照1964年美国《民权法案》第701(d)条和第701(e)条的规定,受该法案调整的工会组织是指,从事影响商业的工业生产的劳工组织以及任何该组织的代理人。[1] 工会组织的宗旨,是处理雇主与雇员之间有关投诉、劳动争议、工资、工资率、工作时间以及其他工作条件等事项。

工会组织涉嫌就业歧视的情形主要有两种:一是工会组织本身作为一个雇主在招录过程中针对求职者或者在招录以后针对自己的雇员实施了非法的就业歧视;二是工会组织作为一个组织在成员申请加入或者就业机会的推荐等方面实施了非法的就业歧视行为。目前,在实践中,以工会组织为被告的就业歧视诉讼案件并不多见。[2]

---

〔1〕 42 U.S.C.A. § 2000e(d)(2000).

〔2〕 See Joel W. Friedman and George M. Strickler, *The Law of Employment Discrimination: Cases and Materials*(5th Edition), Foundation Press, 2001, p. 27.

第三章　就业歧视的诉讼类型及证明

按照美国《民权法案》第七章的规定，受法案调整的雇主、职业介绍机构和工会组织等不得因为个人的种族、肤色、宗教信仰、性别或者宗源国的原因不雇用、拒绝雇用或解雇，或在工资待遇、工作条件、工作权利等方面给予歧视对待；也不得基于前述原因，通过限制、隔离或者对其员工或职位申请者进行等级分类等方式，剥夺或者试图剥夺任何个人的工作机会，或者对其作为一位员工的身份产生不利影响。美国《民权法案》还规定，对本章所规定的非法行为或做法进行反抗、提出指控、进行作证、提供协助或参与依据本章的规定进行的调查、诉讼或听证程序的个人，雇主也不得予以歧视。综合来看，美国《民权法案》禁止雇主等在招录、晋升、报酬、解雇等方面给予受保护的群体歧视性对待；该法案也禁止雇主等针对参与反歧视斗争及相关司法程序的个人实施报复行为。

虽然美国《民权法案》对禁止歧视的主体和行为作了宽泛的规定，但该法案对关键性的问题，即什么是就业歧视以及怎样证明就业歧视的存在等问题却没有给出明确回答。这个任务被交给了美国法院。在过去的几十年中，美国联邦法院通过一系列判例对就业歧视类型、诉讼形态以及证明标准等问题进行了阐述。具体来看，就业歧视诉讼形态包括差别对待和差别影响。差别对待（disparate treatment）是指，受美国《民权法案》调整的行为主体故意实施的歧视行为。差别对待通常也被称为直接歧视。差别影响（disparate impact)是指,雇主等的行为虽然没有歧视的故意,但他们那些表面中立的行为或措施对受保护的群体产生了显著的不利影响。差别影响通常也被称为间接歧视。

一、差别对待

从数量上来看,在美国的就业歧视案件中,原告主张遭受了差别对待的案件占绝大多数。[1] 美国联邦最高法院在"卡车司机与联邦政府案"(Teamsters v. United States)的判决中指出:"差别对待是最容易理解的一种歧视形式,简单来说就是雇主对待一部分人的方式要差于其他人,而雇主之所以有这样的行为,是由于前一部分人的种族、肤色、宗教信仰、性别或者宗源国的原因。在这样的案件中,证明歧视的故意是关键。"[2]受美国《民权法案》保护的人群的群体特征是否促使被告作出相关歧视行为,是判断被告是否具有歧视故意的重要标准,也是确定被告应否为自己的歧视行为承担责任的关键。

在实践中,美国法院又将差别对待分为两种,即个别的差别对待(individual disparate treatment)和系统性的差别对待(systematic disparate treatment)。个别的差别对待是针对特定个体实施的故意的就业歧视行为,系统性的差别对待则是针对某一群体实施的故意的就业歧视行为。无论是哪种类型的差别对待,都要求歧视行为的实施者具有歧视的故意。歧视的故意既可以通过直接证据(direct evidence)证明,也可以通过间接证据(circumstantial evidence)证明。

(一)个别的差别对待

个别的差别对待是行为主体针对某个或者某几个特定的人实施的不合理的就业差别措施,致使其平等就业权利遭受损害。在美国法院审理的就业歧视案件中,个别的差别对待案件最为常见,占比也最高。相较其他几个类

---

〔1〕 See Thomas R. Haggard, *Understanding Employment Discrimination* (Second Edition), Lexis Nexis Matthew Bender, p. 57.

〔2〕 Teamsters v. United States, 431 U. S. 324(1977).

型的就业歧视而言,在个别的差别对待案件中,行为人并非基于普遍适用性的政策歧视了一类人,而只是针对特定的人实施了歧视行为。

1. 歧视行为与受保护群体特征之间的因果关系

按照1964年美国《民权法案》第七章的规定,雇主等受该法案调整的行为主体因为个人的种族、肤色、宗教信仰、性别或者宗源国等原因实施的就业歧视违法。法案使用了"because of"(因为)这样的措辞,这就要求个人所具有的群体特征与就业歧视行为之间存在因果关系。

从逻辑学的角度来看,因果关系有三种形态:原因是结果的必要条件(a necessary condition)、原因是结果的充分条件(a sufficient condition)、原因是结果的充分必要条件(a necessary and a sufficient condition)。当原因是结果的必要条件时,原因A必须出现,才会导致结果B的发生。虽然可能存在造成结果B的其他原因,如原因C或者原因D,但原因A与原因C或者原因D等之间是串联关系。因此,如果原因A不出现,则结果B肯定不会出现。当原因是结果的充分条件时,原因A出现,结果B也会发生,但原因A不出现时,并不一定导致结果B也不会发生。这是因为,在充分条件下,原因A与造成结果B的其他原因,如原因C或者原因D等之间是并联关系,而不是串联关系。在充分必要条件下,当原因A不出现时,结果B不会发生;但当原因A出现时,结果B也肯定会发生。

在依据美国《民权法案》第七章提起的就业歧视诉讼案件中,美国法院在很长一段时间内审查雇主的雇佣行为与雇员或工作申请人受保护的群体特征之间是否存在因果关系时,采用了必要条件,也即"要不是"(but for)标准。[1] 也就是说,要不是因为雇员或工作申请人的种族、肤色、宗教信仰、性别或者宗源国,雇主就不会作出对雇员或工作申请人不利的雇佣行为。如果上述结论成立,那么此时雇主的行为与雇员或工作申请人受保护的群体特征之间存在因果关系。但在1989年美国联邦最高法院审理的"普莱斯·沃特豪斯与霍普金斯案"(Price Waterhouse v. Hopkins)中,情况出现了

---

〔1〕 Newport News Shipbuilding Co. v. EEOC,462 U. S. 669(1983).

变化。[1] 在相对多数意见中,布伦南(Brennan)大法官提出,如果原告能够证明其受保护的特征是雇主作出相关雇佣行为的原因之一,那么,被告的行为也违反了美国《民权法案》第七章的规定。显然,与"要不是"的必要条件因果关系相比,布伦南大法官提出"原因之一"因果关系属于充分条件因果关系。也就是说,雇主基于歧视性的以及非歧视性的原因,作出了相关的雇佣行为,如果排除歧视性的原因,雇主的行为还是一样的,此时就业歧视是否成立?按照布伦南大法官的意见,在上述情况下,雇主的行为仍然构成就业歧视。美国国会在1991年修改美国《民权法案》时,明确采纳了布伦南大法官的上述司法意见,在第703(m)条中规定:当提出申诉的一方当事人能够证明种族、肤色、宗教信仰、性别或者宗源国是(雇主的)雇佣歧视行为的动因之一时,即便同时存在其他的动因,(雇主的)雇佣行为违法。

2. 个别的差别对待的证明

个别的差别对待就业歧视可以通过以下两种模式予以证明。

(1)一般民事诉讼证明模式

在一般民事诉讼证明模式下,个别的差别对待就业歧视案件与其他的民事案件一样,贯彻"谁主张,谁举证"的基本原则。因为原告主张遭受了非法的就业歧视,因此,原告应当对其所主张的事实承担举证责任。如果原告想要获得法院对自己诉求的支持,那么,原告必须出示足够的证据证明自己的权利基础,包括遭受的不利的差别对待、差别对待与受保护的特质之间的因果关系等。在原告对自己的主张进行举证之后,被告可以对原告出示的证据进行反驳。被告既可以提出直接的相反证据以驳斥原告的主张,也可以对原告提出的证据的可信度进行质疑,以弱化原告证据的证明力。

在这种模式下,原告承担的举证责任无疑是较重的。那么,在实践中,为什么会有原告选择这样的证明模式呢?这主要是因为原告手中掌握了较有利的、能够证明就业歧视存在的直接证据。这些证据通常包括以下几种。

(a)被告承认进行了故意歧视的声明或文件。在雇主作出相关雇佣行

[1] Price Waterhouse v. Hopkins,490 U.S.228(1989).

为的过程中,可能形成了一些声明或者文件,在这些声明或者文件里,可以明显地看到雇主的行为具有歧视的故意。例如,在美国法院审理的一个较为早期的案件中,被告雇主的主管人员要求一些黑人妇女雇员在下班以后额外地做一些较为繁重的清洁工作,但是对白人妇女雇员则没有这样的要求。黑人妇女雇员就此向主管提出了抗议,认为在下班后做上述工作超出了自己的工作范围。提出抗议的黑人妇女雇员最终被解雇。在解释为什么把黑人妇女雇员解雇时,前述主管坦率地说道:"有色人种更善于打扫卫生。"[1]而在另外一个涉及就业年龄歧视的案件中,雇主拒绝录用一个工作申请者,并在自己的本子上留下了"太老了"这样的笔记。[2] 在这样的案件中,行为人所做的声明或者文件通常被称为"冒烟的枪"(smoking gun),因为它们能够较为直接地证明行为人针对受害者的雇佣行为具有歧视的故意。在诉讼过程中,如果原告能够掌握并出示这样的证据,对原告来说无疑是极为有利的。但在美国,有直接证据证明歧视存在的情形主要出现在较为早期的就业歧视案件中,现在已经极为少见。

(b)被告在特定个体之间进行差异性对待的证据。法院在考察美国《民权法案》第七章所禁止的歧视是否成立时,一个根本的逻辑出发点是看两个在其他方面条件都相似的个人,是否仅仅因为存在种族、肤色、宗教信仰、性别或者宗源国的差异而受到了不同的对待。所谓的不同对待,往往是一个受到了优待,而另一个受到了不利的对待或排挤。例如,就相同的工作岗位,资历相似的男性和女性雇员在获得的报酬上存在差异。原则上,证明在特定个体之间存在差异性对待的证据是原告能否获得案件胜诉的关键因素之一。在原告出示差异性对待的证据后,被告通常会进行反驳,表明差别对待的存在是因为个体之间存在实质性的差异。但如果被告无法证明特定个体之间存在实质性的差异,那么,存在法律禁止的动机就成了一个合理的推断。这种证据实际上是基于比较逻辑,运用合理推理的方式来推断被告具有歧视的

---

〔1〕 Slack v. Havens, 522 F. 2d 1091 (9th Cir., 1975).

〔2〕 Hodgson v. First Federal Savings and Loan Association of Broward County, 455 F. 2d 818 (5th Cir., 1972).

故意。

(c)行为人作出的针对原告的绰号、贬义语、贬低的笑话和评论以及带有刻板印象的观点表达。在数量众多的就业歧视案件中,大量存在使用贬低性或冒犯性的语言来评价、辱骂甚至攻击美国《民权法案》第七章所保护的人群的情形。针对原告的绰号、贬义语、贬低的笑话和评论以及带有刻板印象的观点表达等证据在有关敌意环境型诉讼中较多见,但在差别对待案件中也可以作为证明是否存在歧视故意的证据使用。历史上,存在很多针对黑人或者妇女的贬低性的称呼,有些称呼具有明显的冒犯性,以至于在美国的公共社会场合(如新闻报道中)被禁用。

毋庸置疑,有些话语或者词句在本质上具有贬损、贬低的性质;但有些则并不一定能够反映行为人对受法律保护的人群具有负面和偏见性的动机。因此,在实践中,比较关键的问题是判断有关的话语或词句是否具有贬低性质。在联邦最高法院审理的"阿什与泰森食品股份有限公司案"(Ash v. Tyson Foods, Inc.)中,法院认定"男孩"这个词,即便在没有添加任何影射种族或肤色的修饰情形下,也可能存在歧视的动机。[1] 法院进一步指出,"诚然,受争议的话语或词句并非总是能够证明存在种族憎恶,但是,这也并不等于说,那些话语或词句本身总是善意的。说话的人表达的含义取决于多种因素,包括讲话的上下文、语调、声调、当地习俗以及历史习惯等方面"。[2] 按照法院的意见,评判的具体标准,应当是主观结合客观。也即原告不仅在主观层面感觉到相关话语或词句对自己产生了冒犯,而且,一个通情达理的人如果处在原告的位置也会同样地感觉到被冒犯。

即便有关人员在工作场所中发表了针对受法律保护人群的,带有贬低、偏见或刻板印象性质的言论,但上述言论是否导致了特定受保护人群因为自己受保护的特质而遭受了歧视性对待,仍然需要考虑相关言论与歧视性对待之间是否存在因果关系。例如,甲某是某公司的一位高管,乙某是其下属,甲

---

〔1〕 Ash v. Tyson Foods, Inc., 546 U. S. 454(2006).

〔2〕 Ash, 546 U. S. at 556.

某对女性心存偏见,经常在工作场合有意无意地发表一些带有性别刻板印象的言论。后该公司决定解除与乙某的雇佣关系。在考察乙某遭到解雇是否是因为其性别原因时,如果有证据证明甲某并未参与解除公司与乙某雇佣关系的决策过程,那么,可以认为甲某的相关言论与乙某的遭遇之间没有因果关系。联邦最高法院奥康纳(O'Connor)大法官在"普莱斯·沃特豪斯与霍普金斯案"的判决中认为,工作场所中的歧视性言论,对于判断是否存在性骚扰具有一定的价值,但不能就此认为法律要求雇主承担证明相关的雇佣或者提职决定是基于合理标准的举证责任。[1] 因此,从举证的角度来说,原告,而不是被告,应当承担相关言论与不利待遇之间存在因果关系的证明责任。这通常需要原告证明:相关的歧视性言论针对的是原告所属的、受反歧视法律保护的群体;相关的歧视性言论在时间上与原告遭受不利对待的时间相接近;相关的歧视性言论出自有权作出雇佣决定的个体;相关的歧视性言论与案件中的雇佣行为具有关联性。按照上述标准,在一个涉及种族歧视的案件中,原告认为解雇他的公司高管在两年半以前曾说过一句针对美国黑人的歧视性的话语,那时该公司高管只是原告的一位同事而尚未被提职,法院认为不能由此证明该公司高管的解雇行为具有歧视黑人的动机。[2]

(2)原被告分担证明责任模式

如果原告出示直接证据,如由被告公司董事长签名的备忘录,明确载明拒绝录用原告的原因是她是一个女性或者他是一个非裔美国人等,则能够证明被告具有歧视的故意,这对原告来说无疑是十分有利的。但是,在现实生活中,很少有雇主会在自己的备忘录中记录是出于某一个工作申请者的性别原因而拒绝雇佣她,或者因为某个雇员的种族原因而将其开除。即使雇主确实出于歧视的原因,对相关人员进行了不利的差别对待,雇主通常也不会承认自己具有歧视的故意。

也就是说,原告通过第一种模式,即一般的民事诉讼证明模式来证明被

[1] Price Waterhouse v. Hopkins, 490 U.S. 228 (1989).

[2] Scott v. Suncoast Beverage Sales, Ltd., 295 F.3d 1223 (11th Cir., 2000).

告具有歧视的故意实际上是比较困难的。为了降低个别的差别对待就业歧视诉讼中原告证明被告具有歧视故意的难度,法院提出了原被告分担证明责任模式,即"麦克唐奈·道格拉斯"(McDonnell Douglas)模式。联邦最高法院最早在审理的"麦克唐奈·道格拉斯公司与格林案"(McDonnell Douglas Corp. v. Green)中对该模式进行了阐述。[1] 此后,联邦最高法院通过"得克萨斯州社区事务局与伯丁案"(Texas Department of Community Affairs v. Burdine)[2]以及"圣玛丽荣誉中心与希克斯案"(St. Mary's Honor Center v. Hicks)[3]等一系列案件的审理,对"麦克唐奈·道格拉斯"模式进行了进一步完善。

与第一种模式不同,在"麦克唐奈·道格拉斯"模式下,原告需要通过间接证据来证明雇主存在歧视的故意。间接证据,在英美法系中又被称为情况证据,是与直接证据相对的证据,指基于常识可以合理地推断出待证事实的情况或事实,而非个人亲身经历或亲眼所见的事实。[4] 在就业歧视案件中,间接证据不能直接证明雇主的行为受歧视的故意驱动,但案件的审理者可以通过间接证据合理推断雇主存在歧视的故意。例如,在一个案件中,一位女性原告出示的相关记录表明,虽然有众多符合录用条件的女性申请了公司的工作,但被告公司从来不雇用女性。前述记录可以作为间接证据来证明被告不录用原告是基于性别歧视的原因。

"麦克唐奈·道格拉斯"模式的基本诉讼结构如下:首先,原告通过出示初步证据证明被告存在故意的歧视行为;其次,被告通过证明存在正当的理由来反驳原告的指控;最后,原告举证证明被告所谓的正当理由实际上是其实施歧视行为的借口。通过将证明义务在原告与被告之间来回移转,达到分担举证责任、降低原告负担的目的。

---

〔1〕 411 U. S. 792(1973).

〔2〕 450 U. S. 248(1981).

〔3〕 509 U. S. 502(1993).

〔4〕 参见薛波主编:《元照英美法词典》,法律出版社 2003 年版,第 470 页。

“麦克唐奈·道格拉斯公司与格林案”[1]

联邦最高法院鲍威尔(Powell)大法官出具了法庭意见书。

上诉人麦克唐奈·道格拉斯公司是一家航空航天产品制造商,总部设在美国密苏里州东部城市圣路易斯,雇用超过30,000名雇员。被上诉人是圣路易斯的一个黑人公民,从1956年开始作为公司的技工和化验员为公司工作。1964年8月24日在一次公司的裁员中,他被解雇。被上诉人是一位长期从事民权运动的活跃分子,他认为自己遭到解雇是基于种族原因,并且麦克唐奈·道格拉斯公司在招聘过程中也带有种族偏见,他对此提出了强烈的抗议。作为抗议活动的一部分,被上诉人和争取种族平等大会(Congress of Racial Equality)成员非法地将车辆停放在上诉人公司工厂的主路上,目的是在早间换班高峰时期造成交通阻塞。联邦地区法院法官这样描述被上诉人参加的此次交通阻塞活动:在早高峰期间,共有5个车队,每个车队有4辆车,阻塞了去往麦克唐奈·道格拉斯公司的5个主要入口。每个车队的司机按照指示排列成一线,汽车一辆挨着一辆停放,使路口及道路完全阻塞路。同时,司机们按照指示在停车后将发动机熄火,摇上车窗,锁上车门,待在车里直到警察到达。在此次汽车阻塞交通的抗议活动中,原审原告(被上诉人)在早高峰大约7点时,开车到达麦克唐奈·道格拉斯公司的一个主要道路——布朗路;原告知道自己的行为会造成交通阻塞并有意把车停在布朗路以阻塞交通。警察不久到达现场,要求原告将车子移出主路,但遭到原告拒绝。随后警察将车子拖走,并逮捕了原告。原告承认妨碍交通并被处以罚款。

1965年7月25日上诉人发布公告公开招聘具有相关资质的技工,被上诉人申请了该职位,但遭到上诉人的拒绝,原因是被上诉人曾参加了之前的非法阻塞交通活动。联邦地区法院审理后认为,上诉人拒绝雇用被上诉人的原因在于后者参与了非法的示威活动,而非合法的民权运动,非法的示威活动不在美国相关法律的保护范围内。

---

[1] McDonnell Douglas Corp. v. Green,411 U.S. 792(1973).

本案在上诉后,联邦上诉法院第八巡回法庭维持了联邦地区法院关于被上诉人的非法抗议活动不受美国《民权法案》第704(a)条保护的判决。但上诉法院认为地区法院不当驳回了被上诉人依据美国《民权法案》第703(a)(1)条提出的上诉人涉嫌就业种族歧视的指控,应予以推翻。

案件最后上诉到了美国联邦最高法院。联邦最高法院认为本案的主要争议是在涉及个人的、非集体诉讼的案件中,证明就业歧视成立的举证责任问题。正如联邦最高法院在"格里格斯与杜克能源公司案"(Griggs v. Duke Power Co.)判决中所阐述的,美国国会制定美国《民权法案》第七章的目的在于保障就业机会平等、消除歧视性雇佣行为;歧视性的雇佣行为产生了以种族为分层的工作环境,这种工作环境对少数族裔十分不利。联邦最高法院指出,美国国会制定《民权法案》第七章的目的不在于保证让每一个求职者获得一份工作而无论他们是否具有相应的资质;法案也并没有强令雇主雇用一个仅仅曾受歧视或者属于少数群体中一员的求职者。法案只禁止针对任何群体的歧视性对待,而无论此歧视是针对少数群体还是多数群体。

禁止就业歧视需要考量雇主以及雇员双方的社会和个人的利益。通过公平公正、不因种族有所偏倚的雇佣行为和人事决策建立起来的高效、可靠的工作环境,对雇主、雇员以及消费者来说,都是至关重要的。不难看出,美国《民权法案》第七章对种族歧视持零容忍的态度。在本案中,被上诉人认为其职位申请遭到拒绝是因为"他参与了民权运动"以及"他的种族和肤色"。上诉人则否认存在任何形式的种族歧视行为,辩称之所以拒绝录用被上诉人是因其参与了非法的示威抗议活动。法院需要对这些互相对立的事实进行审查。

依据美国《民权法案》第七章的规定,提起诉讼的原告需要承担初步证明就业种族歧视存在的举证责任。初步证明就业种族歧视存在的举证责任可以通过以下方式完成,即证明:(1)原告属于少数种族群体成员;(2)原告具备雇主招录职位的履职资质并且进行了该职位的申请;(3)尽管原告有能力胜任该职位,但仍被拒绝;(4)在被拒绝后,上述职位保持空缺,并且雇主继续招录与原告资质相同的求职者。在本案中,我们同意上诉法院的审理意见,即被上诉人完成了初步证明上诉人在雇佣过程中存在种族歧视行为的举证责任。上诉人在拒绝雇用被上诉人之后继续招录有关工作岗位的雇员;此外,上诉人对被上诉人的履职资质也没有争议。

在原告初步证明就业歧视存在之后,举证责任转移至雇主,由雇主出示证据证明存在合法的、非歧视性的理由拒绝雇用原告。在本案中,上诉人主张之所以拒绝录用被上诉人是因为后者参与了非法的抗议活动。我们认为,至此,上诉人完成了证明存在合法的、非歧视性的拒绝雇用被上诉人理由的举证责任。

被上诉人提出了上诉人涉嫌就业种族歧视的初步证据,上诉人则相应地提出了拒绝雇用被上诉人合法的、非歧视性的理由作为回应,这个回应我们认为是充分的,但我们的追问并未到此结束。应当看到,法律并不允许上诉人以被上诉人参与了的活动为借口实施美国《民权法案》第703(a)(1)条所禁止的就业歧视行为。在案件发回重审后,被上诉人应当被给予举证机会证明上诉人拒绝录用的所谓的非歧视的理由是否实际上只是一个实施歧视行为的借口。相关的可以考虑的证据包括,比如,参与针对上诉人的抗议中实施类似行为的白人雇员未被解雇或者重新受到雇用。此外,其他证明上诉人拒绝雇用的理由仅为歧视的借口的证据还包括:被上诉人之前在上诉人处工作过程中遭受的待遇;上诉人对被上诉人参与合法的民权运动时的反应;以及上诉人对待少数族裔雇员的一般政策和实践。根据相关判例法规则,有关上诉人雇佣政策和实践的数据信息也有助于确定其是否涉及惯常性地歧视黑人。简言之,在本案发回重审后,被上诉人应当被给予一个全面的、公正的机会,通过有力证据证明上诉人言之凿凿的拒绝录用的原因实际上只是其实施就业种族歧视的“遮羞布”。

法院应当审查被上诉人依据美国《民权法案》第703(a)(1)条提出的诉求。按照双方提交的证据,我们认为被上诉人完成了初步证明上诉人涉嫌就业种族歧视的举证责任,而上诉人也成功地证明其拒绝雇用被上诉人是基于合法的非歧视性理由。但如我们所强调的,对案件的审理并不到此终止。在发回重审后,审理法院应当进一步给予被上诉人举证机会,以证明上诉人拒绝重新雇用的原因实际上是其实施种族歧视的一个借口。

联邦最高法院在上述案件中阐述的证明责任分配规则实际上可以归纳为三步:第一步,由原告提供初步证据证明就业歧视的存在;第二步,由雇主提供证据证明自己的行为是基于合法的、非歧视性的理由;第三步,由原告提供证据证明雇主为自己行为辩解的所谓的合法的、非歧视性的理由只是掩饰其非法歧视行为的借口。

值得注意的是,联邦最高法院最初是为美国《民权法案》第七章下个别的差别对待就业歧视诉讼而提出了"麦克唐奈·道格拉斯"模式,但随后该模式被运用于基于美国《就业年龄歧视法案》、美国《康复法案》、《美国残疾人法案》等反歧视法律提起的就业歧视诉讼案件。除了招录阶段,"麦克唐奈·道格拉斯"模式还被广泛运用于解雇、惩戒、提职、降职、调岗、报复等各个阶段的就业歧视诉讼。以下我们分别对每一步的证明责任和证明事项进行具体的分析。

(a)原告证明歧视存在的初步证据。在"麦克唐奈·道格拉斯公司与格林案"中,原告主张自己遭受被告歧视的原因之一是自己的种族。联邦最高法院审理后认为,原告需要为自己遭受了基于种族的就业歧视的主张提供初步证据。原告可以从以下方面完成初步证据:(1)原告属于少数种族群体成员;(2)原告具备雇主招录职位的履职资质并且进行了该职位的申请;(3)尽管原告有能力胜任该职位,但仍被拒绝;(4)在被拒绝后,上述职位保持空缺,并且雇主继续招录与原告资质相同的求职者。因此,在招录阶段因歧视原因遭受不利对待的原告在诉讼时需要提供的初步证据可以归纳为四点:第一,原告具有受保护群体成员身份;第二,原告申请了相关职位并且具有履行该职位的能力;第三,被告拒绝录用原告;第四,被告仍继续招录与原告资质相同的雇员。

需要注意的是,联邦最高法院在"麦克唐奈·道格拉斯公司与格林案"以及后续的一系列案件中明确指出,上述证明要素并非机械的或者一成不变的,而是可以根据个案的实际情况进行灵活地处理。比如,在一个涉及因为歧视原因遭受解雇的案件中,原告根据“麦克唐奈·道格拉斯”模式提供的初步证据应当包括:原告属于受保护群体成员;原告遭受了工作上的不利对待;原告遭受不利对待时的工作表现符合被告的合理期待;原告遭解雇以后的职位被与原告资历相似的人取代。[1] 再如,在一个涉及歧视性工作条件的案件中,原告提供的初步证据应当包括:原告属于受保护群体成员;原告遭受了工作上的不利对待;原告能够胜任所在岗位的工作;被告给予原告情况相似但人群特质不一样的雇员较好的待遇。[2] 不难看出,在“麦克唐奈·道格拉斯”模式之下,主张遭受就业歧视的原告完成第一步下的证明责任,即提供就业歧视存在的初步证据,实际上并不困难。联邦最高法院以及下级联邦法院在相关案件的判决中均指出,“(在差别对待就业歧视案件中的)原告完成初步证据的负担并不繁重”。[3]

在涉及不同案情的就业歧视案件中,原告所要提供的初步证据也可能有所不同。但差别对待主张的核心是,与一个处在类似位置、具有相似资质的雇员或其他工作申请者相比,原告遭受了不利的差别对待。这种差别对待只有通过比较才能显现出来,而比较的前提是原告与其他雇员或者工作申请者的处境相似。一个层级较高的雇员的收入通常比一个层级较低的雇员高,这是十分合理的。上述雇员之间由于处境不同因而不具有反歧视法上的可比性。因此,在实践中,怎样确定一个可以比较的对象往往是比较关键的问题。在这个问题上,目前美国法院的看法有一定的分歧。有的法院主张与原告进行比较的其他雇员应当在所有方面或者几乎所有方面与原告的处境相同。[4] 而有的法院则认为,“所有方面或者几乎所有方面相同”这样的要求未免太过于苛刻,不符合联邦最高法院在相关判例中确立的原告完成初步证据提供的负担“并不繁重”的原则。这些法院认为应当采取一个相似性要求

---

〔1〕 King v. Rumsfeld, 328 F. 3d 145(4th Cir. ,2003).

〔2〕 Knight v. Baptist Hospital of Miami Inc. ,330 F. 3d 1313(11th Cir. ,2003).

〔3〕 Texas Department of Community Affairs v. Burdine, 450 U. S. 248(1981); Greenway v. Buffalo Hilton Hotel, 143 F. 3d 47(2nd Cir. ,1998).

〔4〕 Perez v. Texas Department of Criminal Justice, 395 F. 3d 206(5th Cir. ,2004).

相对较低的标准。[1]

原告完成了"麦克唐奈 · 道格拉斯"模式下的第一步,即出示了证明就业歧视存在的初步证据之后,在法律上的效果是可以推定原告的遭遇是由非法的就业歧视造成的。由于初步证据的存在,雇主通常可以依赖的、针对原告采取的不利行为的理由,譬如,原告缺乏相应的履职能力,或者没有适合原告的工作岗位等,都可以被排除。按照联邦最高法院的意见,如果法院采信了原告的初步证据,而被告又对存在非法就业歧视的推定保持沉默的话,法院应当判决原告胜诉。[2]

(b)被告证明存在合法的、非歧视性的理由的证据。原告出示的初步证据在法律上形成了一个存在非法就业歧视的推定,但该推定是可被反驳的,反驳的方式是,被告举证证明其行为完全是基于合法的、非歧视的理由。因此,按照"麦克唐奈 · 道格拉斯"模式,原告在完成初步证据的举证之后,举证责任转移至被告,由被告出示具有可采纳性的证据证明针对原告的不利行为是出于非歧视性的理由。

法院首先需要解决的问题是,在此阶段被告举证责任的性质是什么?被告需要向法院举证说明自己的行为并非基于歧视性的理由,但被告是否需要进一步向法院解释自己为什么不雇用原告,而雇用了其他人?联邦最高法院在下面的"得克萨斯州社区事务局与伯丁案"中对相关问题进行了详细的说明。

"得克萨斯州社区事务局与伯丁案"[3]

联邦最高法院鲍威尔(Powell)大法官出具了法庭意见书。

本案再次要求我们审查基于美国《民权法案》第七章提起的就业歧视诉讼案件中被告所负担的举证责任的性质问题。更进一步来讲,本案争议的焦点是,在原告出示证明歧视性对待存在的初步证据之后,举证责任是否转移

---

〔1〕 Rodgers v. US Bank, 417 F. 3d 845(8th Cir. ,2005).

〔2〕 Texas Department of Community Affairs v. Burdine, 450 U. S. 248, at 254.

〔3〕 Texas Department of Community Affairs v. Burdine, 450 U. S. 248(1981).

至被告？由被告通过优势证据使法院信服其被挑战的行为是基于合法的、非歧视性的理由？

一

被上诉人(一审原告)是由上诉人雇用的从事会计事务的雇员。被上诉人所在的部门由联邦政府提供全额资助。为了继续获得资助,上诉人按照要求进行裁员。结果是,包括被上诉人在内的3名雇员被解雇,但该部门的1名男性雇员被留任。该部门的执行主任福乐(Fuller)提供证词证明,上述安排完全基于对雇员相关资历的非歧视性评估,并且3名被解雇的雇员不能很好地在一起工作。在被上诉人被解雇之前,该部门还拒绝了她的升职申请。被上诉人随后提起诉讼,称她未能被提职以及随后被解职是基于被上诉人的性别,这违反了美国《民权法案》第七章的规定。联邦地区法院通过法官审判(bench trial)作出了有利于被告的判决,认为没有证据支持原告提出的被告的行为是出于性别歧视的主张。

案件上诉后,联邦上诉法院第五巡回庭作出了部分改判。上诉法院认同地区法院的观点,认为原告并非由于歧视的原因而没有获得提职。地区法院还认为,原告虽然提出了初步证据,证明原告由于受到性别歧视而被解雇,但福乐的证词足以反驳原告提出的初步证据。上诉法院对此并不认同,并就地区法院的此部分判决进行了改判。上诉法院再次重申了之前的观点,即被告负有通过优势证据证明其雇佣行为具有合法的、非歧视的理由的责任。此外,被告还应当通过提供客观的证据证明那些被雇用的或者获得提职的人比原告更有胜任职位的资格。上诉法院认为,在本案中,福乐的证词不足以表明被告完成了前述证明责任,因而对相关判决进行了改判。联邦最高法院曾就被告的举证责任问题在相关判决中作出解释,其他上诉法院遵循了最高法院的解释。但在本案中上诉法院的判决与我们之前的解释有所冲突,我们因此签发了调卷令。我们决定撤销上诉法院的判决,本案发回重审。

二

关于按照美国《民权法案》第七章的规定提起的歧视性对待诉讼中的证明责任问题,我们在“麦克唐奈·道格拉斯公司与格林案”中进行了阐述。

首先,原告承担举证责任,提供初步证据证明就业歧视存在。其次,在原告成功完成上述举证责任后,举证责任转移至被告,由其提供证据,证明自己的行为是基于合法的、非歧视性的理由。最后,由原告提供优势证据,证明被告为自己行为辩解的所谓的合法的、非歧视性的理由并非真实的理由,而只是掩饰非法歧视的借口。

转移给被告的举证责任的性质应当结合原告负有的最终的举证责任以及中间的举证责任来理解。让法院的案件审理者确信被告故意歧视了原告的最终的举证责任始终由原告承担。"麦克唐奈·道格拉斯"模式下的中间的举证责任是为让法院快速、公正地分配最终的举证责任服务的。

原告完成提供初步证据的举证责任的负担并不繁重。初步证据的出示在诉讼中有着重要的作用:它排除了拒绝录用原告的最为常见的、非歧视性理由。初步证据的出示效果是制造了雇主非法歧视雇员的推定。如果法院采信了原告的初步证据,并且被告又对推定保持沉默,那么法院必须判决原告胜诉,因为案件的事实已无争议。

因此,转移给被告的举证责任的性质是反驳歧视存在的推定。这种反驳可以通过出示证据证明原告被拒绝,或者其他人被优先选择,是基于合法的、非歧视性的理由。被告无须说服法院被告的行为在事实上是由前述理由驱使的。被告出示的证据只要能对被告是否歧视原告这个事实形成争议便已经足够。通过可采纳的证据,被告应当清楚地阐明拒绝录用原告的理由。这些理由应当在法律上足以使被告获得一个有利的判决。一旦被告完成了前述证据的出示,由初步证据制造的推定即被反驳,案件事实的审理进入下一个步骤。

原告负有说服责任。她应当有机会来证明被告提出的理由不是其作出相关雇佣行为的真正的理由。原告此刻的证明责任和她负有的最终证明自己是故意歧视受害者的证明责任合二为一。原告可以通过两种方式完成前述证明责任:一是直接的方式,使法院相信雇主的行为更可能是基于歧视性的理由;二是间接的方式,通过举证证明雇主提供的解释没有可信性。

三

联邦地区法院判决被告解雇原告与后者的性别没有关系，联邦上诉法院撤销了此部分判决。同时，联邦上诉法院就被告的证明责任作出了两点裁判：首先，被告应当通过优势证据证明存在解雇原告的合法的、非歧视性的理由；其次，被告还应当证明，被告雇用的其他人比原告更有资历，也即被告需要提供比较性的证据。

联邦上诉法院对"麦克唐奈·道格拉斯"模式下被告的举证责任的解释有误。在"斯威尼案"（Sweeney）中，我们指出，被告只要简单地解释自己的行为或者出示存在非歧视性的理由的证据，便完成了举证责任。而上诉法院在本案中的结论明显要求被告做得更多。上诉法院认为，被告负有说服法院的义务，即通过使人确信的、客观的证据解释自己为什么选择了其他人而不是原告。

我们一直强调，如果雇主出示了证明自己行为合法的证据，那么雇员提供的证明歧视存在的初步证据便被反驳。此处雇主所承担的是出示证据责任，以使案件的审理者合理地相信雇主的行为并非基于歧视动机。而上诉法院要求被告承担说服法院的举证责任，这显然超越了出示证据责任的范围。

与此同时，上诉法院要求被告通过出示客观证据证明其所雇用的人比原告更有资历，这也是错误的。"麦克唐奈·道格拉斯"模式明确指出，证明条件相似的雇员受到不平等待遇的举证责任在原告。而上诉法院则要求雇主证明原告的资历不如其所雇用的其他人；如果雇主无法证明，则表明雇主实施了歧视行为。

四

综上所述，上诉法院要求被告通过优势证据证明存在解雇原告的非歧视性的理由以及证明被告雇用的人比原告具有更为优良的客观条件是错误的。当原告出示了证明歧视存在的初步证据以后，被告的举证责任仅为清楚解释自己的行为并非基于歧视的理由。撤销上诉法院的判决，案件按照此意见发回重审。

通过“得克萨斯州社区事务局与伯丁案”可以看出,联邦最高法院认为,在原告出示证明歧视存在的初步证据以后,证明责任虽然转移给被告,由被告证明存在合法的和非歧视性的理由,但这里被告的举证责任的性质是证据的出示责任(burden of production),而非说服责任(burden of persuasion)。按照英美法中的证据法理论,证明责任(burden of proof)通常包含两个概念:一是出示证据的责任或提出证据的责任,即当事人就自己主张的事实应提供充分的证据予以证明的责任,该责任在诉讼过程中可在当事人之间来回转移;二是说服责任,即当事人说服事实认定者确信其所提证据指向的事实为真实的责任。在英美法系司法审查中,证明责任的关键是说服责任,当事人应当说服法官或事实认定者相信某种事实的存在。按照传统观点,说服责任在诉讼的任何一个阶段都不会由一方当事人转移给另一方。[1]

美国联邦最高法院的判决意见表明“麦克唐奈·道格拉斯”模式第二步中被告承担的是证据的出示责任,而非说服责任。因此,通常认为被告的证明负担是较轻的。[2] 但这并不等于被告可以敷衍了事。在一些情况下,法院会认为被告提供的非歧视性的理由不充分。比如,在“塔格特与时代公司案”(Taggart v. Time Incorporated)中,被告以“大材小用”为由拒绝雇用原告,法院认为这样的理由不充分。[3] 在“斯蒂格与通用电气公司案”(Steger v. General Electric Company)中,被告以雇用“最佳雇员”来为自己的行为解释,法院认为这样的理由过于模糊。[4] 按照联邦最高法院在“圣玛丽荣誉中心与希格斯案”中的判决意见,如果雇主出示的证据不能表明存在一个非歧视性的理由,那么原告有权获得有利的直接判决。[5]

(c)原告证明被告所谓的理由只是掩饰歧视行为的借口。按照“麦克唐奈·道格拉斯”模式,如果被告出示了证据证明存在合法的、非歧视性的理

---

〔1〕 薛波主编:《元照英美法词典》,法律出版社2003年版,第179页。

〔2〕 Barbara Lindemann and Paul Grossman(Editor),*Employment Discrimination Law*(4th Edition),BNA Books,2007,p.34.

〔3〕 924 F.2d 43(2nd Cir.,1991).

〔4〕 318 F.3d 1066(11th Cir.,2003).

〔5〕 509 U.S.502(1993).

由,那么,原告要想胜诉,必须证明被告提出的理由只是其掩饰歧视行为的借口。在实践中,原告可以用来证明被告提出的理由只是借口的证据形式多种多样。除证明被告提出的理由本身存在的谬误外,原告通常还可以使用三类证据来“揭示”被告的借口:被告带有歧视性的言论、被告对待相似情况的其他个体的行为以及统计数据。

第一,被告带有歧视性的言论。如果原告有证据证明被告曾经有过歧视性的言论,并且该歧视性言论与被告的歧视行为之间存在因果关系,那么这样的证据可以作为被告存在歧视的故意的直接证据,而无须通过“麦克唐奈·道格拉斯”模式来推断被告存在歧视的故意。但在实践中,这样的证据非常少见。比较常见的情况是,被告曾经有过歧视性的言论,但该言论是否确实包含了歧视的偏见,以及该偏见是否是促使被告作出针对特定原告的歧视行为的动因,往往无法直接判断。此时,被告曾经的歧视性的言论只能作为间接证据来分析。联邦最高法院认为,要综合考虑多种因素,包括被告言论的情境和上下文、语调、当地习俗、该用语历史上的习惯性含义等,来判断被告是否具有歧视的意图。[1] 如果被告的言论只是随意发表的,并且与特定的歧视行为之间没有关联性,那么法院对这样的证据不会采信。同样,如果被告的言论明显具有玩笑的性质,或者是孤立的,或者言论发生的时间远远早于涉案的歧视行为的,法院通常也不会支持原告的主张。

第二,被告对待具有相似情况的其他个体的行为。在“麦克唐奈·道格拉斯公司与格林案”中,联邦最高法院指出,如果参与同样事件的白人雇员仍然受到雇用,而黑人雇员却遭到解职,这样的证据与证明被告提出的理由只是借口具有高度关联性。[2] 因此,如果原告有证据证明,原告所属的保护群体以外的个体在相似情况下受到了被告的有利对待或者没有遭受与原告同样的不利对待,那么,被告所谓的非歧视性的理由只是借口的可能性极大。[3] 在这种试图通过比较的方式来证明被告非歧视的理由只是借口的案

---

〔1〕 Ash v. Tyson Foods, Inc. 126 S. Ct. 1195(2006).

〔2〕 McDonnell Douglas Corp. v. Green, 411 U. S. 792(1973).

〔3〕 Appelbaum v. Milwaukee Metropolitan Sewerage District, 340 F. 3d 573(7th Cir., 2003).

件中,原告所面临的比较关键的问题是证明作为比较对象的其他主体与原告处在事实上相似的境地。按照法院的说法,这种事实上相似的境地要求原告与被比较的对象之间、原告所处的环境与被比较的对象所处的环境之间应当具有实质上的相似性。[1] 相应地,实践中被告的反驳意见也主要围绕在原告与被比较的对象之间没有相似性这一议题上。

第三,统计数据。统计数据主要运用在系统性的差别对待案件中,而在个别的差别对待案件中使用较少。联邦最高法院在"麦克唐奈·道格拉斯公司与格林案"的判决中曾指出,与被告雇佣政策和实践相关的统计数据有助于确定在该案中被告是否出于对黑人的系统性歧视而拒绝录用原告。[2] 因此,在个别的差别对待案件中,使用统计数据作为证明被告非歧视的理由只是借口的证据也是可以的。只是在个别的差别对待案件中,统计数据不能单独作为定案的依据。这是因为,在看似很好的统计数据之下,可能隐藏了雇主针对特定个体的歧视行为;而看上去很糟糕的统计数据也不一定能够表明雇主一定对特定个体实施了就业歧视。因此,在实践中,法院通常会将统计数据与其他证据结合起来使用,以确定被告的非歧视理由是否只是实施歧视行为的借口。[3]

(二)系统的差别对待

在个别的差别对待案件中,作为被告的雇主通常是在孤立的个案中实施了针对特定保护群体成员的就业歧视行为。但在系统的差别对待案件中,雇主实施的就业歧视行为并非孤立的,而是常规的、重复性的;歧视行为针对的对象也不是特定的保护群体成员,而是不特定的保护群体成员。系统的差别对待之所以出现,主要是由于雇主内部存在广泛适用的影响就业歧视保护群体的政策或措施。譬如,有的雇主规定,女性员工应当比男性员工多交养老保险金额。[4] 这样的规定影响的不是女性中的特定个体,而是整个女性群

[1] Smith v. Allen Health System Inc. ,302 F. 3d 827(8th Cir. ,2002).

[2] McDonnell Douglas Corp. v. Green,411 U. S. 792(1973).

[3] Belll v. EPA,232 F. 3d 546(7th Cir. ,2000).

[4] City of Los Angeles Department of Water and Power v. Manhart,435 U. S. 702(1978).

体,构成系统的差别对待就业歧视。

系统的差别对待诉讼可以由受影响的保护群体中的若干个个体以集体诉讼的形式提起,也可以由美国平等就业机会委员会或美国联邦总检察长作为原告提起。[1] 和个别的差别对待一样,系统的差别对待也是故意的就业歧视行为。在证明系统的差别对待时,既可以使用直接证据,也可以使用间接证据,或者同时使用直接和间接证据。直接证据如雇主的存在明显歧视内容的雇佣政策文件等。在存在直接证据的情况下,雇主只能通过行使积极抗辩才能免除责任,包括基于真实职业资格(Bona Fide Occupational Qualification)的积极抗辩以及基于自愿的肯定性计划的积极抗辩。不难想象,在实践中,能够证明雇主实施了系统的差别对待就业歧视的直接证据是不多见的。因此,与个别的差别对待类似,系统的差别对待往往也需要通过间接证据加以证明。在证明的方式上,联邦最高法院确立了与个别的差别对待中的“麦克唐奈·道格拉斯”模式相似但不相同的证明规则,主要包括三个步骤:首先,原告需要通过初步证据证明被告的行为构成系统的差别对待;其次,被告通过举证来反驳构成系统差别对待的初步证据;最后,原告需要说服法官或者陪审团被告实行了歧视性的政策或实践。证明的原则是,原告需要通过优势证据证明被告存在系统的差别对待。[2]

原告用以证明被告存在系统的差别对待的初步证据主要是统计数据。在下面的“卡车司机与联邦政府案”中,联邦最高法院基于概率理论解释了怎样利用具体的统计数据来建立存在系统的差别对待的初步证据。在该案中,平等就业机会委员会作为原告起诉了一家在美国各地具有分支的航运公司,指控该公司在招录、提职、调岗等各个方面存在针对少数族裔的系统性就业歧视。法院认为,原告既然指控被告存在系统的就业歧视行为,那么原告应当通过比较相关的统计数据证据证明被告的歧视行为是其常规运营过程

---

[1] 按照美国《民权法案》第七章的规定,美国平等就业机会委员会有权作为原告提起针对私营部门的系统的差别对待就业歧视的诉讼;而美国联邦总检察长有权作为原告提起针对公营部门的系统的差别对待就业歧视的诉讼。

[2] See Joel Wm. Friedman, *Employment Discrimination: Examples and Explanations*, Aspen Publisher, 2010, p. 28.

中产生的,而不是孤立的或者零星的。

"卡车司机与联邦政府案"[1]

联邦最高法院斯图尔特(Stewart)大法官出具了法庭意见书。

一

联邦政府提起了两个诉讼,法院决定合并审理。第一个诉讼针对名为T. I. M. E. -D. C. 的公司,起诉状指控其在招录员工、分配岗位以及提职升职等方面歧视黑人,涉嫌违反美国《民权法案》第707(a)条的规定。第二个诉讼指控公司在整个交通系统存在涉嫌针对黑人以及具有西班牙裔姓氏人群的系统性就业歧视行为。国际卡车司机兄弟联合会(The International Brotherhood of Teamsters)也被列为被告。

联邦政府作为原告提起的上述诉讼的核心主张是,被告涉嫌在招录卡车司机时存在系统性地歧视少数族裔雇员的行为。原告诉称,由被告雇用的黑人以及具有西班牙裔姓氏的员工获得的工资更低,被分配的工作岗位更差,在升职和调职等方面也遭受歧视性待遇。

二

本案的争议焦点是被告公司是否存在系统性就业歧视行为。原告主张,相较白人员工,被告公司经常性且故意给黑人以及具有西班牙裔姓氏的员工提供较差的待遇,明显违反了美国《民权法案》第七章第703(a)条的规定。公司针对黑人以及少数族裔的歧视行为包括拒绝雇用,以及在职位调动,或在和白人平等的基础上获得晋升机会等方面。因此,本案最终的事实问题是,被告公司是否存在系统性差别对待行为,如果存在,差别对待是否基于种族原因。

联邦政府作为原告,应当承担初步证明歧视存在的举证责任。同时,由于原告主张被告涉及系统性歧视、完全不履行美国《民权法案》第七章规定的不得歧视之行为,因此,原告仅仅证明发生了个别的、偶然的或者零星的就

[1] Teamsters v. United States, 431 U. S. 324(1977).

业歧视行为显然是不够的。原告必须通过优势证据证明种族歧视是被告标准化操作模式的产物,这种模式是惯常的而非个别的。

我们同意联邦地区法院和联邦上诉法院的观点,即原告承担完成上述证明事项的举证责任。截至1971年3月31日,也即在原告提出诉讼不久之后,被告公司共有6472名雇员。在这些雇员中,314名是黑人,占总人数的5%;具有西班牙裔姓氏的有257名,占总人数的4%。值得注意的是,在1828名卡车司机中,仅有8名黑人,占总数的0.4%;以及5名西班牙裔姓氏的人,占总数的0.3%。并且,所有上述黑人卡车司机都是在本案的诉讼程序开始之后被雇用的。除了一个例外,一个黑人司机在1950年至1959年受雇于芝加哥运输站。除此之外,被告公司在1969年之前从来不雇用黑人作为卡车司机。正如原告所述,甚至在1971年,在有大量黑人人口居住的车站中,被告公司的卡车司机仍然清一色的为白人。数据显示,绝大多数为被告工作的黑人(83%)以及西班牙裔美国人(78%)所在的岗位是低收入岗位,相较而言,只有39%的非少数族裔雇员在这样的岗位工作。

作为原告的政府通过提供证人证言的方式向法庭表明超过40个具体的歧视的例子,从而强化其使用的统计数据的证明力。基于上述证据,联邦地区法院认为,"多年以来,许多符合条件的黑人和西班牙裔美国人在申请被告公司的卡车司机工作过程中,由于有关工作条件、工作机会和申请程序的信息没有如实地被告知,或者被误导性地告知,导致他们的申请被忽略,或者没有能和白人一样同等地被考虑和雇佣"。已经获得雇佣的少数族裔雇员在想要调职进入更好的岗位时,也遇到了同样的难题。

被告公司对于原告提出的上述证据的原则性回应是,这些统计数据本身无法证明被告存在系统性的歧视行为,原告也不能通过这样的统计数据完成存在歧视的初步证明责任,从而将反驳存在歧视的证明责任转移至被告。但是,正如我们在证据简报中所阐述的,在本案中,上述统计数据并不是原告政府所依赖的唯一的证据。在法庭作证的人,用他们在被告公司活生生的经历,使冷冰冰的数字具有了说服力。

无论如何,我们已有的案例清楚无疑地表明,"基于统计数据的分析在法院审理就业歧视案件的过程中发挥了重要的作用并且将会继续发挥这样的作用”。在陪审员的选择过程中是否存在种族歧视的案件中，我们多次允许将统计数据作为初步证据使用。显然，本案的情况也非常类似。统计数据在证明就业歧视方面有同样的作用。我们需要提醒的是，统计数据作为证据并非不可辩驳，它们形式多样，并且同其他类型的证据一样也可以被反驳。简言之，统计数据的作用取决于案件的具体事实和情况。

被告同时认为，原告出示的这些表明种族差异的统计数据未能关注美国《民权法案》第七章颁布之后公司所采取的措施。但值得注意的是，本案的被告公司在新的法案生效以后仍然在继续招录新员工，而有记录表明，在这段时期新招录的员工中绝大多数仍然是白人。在审理本案的过程中，下级法院虽然查明了被告在其后采取了措施意图消除过去的歧视行为带来的不良影响，但是，法院也发现了大量的证据，表明被告公司在美国《民权法案》生效之后仍然继续着歧视行为。

基于前述证据，联邦地区法院和联邦上诉法院认定原告政府已经完成了证明被告存在系统性的、故意的，在美国《民权法案》生效之后持续发生的就业歧视行为的初步举证责任。我们判定被告试图反驳前述结论的理由不充分。

不难发现，在“卡车司机与联邦政府案”中，原告出示的统计数据证据很能说明问题，因为在美国《民权法案》实施以后，在有大量黑人人口居住的车站中被告公司的卡车司机仍然清一色为白人而没有黑人。在这样明显的数据下，法院认为，推断被告存在歧视的动机并不困难。

但是，在有些案件中，数据的对比不那么悬殊，数据所能证明的问题也并不十分显而易见。这个时候，法院认为需要运用更为精细的统计学方式来判断被告是否存在系统的差别对待就业歧视。联邦最高法院在下面的“黑泽伍德学区与联邦政府案”（Hazelwood School District v. United States）中，对如何运用统计学方法来分析不那么显而易见的统计数据证据进行了说明。

"黑泽伍德学区与联邦政府案"[1]

联邦最高法院斯图尔特(Stewart)大法官出具了法庭意见书。

黑泽伍德学区位于密苏里州圣路易斯县的北部。美国联邦总检察长根据美国《民权法案》第七章的授权提起了针对该学区的诉讼,指控该学区存在系统性就业歧视,违反了美国《民权法案》第七章的规定。

黑泽伍德学区由13个乡村学区组成,是在1949年至1951年通过合并方式形成的。在1967~1968学年,在这个学区注册的学生达17,550名,但只有59名黑人学生。在1972~1973学年,在这个学区注册的学生达25,166名,其中黑人学生增加至576名,但仅为总人数的2%多一点。

起初,黑泽伍德学区招录教师的程序相对比较简单。学区会给每一个申请教师职位的申请者邮寄一份申请表,申请者将填写完整的申请表递交至人事综合管理中心办公室,由该办公室存档。在20世纪60年代早期,每当学区有空缺的教师职位时,中心办公室会通知所有存档的申请者参与面试。但是,到了20世纪60年代晚期和70年代早期,递交申请的申请者数量大幅增加,通知所有申请者参加面试已经变得不再可行。取而代之的是,每当有职位空缺,中心办公室会通知3~10个申请者到学校参加面试。中心办公室并未实质性地审查申请者的资历以决定谁可以参加面试,但中心办公室希望确保每个申请者一旦被选上的话,在他们正式开始工作前可以有资格获得州政府颁布的相关资格条件。一般来说,越是在最近递交申请表的申请者越有可能被选中参加面试。

参与面试的人员包括学区部门负责人、项目协调员,以及存在教职空缺的学校的校长等。尽管上述人员在参与面试的过程中会在诸多方面给申请者打分,但毋庸置疑的是,存在教职空缺的学校的校长几乎拥有绝对权力挑选哪个申请者能够去他所在的学校教书。这些校长被笼统地要求挑选"最能胜任"的人,考察的方面包括"个性、习性、外貌、形态、声音、表述,以及和其他人打交道的能力"等比较抽象的因素。一旦校长作出决定,黑泽伍德学区

[1] Hazelwood School District v. United States, 433 U. S. 299(1977).

负责人以及教育委员会通常不会反对。

在20世纪60年代早期,黑泽伍德学区认为有必要招聘新的教师,并随后走访了密苏里州和其他周边几个州的学院和大学。所有的这些被走访的教育机构都主要是以白人学生为主,而黑泽伍德学区也没有认真考虑在密苏里州的两所主要以黑人学生为主的四年制学校招聘教师。当供需关系开始转向有利于招录教师的公立学校时,黑泽伍德学区减少了招聘工作。在1971~1972学年,有3127名申请者申请了234个空缺的教师职位;在1972~1973学年,有2373名申请者申请了282个空缺的教师职位。在没有被录用的申请者中,黑人的数量较大。

黑泽伍德学区雇用第一个黑人教师是在1969年。在随后的几年里,黑泽伍德学区雇用的黑人教师数量开始慢慢增长:在1970年,957名教师中有6名黑人;在1972年年末,1107名教师中有16名黑人;在1973年,1231名教师中有22名黑人。相较而言,根据1970的人口普查数据,1970年在圣路易斯地区有超过19,000名教师,其中,黑人教师的比例达到15.4%。这个百分比数据包括了圣路易斯城市学区,该学校在最近几年实行了一项政策,试图在整个教师队伍中保持50%的黑人教员比例。除该学校外,在1970年,该地区只有5.7%的老师是黑人。

基于前述历史事实和数据,作为原告的政府向联邦地区法院提出了四个方面的证据,指控被告涉嫌系统性的歧视行为。原告的证据包括:(1)历史上被告曾经具有涉嫌种族歧视行为;(2)被告雇佣行为在统计数据上表现出来的不平等状况;(3)被告没有标准的且很大程度上取决于主观判断的雇佣程序;(4)涉嫌针对55名未能成功申请到教师职位的黑人实施就业歧视的具体例子。被告黑泽伍德学区基本上没有提供任何反驳的证据,但是,基于原告提出的证据,被告指出了原告证据的不足之处,同时强调了被告正式公开的招录政策,即学校"根据申请者的训练情况、准备程度和推荐信来雇用教师,而不管申请者具有何种种族、肤色或信仰"。

联邦地区法院经过审理后认为,被告不存在系统性的歧视行为,黑泽伍德学区也没有基于隔离政策的双重学区模式,被告所雇用的黑人教师和在该校就读的黑人学生是成比例的。但联邦上诉法院第八巡回庭推翻了联邦地区法院的判决。上诉法院认为,联邦地区法院对黑泽伍德学区在美国《民权法案》第七章生效之前存在的歧视行为的证据重视不够,导致地区法院对统计数据的分析限于黑泽伍德学区的黑人学生和黑人老师之间的比例。上诉法院并不接受这样的做法,上诉法院认为前述数据对比与本案没有关联性。上诉法院认为,恰当的对比应当是,在黑泽伍德学区的黑人教师的数量与在相关劳动力市场的黑人教师数量。上诉法院进而选取了圣路易斯县和圣路易斯市作为相关地区进行比较,1970 年的人口普查数据显示,在该地区 15.4% 的教师是黑人,而相应地,在 1972～1973 年和 1973～1974 年,黑泽伍德学区的黑人教师占比分别仅有 1.4% 和 1.8%。通过数据对比显示的差异,以及考虑黑泽伍德学区在教师招录过程中采用的程序,足以构成黑泽伍德学区存在系统性就业歧视的初步证据。

另外,上诉法院还认为,初审法院未能按照联邦最高法院在"麦克唐奈·道格拉斯公司与格林案"中确立的标准,对黑泽伍德学区拒绝录用 55 名黑人申请者的事实是否可以构成存在就业歧视的初步证据进行审查,这样的做法是错误的。按照前述标准,上诉法院认定黑泽伍德学区对其中的 16 个黑人存在歧视行为。这样的认定无疑支撑了证明黑泽伍德学区存在系统性歧视的统计数据的证明力。由于被告黑泽伍德学区没有对原告政府提出的系统性种族歧视的初步证据进行反驳,上诉法院作出了有利于原告的判决。

案件最后上诉至联邦最高法院。上诉人认为,下级法院以未作区分的劳动力市场统计数据为依据,认定被告没有对原告提出的存在就业歧视的初步证据进行有效反驳,进而作出不利于被告的判决的做法是错误的。上诉人提出的问题用简单的语言来概括就是,黑泽伍德学区所雇用的黑人教师相较整个学区所雇用的教师而言,占了较小的百分比,这样的证据在证明黑泽伍德学区存在系统性就业歧视方面是否具有证明力?

联邦最高法院在最近判决的"卡车司机与联邦政府案"中提出了有关统计数据在基于美国《民权法案》第七章提起的系统性就业歧视案件中所起到的作用。我们认为在本案中,在考虑上诉人提出的观点是否合理时,"卡车司机与联邦政府案”的判决具有重要指导意义。在“卡车司机与联邦政府案”中,本院指出,原告政府应当通过优势证据证明被告经常性地实施种族歧视行为,即这种歧视行为是常见的,而非罕见的。我们还同时指出,统计数据在就业歧视案件中能够作为重要的证据使用,因为,除非另有原因,在通常情况下,如果在招录过程中不存在歧视行为,那么久而久之,工作场所中的劳动力构成或多或少地可以反映出当地人口的种族构成。因此,工作场所中的种族构成与当地人口的种族构成存在长期的、显而易见的差异的证据是十分有重要意义的,虽然美国《民权法案》第七章明确表明并不要求工作场所中劳动力的种族构成情况必须反映人口构成。但当存在显而易见的统计数据上的差异时,这些统计数据可以作为证明存在系统性歧视的初步证据。

由此,按照“卡车司机与联邦政府案”的判决意见,联邦地区法院将黑泽伍德学区的教师构成与他们的学生构成进行对比,毫无疑问,这是从根本上误解了统计数据在就业歧视案件中扮演的角色。在这个问题上,联邦上诉法院的观点是正确的,即应当将黑泽伍德学区教师的种族构成与相关地区劳动力市场中具有相当资质的教师的种族构成进行对比。在1972~1973学年,黑泽伍德学区的黑人教师占比为1.4%;在1973~1974学年,黑泽伍德学区的黑人教师占比为1.8%。而作为比较,基于1970年的人口统计数据,在该地区具有相当资质的黑人教师的占比至少为5.7%。联邦上诉法院的错误在于,虽然前述统计数据很能说明问题,但不能仅此就认定原告已经成功证明被告存在系统性就业歧视,从而推翻联邦地区法院的判决。

联邦上诉法院完全忽略了美国《民权法案》第七章生效前后统计数据可能的变化情况,也即黑泽伍德学区在美国《民权法案》生效后的统计数据可以作为反驳其在该法案生效前的统计数据。由于美国《民权法案》是在1972年3月24日才对包括黑泽伍德学区在内的公共雇主生效,在此生效日期之前的种族歧视行为并不违反美国《民权法案》,即使雇主完全只招白人而排斥黑人。正是由于这个原因,法院在“卡车司机与联邦政府案”的判决意见中曾明确提醒,一旦以统计数据作为初步证据证明存在就业歧视,作为被告的雇主必须要给予机会来证明“统计数据所反映的系统性歧视是其在法案生效前的雇佣行为导致的结果,而不是在法案生效以后的行为导致的结果”。

本案的记录显示,在1972~1973学年,黑泽伍德学区总共雇用了282名新教师,其中黑人为10名,约占总数的3.5%;在接下来的1个学年中,黑泽伍德学区雇用了123名新教师,其中黑人为5名,约占总数的4.1%。在前面2年招录的新教师中,黑人教师的总数为15名,占405名新教师的3.7%。

前述有关黑泽伍德学区的雇佣情况的数据能够证明的问题显然取决于怎样使用该数据。联邦上诉法院同意原审原告的观点,即应当将该数据与圣路易斯县和圣路易斯市当地的劳动力市场黑人构成进行比较。按照1970年的人口普查情况,在前述地区的黑人教师占教师总数的15.4%。但是原审被告对上述数据的使用方式表达了强烈的反对,因为圣路易斯市采取了特别措施已使当地黑人教师的占比达到50%。因此,将圣路易斯市的特殊情况纳入比较的范畴将会影响对比的结果。按照原审被告的观点,圣路易斯县,而不是圣路易斯市,是恰当的比较对象,这样一来,按照1970年的人口普查情况,在相关地区的黑人教师比例为5.7%,而非15.4%。

以不同对比方式得出的数据差异对案件的结论有着重要的影响:如果认为相关地区的黑人教师比例为5.7%,而黑泽伍德学区新招录的黑人教师占比为3.7%,那么,可以认为两者之间的差异非常之小,原审原告的其他证据的证明力也将弱化;但如果认为相关地区的黑人教师比例为15.4%,而黑泽伍德学区新招录的黑人教师只占招录总人数的3.7%,那么,该数据完全可以用来证明该学区存在系统性就业歧视。在决定应当用什么样的数据与黑泽伍德学区的招录数据进行对比时,我们认为有必要考虑以下因素:(1)考虑相关的人口普查是在1970年进行的,那么圣路易斯市学区基于种族考量的招录政策是否在1970年之前就已经开始实施?(2)圣路易斯市学区的上述招录政策在多大程度上改变了该学区教师的种族构成,如果没有这样的政策,情况又会是怎样?(3)圣路易斯市学区的上述招录政策在多大程度上影响了求职者,使原本打算申请黑泽伍德学区的教师转向了圣路易斯?(4)被圣路易斯市学区雇用的黑人教师在多大程度上愿意在包括黑泽伍德在内的其他学区就职?(5)在圣路易斯县的其他学校怎么看把圣路易斯市学区排除在相关数据的统计范围之内? ……

因此,我们认为,联邦上诉法院在案件的审理过程中没有考虑美国《民权法案》生效以后被告的招录数据的做法是错误的。我们判决将本案发回联邦地区法院进行重审。案件在重审时应当确定相关劳动力市场的确切范围,以决定黑泽伍德区是否在1972年3月24日以后实施了系统性的就业歧视行为……

在"黑泽伍德学区与联邦政府案"中,法院明确提出使用统计数据的基本方法是将被告的少数族裔雇员的比例与相关劳动力市场中的特定少数族裔的比例进行比较。原则上,如果没有歧视的存在,那么前面两项比例应当在大体上是相同的;但如果两者存在差异,那么就有存在歧视的嫌疑。这就好比一个装有100颗大理石的罐子,其中60颗是白色,40颗是黑色,如果我们随机选10颗的话,平均应该有6颗白色、4颗黑色,但如果每次都出现8颗白色、2颗黑色,那么只能表明选择的过程是刻意挑白色的而不挑黑色的。[1]

有三个需要注意的问题。首先,如何确定相关劳动力市场的地域范围,这是在实践中非常重要和关键性的问题。在"黑泽伍德学区与联邦政府案"中,相关劳动力市场是否包括圣路易斯市,将导致其对比的结果大相径庭。按照联邦最高法院的意见,确定相关劳动力市场不仅要考虑地理上的范围,也应当考虑工作的资格要求。如果相关工作对技术要求越低,那么针对该工作所选择的劳动力市场的地理范围往往也越狭窄。对于那些只支付最低工资的工作,只需比较该工作所在的厂区的邻近地区的就业市场即可。相反,如果相关工作对技术要求较高,那么选择相关劳动力市场的地理范围就要广得多,有可能是整个大都市范围,或者是国家的某一片区域甚或整个国家。

其次,在确定了相关劳动力市场的地域范围之后,还需要确定在该地域范围内的哪些人群可以作为对比的对象。在"黑泽伍德学区与联邦政府案"

---

〔1〕 See Thomas R. Haggard, *Understanding Employment Discrimination* (Second Edition), Lexis Nexis Matthew Bender, p. 92.

中,对比数据的一端是黑人教师在被告总的雇员中的比例,数据的另一端是黑人教师在相关地域内总的教师数量中的比例。因此,该案中的对比人群是相关地域内的教师。通常来讲,对于技术要求不高的工作,对比的人群可以是相关地域内的统计人口数;但对于技术要求比较高的工作,对比的对象只能是具有相同或者相当资历的人群。

最后,在确定了相关劳动力市场的地域范围以及比较的对象人群之后,应当确定比较的结果是否具有统计学上的意义。如果具有统计学上的意义,那么相关的统计数据足以用来推断存在故意的歧视行为。在"黑泽伍德学区与联邦政府案"中,联邦最高法院认为可以使用统计学上的二项式分布标准来确定比较的结果是否具有统计学上的意义。理论上,如果没有歧视,那么被告雇员中的少数族裔比例应当与相关劳动力市场的少数族裔比例等同。如果两者的数据出现偏差,但在合理范围内,那么仍然不足以表明存在歧视行为。但是,如果偏差超过一定范围,那么存在歧视的可能性就极大地增加。

二、差别影响

差别影响是指雇主的雇佣政策或行为虽然表面上是中立、非歧视性的,但在实施过程中却对受法律保护的群体造成了显著的不利影响,因而应当承担相应的法律责任。与差别对待所涉及的故意的歧视行为所不同,在差别影响理论下,行为人并不具有歧视的故意,但其行为在结果上造成了歧视性的影响。典型的差别影响歧视,如雇主要求所有应聘者应具有大学学历,这一要求虽然适用于所有人,但由于美国长期以来的种族隔离政策使美国黑人的受教育程度远不及白人,因此,遭淘汰的黑人比例将远远高于白人。又如,雇主要求所有的求职者身高必须超过170厘米,这样一个表面看起来适用于所有人的中立的任职要求可能将女性或者平均身高较矮的拉丁裔美国人排除在了该工作之外。

(一)差别影响理论的产生

在最初的美国《民权法案》第七章中,美国国会立法者并没有就差别影响作出任何规定。差别影响理论的出现以及最终被立法者采纳是源于一个具有开创性的就业歧视案件,即“格里格斯与杜克能源公司案”。在该案中,被告雇主规定,所有的工作申请者必须具有高中毕业学历并且通过若干职业能力测试,否则不予考虑。在美国《民权法案》生效之前,上述案件中的被告曾公开地歧视黑人并明确将黑人排除在其所有的工作岗位之外。在案件进入联邦法院之后,涉及的争议点之一便是主观故意是否是构成非法歧视的必要要素。初审法院和上诉法院认为,行为人具有主观故意是构成非法歧视的必要要素,案件中的被告不具有歧视的故意,因而作出了有利于被告的判决。但审理该案的上诉法院有一位名为索博洛夫(Soboloff)的法官表达了反对意见。案件最终上诉到联邦最高法院。令人意想不到的是,联邦最高法院却采纳了上诉法院索博洛夫法官的反对意见,并创设了一种全新的就业歧视行为责任模式——只关注行为人行为造成的结果而不关注行为人的主观状态的差别影响理论。

在此案判决后的很多年,联邦最高法院受到了多方的批评,原因是,在立法者没有明确立法的情形下,法院“立法式”的判决有司法干涉立法的嫌疑。[1]最终,美国国会在1991年修改美国《民权法案》时,将“格里格斯与杜克能源公司案”确立的差别影响理论明确写入了法案,围绕该案件产生的争议由此结束。值得注意的是,除美国《民权法案》外,美国《就业年龄歧视法案》以及《美国残疾人法案》均将差别影响作为禁止的就业歧视类型。但是,按照美国联邦最高法院的判决,差别影响不适用基于《美国联邦宪法》平等保护条款提起的诉讼,因为该条款只针对具有故意的歧视行为。[2]

在下面的“格里格斯与杜克能源公司案”中,联邦最高法院对差别影响的概念、性质等具体问题进行了详细的阐述。

---

〔1〕 See Joel Wm. Friedman, *Employment Discrimination: Examples and Explanations*, Aspen Publisher, 2010, pp. 41 - 42.

〔2〕 Washington v. Davis, 426 U. S. 229 (1976).

“格里格斯与杜克能源公司案”[1]

联邦最高法院伯格(Burger)首席大法官出具了法庭意见书。

我们(联邦最高法院)颁布了对本案的提审令,以解决如下问题:1964年的美国《民权法案》第七章是否禁止雇主在招录雇员或者在员工转职进入其他部门时,将求职者或者员工必须具有高中学历或通过一般的智力测试作为入职或转职的条件,如果(1)前述学历或智力测试与是否能顺利完成相关工作没有明显的关系;(2)前述学历和智力测试造成的结果是黑人申请者的不合格率远远高于白人申请者;(3)案件涉及的相关职位之前只有白人雇员,因为雇主此前长期给予白人优惠待遇。

本案的上诉人是一群由被告公司位于美国北卡罗来纳州(North Carolina)特来普(Draper)地区的一个水力发电站雇用的雇员。至本案诉讼开始时,在上述水电站工作的员工共有95名,其中14人为黑人;在这14位黑人雇员中,13人作为原告参与了此次诉讼。

联邦地区法院查明,在1965年7月2日之前,也即1964年的美国《民权法案》生效之前,上述被告水电站在招聘和岗位分配上有公开的种族歧视行为。具体来看,该水电站由5个部门组成,包括:(1)劳工部;(2)煤炭部;(3)运行部;(4)维修部;(5)实验和测试部。在上述部门中,黑人员工只能在劳工部工作,其他4个部门只雇用白人员工,并且劳工部的最高薪酬不及其他任何一个部的最低薪酬,升职通常以工龄长短为标准,并且仅在员工所在的部门内进行,转职进入另一个部门的员工通常是从最底层的职位干起。

早在1955年,被告公司就确立了一项政策:除劳工部外,在其他任何部门初次任职的员工以及从煤炭部转入运行部、维修部或实验室的员工,应当具有高中学历。1965年被告废止了对黑人只能在劳工部工作的限制,但同时规定,从劳工部转职进入其他部门的员工必须有高中学历。然而,从被告公司确立高中学历要求政策之日到法院审理之日,在1955年之前入职的白人员工,无论其是否具有高中学历,仍在其各自的部门正常升职。对这一事

[1] 401 U.S. 424(1971).

实双方均没有异议。

在1965年7月2日,也就是1964年美国《民权法案》第七章生效的当天,被告公司对新招录的员工追加了一项要求:申请劳工部外任何部门职位的求职者,除了高中学历,还必须在两个经过权威设计的能力测试中取得良好的成绩。高中学历仍然是劳工部转职进入其他部门的先决条件,但在7月2日之前入职的黑人员工只能留在劳工部无法转职。从1965年9月起,被告公司开始允许没有高中学历,但通过了前述两个能力测试的员工从劳工部和煤炭部转入其他内部部门。两个测试分别是:王德利克人事测验(Wonderlic Personnel Test)以及贝内特机械理解测验(Bennett Mechanical Comprehension Test),这两个测试的设计均不是为了测试某种具体的工作能力。被告公司设置的达标分数线基本上是全美高中毕业生可以达到的平均分。

联邦地区法院还查明,被告虽然在1964年的美国《民权法案》生效前具有公开的种族歧视行为,但在该法案生效以后,被告的前述行为已经停止。联邦地区法院于是得出结论,认为美国《民权法案》第七章是一个为将来设计的法案,因此,法案生效之前的歧视造成的影响不在法案的管辖范围之内。

案件上诉后,联邦上诉法院经过仔细分析,认为应当审查被告雇主是否具有歧视的故意。在本案中,没有迹象表明雇主设置学历以及测试成绩要求是出于种族歧视原因,因此,被告公司的行为并未违反美国《民权法案》的相关规定。

我们认为,国会颁布美国《民权法案》第七章的立法目的十分清晰,在法案正文里已经阐明清楚,即要实现平等的就业机会,消除过去对白人群体明显的优待而造成的对其他群体的就业障碍。根据该法案,任何表面上或是意图上中立的行为、程序或测试,只要其实施的结果造成了过去的就业歧视行为在今日的延续,就不能被允许。

联邦上诉法院的判决意见以及部分不同意见均认同一个事实,那就是,在本案中,通过被告公司设置的要求,成功入职或转职的白人比黑人要多得多。这样的结果看上去与种族因素有直接的联系。在测试过程中,一个人的基本智力确实可以通过测试本身得以体现,但因为本案的上诉人都是黑人,在过去种族隔离政策影响下,他们一直以来接受的是相较白人更劣等的教育。我们曾在审理过的"加斯顿县与联邦政府案"(Gaston County v. United States)中明确表达了对上述教育差异的关注。在上述案件中,北卡罗来纳州规定在选民注册时要进行文化水平测试。本院判令不得进行这样的测试,因为黑人在该州受到了劣等教育,测试无疑会间接地侵犯黑人的选举权。在通过美国《民权法案》第七章时,国会并不意图使每个求职者都能获得一份工作,无论是否具有相应的资质。该法案也不要求某人仅仅因为在过去受到过歧视,或者属于少数族裔,就应当被雇用。歧视性的优待,无论针对的是多数族裔还是少数族裔,都是立法者明确禁止的行为。国会立法者的目的在于消除就业过程中,人为的、专断的、不必要的障碍,因为这种障碍会造成基于种族以及其他不被允许的原因的歧视。

国会已经明确规定,在雇用或升职中设置的测试或条件如果只是根据一种无意义的标准(就如同要求狐狸和鹳喝窄口瓶里边的牛奶的寓言那样),那么这种测试或者条件就不能提供公平的就业机会。相反,国会现在要求求职者自身的条件要被纳入考虑的范围,就好比前述寓言中那个"装牛奶的器皿"应当为所有人都能使用一样。美国《民权法案》不仅禁止明显的歧视,也禁止那些形式上合法但实际操作造成了歧视后果的行为。判断的标准是"业务必要性",如果一个雇佣条件在实践中造成了排除黑人的效果,并且这种条件与履职能力没有关系,那么这样的行为就应当被禁止。

在本案中,根据已有的记录,无论是高中学历还是能力测试,都与履行涉及本案具体工作岗位的能力没有明确的联系。正如联邦上诉法院所指出的,前述两个条件都是在被告没有经过相关性研究的情况下直接采用的。按照被告公司的一位副总裁的说法,设置这些要求只是由于被告公司想在总体上提高公司的劳动力素质。但是根据已有的证据,那些没有获得高中学历或者通过相关测试的员工仍然可以继续在各自的工作岗位上取得令人满意的工作表现并取得进步。从已经获得升职的员工的记录来看(按照新的标准这些员工无法获得升职是因为不满足相关条件),学历和测试要求对于被告公司内部的升职也没有多大的必要性。

联邦上诉法院作出的判决认为,被告公司在设置学历与测试成绩要求时,并没有任何歧视黑人员工的意图。我们认为,无论是联邦地区法院还是联邦上诉法院,审查被告雇主的意图是没有问题的;但我们同时认为,没有歧视的意图或是具有良好的意图,不能使被告公司设置的对少数群体就业与升职造成障碍且与工作能力无关的学历和测试要求合理化。

在本案中,被告公司确实没有歧视的意图,这从公司在财政上对未接受良好教育的员工补贴2/3的高中教育费用的做法上可以明确反映出来。但是,我们必须意识到,国会立法者在通过美国《民权法案》第七章时,不仅只是简单地打击具有歧视动机的行为,也打击虽没有动机但造成歧视后果的行为。此外,立法者还要求雇主承担证明责任,证明其所设置的用工要求与相关的工作之间具有明显的关联性。

本案中的事实说明,一般性的测试和学历学位不足以衡量相关的工作能力。历史上有很多例子可以说明,没有拿到证书、学历或者是其他证明的人仍然可以非常有效率地在相关岗位上工作。学历证书与考试成绩可以作为一种考察工作能力的有用的工具,但国会立法者要求我们不要将它们作为唯一的考察工具,这也是常识之所在。

被告公司辩称它采用的这种能力测试是美国《民权法案》第703(h)条所允许的。根据美国《民权法案》第703(h)条的规定,雇主可以使用任何经专业化设计的能力测试,只要这种测试不是基于种族歧视设计或使用的。关于此问题,美国平等就业机会委员会颁布的旨在解释美国《民权法案》第703(h)条含义的指导意见指出,该条款仅允许使用与具体工作相关的测试。美国平等就业机会委员会作为执行法案的行政机关,其所颁布的解释值得我们尊重。法案本身以及相关立法史均支持委员会的解释,我们有理由相信委员会的指导意见表达了国会立法者的意愿。

需要重申的是,美国《民权法案》并不禁止雇主使用测试或者能力考核措施;应当承认这些措施是有用的。除非这些措施与具体工作明显相关,否则,国会立法者禁止完全基于这些措施来作出雇佣决定。同时,国会立法者并不要求雇主在招聘时舍弃能力强的雇员而去选择能力弱的雇员,而仅仅因为后者属于少数族裔群体。恰恰相反，国会立法者非常看重个人的工作能力，认为只有个人的工作能力才是雇用员工唯一的衡量标准，而个人的种族、宗教、国籍、性别、肤色等因素则与其完全没有关联性。

差别对待和差别影响是两个具有本质差异的就业歧视理论架构。联邦最高法院在“格里格斯与杜克能源公司案”（Griggs v. Duke Power Company）中明确指出，国会立法者在通过美国《民权法案》第七章时，不仅是简单地打击具有歧视动机的行为，也打击虽没有动机但造成歧视后果的行为。因此，如果说差别对待致力于消除具有歧视动机的雇佣行为的话，那么，差别影响则致力于消除造成歧视后果的雇佣行为。此外，在典型的差别对待就业歧视诉讼中，通常是个体的原告挑战雇主个别的具有歧视动机的雇佣行为；而在典型的差别影响就业歧视诉讼中，原告通常是以集体诉讼方式挑战雇主表面公正公平的雇佣政策或行为。值得注意的是，在实践中也存在非典型的差别对待就业歧视诉讼，即类似系统差别对待的就业歧视诉讼；以及非典型的差别影响就业歧视诉讼，即个体的原告主张雇主表面公正公平的雇佣政策或行为违反美国《民权法案》第七章的规定。

由于差别对待和差别影响具有本质上的差异性——前者适用于具有歧视动机的行为，后者适用于不具有歧视动机但造成歧视后果的行为，因此，严格来讲它们是互相排斥的。[1] 但在美国的司法实践中，也出现了在同一个案件中原告既基于差别对待又基于差别影响主张雇主承担赔偿责任的情形。[2] 只能说，差别对待和差别影响在某些案件中的差异已经变得较为模糊了。

（二）差别影响的证明规则

继“格里格斯与杜克能源公司案”中创造性地提出差别影响就业歧视理论后，联邦最高法院在后续的一些案件中陆续地完善了差别影响理论，并就

---

〔1〕 See Barbara Lindemann and Paul Grossman (Editor), *Employment Discrimination Law* (4th Edition, 2007), BNA Books, p. 111.

〔2〕 如 Smith v. City of Jackson, 544 U. S. 288 (2005)。

其中的关键性问题,即如何证明差别影响的成立,进行了阐述。在“格里格斯与杜克能源公司案”判决四年后,联邦最高法院在“阿尔伯马尔纸业公司与莫迪案”(Albemarle Paper Co. v. Moody)中,就差别影响案件的举证责任问题进行了说明。[1] 该案是涉及种族的差别影响案件,联邦最高法院明确表明:首先,原告方应当完成证明就业歧视存在的初步证据的举证责任,证明被告的雇佣政策或行为在种族层面造成其所雇用或者晋升的雇员与相关的求职者或申请者之间存在显著差异。其次,在原告完成证明就业歧视存在的初步证据的举证责任以后,被告雇主应当证明自己的雇佣政策或行为是基于业务需要且与相关职位具有关联性。最后,如果被告雇主能够证明其雇佣政策或行为是基于业务需要且与职位相关,原告则可以进一步举证证明存在其他的测试或者选择标准,可以满足雇主的正当关切,同时不会造成不良的种族影响。上述差别影响案件的证明规则最终反映在了美国国会通过的1991年美国《民权法案》第703(k)条中。

1991年美国《民权法案》第703(k)条规定,基于差别影响的非法雇佣行为成立,如果原告方能够证明被告方实施的特定雇佣行为造成了基于种族、肤色、宗教信仰、性别或者宗源国的差别影响,且被告方无法证明受诉的雇佣行为与相关职位具有关联性并符合其业务需要;或者原告方证明存在符合条件的“其他的雇佣行为”,但被告方拒绝采用上述“其他的雇佣行为”。[2]

应当怎样证明差别影响的成立?在前面分析差别对待诉讼时,我们看到法院将不同阶段的举证义务在原被告之间来回转换,以此达到平衡双方举证责任、适当减轻原告举证责任的目的。那么,在差别影响诉讼中,原被告双方的举证责任又是怎样分配的?在下面的这个案件中,法院对上述问题进行了详细回答。在该案中,被告基于安全原因推行一项政策,要求所有的雇员不得留有胡须。不能达到此政策要求的雇员面临调岗甚至被解雇的命运。原告是受此政策影响的非裔美国人,声称由于生理原因无法完全刮净胡须。原

---

〔1〕 422 U.S.405(1975).

〔2〕 42 U.S.C. § 2000e-2(k)(2000).

告提起诉讼，指控被告的政策造成基于种族的差别影响。

“沃尔特·菲茨帕特里克与亚特兰大市案”〔1〕

美国联邦上诉法院第七巡回庭安德森(Anderson)法官出具了法庭意见书。

本案的被告方为亚特兰大市政府(City of Atlanta)，原告方为亚特兰大市公共安全部消防局雇用的几位非裔美国人消防员。这些非裔美国人消防员由于身体的原因，不能刮掉胡须。按照消防部门的一项规定，所有消防员应当刮净胡须，原告们就此提起诉讼。消防员们主张：(1)此项“净须”规定违反了1964年美国《民权法案》第七章之规定，对非裔美国人造成了歧视性的差别影响；(2)此项“净须”规定的出台是出于种族歧视原因，因而违反了美国《民权法案》第七章之规定；(3)此项规定歧视身体有残疾者，因而违反了1973年美国《康复法案》第504节之规定；(4)此项规定还侵犯了消防员享有的正当法律程序之宪法性权利。被告亚特兰大市政府认为上述规定并未侵犯原告的权益。被告主张，之所以出台“净须”规定是因为有胡须的人不能安全地佩戴消防员呼吸面罩。联邦地区法院在审理此案后作出了有利于被告市政府的简易判决。作为原审原告的消防员们提起了上诉。

一、案件事实与诉讼过程

为了能在充满烟雾的环境中呼吸，消防员必须佩戴呼吸面罩，这种呼吸面罩通常也被称为正压自持呼吸设备(SCBA’s)。为了能够准确并且安全地使用自持呼吸设备，它的边缘必须要和佩带者的面部严密贴合。面罩佩带者面部的长毛发会干扰面罩与脸部贴合的严密度，对此，本案的双方当事人均不持异议。为了消除此类由毛发引起的安全隐患，市政府消防部门直至1982年制定并实施了一项要求所有男性消防员必须彻底刮净胡须的政策。

在本案中，12位作为原告(上诉人)的消防员均为男性非裔美国人，他们都患有一种叫作须部假性毛囊炎(Pseudofolliculitis Barbae，PFB)的细菌性疾病。患这种病的男性，一旦刮掉面部胡须，便容易引发感染。医学界普遍认

〔1〕 Walter Fitzpatrick v. City of Atlanta, 2 F. 3d 1112 (7th Cir., 1993).

为,PFB 疾病在非裔美国男性中发病的概率较高。在上诉人当中,至少有一位名叫达瑞尔·勒沃弟(Darryl Levette)的消防员,已经就这项净须政策向政府抗议超过了 10 年。勒沃弟最早在 1982 年对上述政策提出了投诉和质疑。作为对他投诉的回应,政府部门修改了相关政策,以协调患有 PFB 的消防员能够更好地适应该政策。

根据修改后的相关政策,患有 PFB 的消防员被允许加入一个叫作“剃须诊所”的项目。剃须诊所参与者们被允许留有长度非常短的胡茬,胡茬的长度不能超过由政府聘请的皮肤病专家所规定的限度。为了严格执行这个限制,政府消防部门要求加入该项目的消防员参加一系列的定期检查。据悉,只要胡茬的长度留得非常短,SCBA 面具仍能有效地与面部紧密贴合,使消防员们得以安全地进行使用。

1988 年一个名叫威廉·哈钦森(William Hutchinson)的上诉人向有关部门进行了投诉,抱怨他被错误地拒绝允许加入前述剃须诊所。在此之后,政府部门决定重新考虑胡茬政策。根据当时的政府公共安全部门助理专员(Assistant Commissioner of Public Safety)戴尔·科尔宾(Del Corbin)的建议,政府消防部门决定不再推行“剃须诊所”政策,原因是即使较短的胡茬也有可能阻碍正压自持呼吸设备面具的安全使用。

1988 年 11 月 4 日政府公共安全部门发布了《3.9 特殊条令》,指示消防部门重新执行《88.9 消防部门标准操作准则》,即“净须”规定。根据新的政策,不能刮净胡须的消防员将被解除消防员职责。如果在部门内部存在合适的空缺的话,这些人可以被转移到部门内的非消防员岗位。前述人员也可以申请政府的其他空缺职位,但是不享受特殊优待,而是会和其他的合格候选人在平等的基础上竞争。新的规定允许这些人员暂时调离消防员岗位,时间为 90 天,但只允许一次。作为男性消防队员,如果他们不能净须,政府部门内部也没有合适的空缺职位,那么,一旦过了 90 天调岗时间,他们将会被辞退。

一位名为哈钦森的消防员对新的政策提出了质疑,并于 1988 年 12 月 14 日向美国就业机会平等委员会提出了申诉。1989 年 3 月美国就业机会平等委员会审查认为由哈钦森提出的申诉符合集体申诉要求,因此将所有因为前述政府政策改变而遭受不利影响的消防员列为集体申诉人。1989 年 12 月 29 日本案的上诉人,即原审原告向法院提起了诉讼。随后,联邦地区法院颁布并适时延长了一项禁止令,禁止作为被告的政府在诉讼期间改变有关消防员工作的条款和条件。政府继续将上诉人消防员们的名字保留在职工薪资名册上,并允许他们继续在常规的消防岗位上汇报工作,但是,他们只被要求从事各种清洁工作,而非常规的消防工作。

在起诉后,政府提出了答辩,并且提出了进行简易判决动议。联邦地区法院委托一位治安法官审查该动议,并在 1991 年 11 月 18 日,依据治安法官的审查意见批准了被告的动议。随后案件上诉至本院。

……

四、对上诉审中争议点的讨论

在本案的一审中,联邦地区法院针对原告提出的四项诉求中的每一项均作出了简易判决。在上诉审中,消防员们对一审法院的判决提出了质疑。基于如下原因,我们维持联邦地区法院对所有四项诉求的判决。

基于第七章差别影响的诉求如下:

1. 诉求的要件

1964 年的美国《民权法案》第七章禁止受法案调整的雇主基于种族、肤色、宗教信仰、性别以及宗源国的原因,采取行动或者参与实施歧视员工或者求职人员。上述法案对就业歧视的禁止不只局限于具有歧视故意而所采取的行为或实践,也禁止非出于歧视的故意但造成歧视的效果的行为或实践。为了使这种依据美国《民权法案》第七章以造成歧视效果为基础的法律责任成立,原告首先应当证明一项受质疑的雇佣行为或实践对于受法律保护的人群来说具有不成比例的不利影响。一旦原告完成了证明上述不利影响存在的初步证据的举证责任以后,被告必须证明,其遭受质疑的行为是为了实现某个目标。这个目标,从法律上来说,属于美国《民权法案》第七章规定的重要的商业目标。

如果被告能够证明存在这样的“商业必需”,被告遭受质疑的行动或实践将可能被视为具有正当性,尽管很遗憾地产生了歧视性的效果。但是,即使被告完成这样的证明,原告依然可以推翻被告的“商业必需”抗辩。原告只需证明存在另外的政策或行为,如果被告选择使用,其在满足被告雇主的商业需要方面具有同样的效果,却具有较小的歧视性效果。原告如果完成前述事项的证明,那么被告仍需承担美国《民权法案》第七章规定的法律责任。

2. 政府主张简易判决的根据

被告政府提出动议,要求依据美国《民权法案》第七章有关差别影响之规定获得简易判决。被告主张其有权胜诉,原因有两个:第一,政府辩称消防员们未能提供美国《民权法案》第七章规定所要求的统计数据,以证明事实上非裔美国人为 PFB 的高发人群,由此,消防员们亦未能证明“净须”规则不成比例地将非裔美国男性排除在消防员岗位之外。因此,政府认为,消防员们实际上甚至未能就“净须”规则是否产生了差别种族影响提出一个真正的争议焦点。法院认为,如果在庭审中消防员们缺少必要证据证明 PFB 在黑人中发病率不成比例的高,那么被告政府确实有权获得有利的简易判决。这是因为,在按照美国《民权法案》第七章规定的差别影响提起的诉讼中,如果原告不能提出证明歧视存在的初步证据,那么,被告有权获得胜诉。第二,政府提出了基于“商业必需”原则的积极抗辩。被告主张,为了确保员工的安全,对胡茬的禁令是必要的。被告进一步认为,从美国《民权法案》第七章的立法目的来看,确保员工安全无疑构成其所规定的重要商业目标,并且,“净须”规则对于实现前述目标是必要的,对此没有实质性争议。综上所述,政府主张其应当获得有利的简易判决。

3. 简易判决的适当性

联邦地区法院作出了有利于被告政府的简易判决,理由是没有证据表明“净须”规则对非裔美国人造成了差别影响。但是,我们认为,在上诉审理中没有必要对“净须”规则是否对非裔美国人造成了差别影响进行评判。基于本案记录在案的其他事实,已经足够使我们在自由裁量权之内作出维持联邦地区法院简易判决的决定。原审被告政府主张胡茬禁令是出于安全考虑而所必需,上诉人(原审原告)未能就政府的前述主张提出证据以表明存在真正的争议。基于此,联邦地区法院作出的关于原审原告基于美国《民权法案》第七章提起的差别影响诉讼的判决,我们予以维持。

在得出上述结论时,我们假定原审中消防员们在辩论过程中已经充分地向法院出示了证明差别影响存在的初步证据。在基于美国《民权法案》第七章提起的差别影响诉讼中,如果被告的某项实践或行为已经被证实造成了差别影响,那么,只有在同时满足下列两种情况时,被告才有可能获得胜诉:(1)被告应当证明,其所实施或采取的实践或行为是为满足特定目的所必需,且该特定目的从法律上来说,构成美国《民权法案》第七章规定的重要商业目的;(2)原告无法证明存在其他被告可以实施或采取的实践或行为,该实践或行为一方面具有较小的歧视性影响,另一方面又能够使被告达成相似的商业目的。因此,为使符合条件的被告获得有利的简易判决,下列事实成立:(1)被告所实施或采取的实践或行为是为满足特定目的所必需,且该特定目的从法律上来说构成美国《民权法案》第七章规定的重要商业目的,对此不存在真正的争议;(2)没有其他被告可以实施或采取的具有较小歧视影响但能达成相似商业目的的实践或行为,对此也不存在真正的争议。

(1)商业必需抗辩

被告政府为他们的胡茬禁令辩护,认为禁令的提出是基于保护消防员的健康与安全需要。如果被告的理由成立,那么这个安全需要就可以成为被告的积极抗辩,因为保护员工免受工作中的安全隐患威胁,从法律上来说,构成美国《民权法案》第七章规定的重要的商业目的。如果雇主采取的措施与达成保护员工的目的之间存在确然的必要关系,那么我们可以将上述雇主的措施称之为美国《民权法案》第七章下的商业必需行为。

被告的"净须"规则与保护员工安全之间是否存在确然的必然关系是一个事实问题。在本案中,我们认为作为被告的政府,即动议提出人,承担前述事实成立的举证责任。因此,对于是否存在关于这个重要事实的真正争议点的分析,要从审查政府一方是否已经负担起庭审中的举证责任着手,这种举证责任是对提出动议一方的要求。在案件的初审阶段,政府已经出示了相关证据来支持他们的主张。这些证据包括:一份来自职业安全和健康领域专家出具的专家证言,以及一份引用了美国职业安全和健康管理局(Occupational Safety and Health Administration,OSHA)颁布的关于有面部毛发人群使用呼吸面罩的相关规定。

由政府方提供的名为凯文·唐斯(Kevin Downes)的专家证人在法庭上作证,称:"根据我在培训怎样合理地使用 SCBA 呼吸面罩方面所积累的研究和实践经验,我认为,面部的毛发会接触面罩的密封面,因此,面部留有毛发的人不应当佩戴呼吸面罩。"在专家证人唐斯提供的书面宣誓证言中,他进一步指出,特定安全风险主要是由面部有毛发的男性使用 SCBA 所造成的。他强调,这种使用是有危险的,因为使用者面部的毛发可能会干扰 SCBA 面具与面部之间的严密贴合。不严密的贴合可能会让来自外部环境的空气漏进面具内。当这种情况发生时,佩戴者将会出现所谓的"换气过度"的情形,并由此使佩戴者陷入暴露在污染空气中的危险。

作为支持其观点的证据,专家证人唐斯进一步指出,3 个设立了职业安全和健康标准的全国性组织,即美国国家标准学会(American National Standards Institute,ANSI)、国家职业安全与卫生学会(The National Institute for Occupational Safety and Health,NIOSH)以及 OSHA 全部都建议面部有毛发者不应佩戴 SCBA 呼吸面罩,因为面部毛发会接触面罩的密封面。除向法院提交了由唐斯作为专家证人的宣誓证言外,被告政府还在它的简易判决请求备忘录中提到了 OSHA、NIOSH 和 ANSI 等全国性机构的建议,并且直接援引了 OSHA 发布的有关呼吸面罩的使用标准。OSHA 相关规则规定:"当出现不能使得面罩严密贴合面部的情形出现时,禁止佩戴呼吸面罩。前述情形包括因长出的胡须导致的贴面不严密。"

我们认为,上述关于胡茬禁令是出于对安全隐患的必要顾虑的证据是"可信的证据,且如果在庭审中没有被驳斥,那么将使(被告)有权获得直接的(有利)裁决"。可以说,被告至此已经完成了依据"商业必需"这样的积极抗辩来获得简易判决的最初的举证责任。

在案件进入此阶段后,举证责任转移到消防员身上。消防员应提出相关的证据,并结合政府所提出的证据,足以对政府提出的安全理由的现实性制造一个真正的争议点。但在本案中,消防员反驳政府一方所提主张而提呈的唯一证据,是一份从1982年至1988年的6年间,政府允许患PFB的消防员在留有胡须的情况下佩戴SCBA呼吸面罩的事实报告。消防员辩称,在上述时间段内政府进行了允许留有胡须的实验项目,并且其间没有发生明显的安全事故,也没有关于呼吸面罩出现密封不够问题的报道。上述事实足以制造一个真正的争议点,即留胡茬实际上可能是安全的。然而我们并不同意这样的观点。我们认为,消防员方面并没能举出证据,表明在上述时间段内消防员面罩的贴合性是如何被监控的,或者是否曾经进行过可以揭露任何安全或者健康隐患的检测。仅仅基于没有发生不幸的意外,不足以表明留胡茬具有安全性;否则,安全措施就只是事故发生后采取的补救措施,而非为了避免事故发生而采取的预防措施了。尽管在6年间的试验经验对于留胡茬佩戴呼吸面罩是否安全也有一定的关联性,但综合考虑所有证据,我们认为,消防员出示的证据不足以阻碍政府在初审阶段获得有利的简易判决。

在得出上述结论的过程中,我们尤其考虑了职业安全与健康标准组织向我们提供相关的建议。尽管法律并无明文规定公共雇主,如本案中的政府,必须遵守OSHA相关标准,但此类标准为评估基于安全考虑的商业必需无疑提供了可靠的基准。应该说,OSHA和ANSI提到的一些关于"面部毛发"和"胡须生长"的标准有些笼统,也没有明确地针对非常短的胡茬的情况。然而,NIOSH标准明确指出,"即使胡茬留长几天也是不允许的"。至少,在没有证据表明安全专家将胡茬视为特殊情况的前提下,我们认为,OSHA、ANSI和NIOSH标准支持的唯一的合理论断就是,禁令中禁止的范围包括留胡茬。

这并不是说,一项出于安全考虑的政策主张在任何时候都是无懈可击的。如果相关的专家证词或者经过足够实际测试的试验结果都倾向于表明,胡茬并不妨碍SCBA与面部的贴合性,那么这种证据足以对政府主张的安全性造成真正有争议的焦点。可惜的是,消防员们没能提出这样的证据。我们由此判定消防员未能完成反驳被告提出的简易判决动议的举证责任。联邦地区法院的法庭记录也表明,在被告提出简易判决动议之后,原告未能出示相关证据以表明在胡茬禁令是否为保证安全所必要这个问题上存在真正的争议焦点。

(2)具有较小歧视影响的其他行为

如前所述,依据美国《民权法案》第七章提起的差别影响诉讼中,被告要想获得有利简易判决的另一个条件是,下述问题也不存在真正的争议点:被告没有其他可以实施的行为,这样的行为具有较小的歧视影响但能达成相似的商业目的。在诉讼中,证明存在前述较小歧视影响行为的举证责任在消防员这一方。但是,我们在分析前述问题是否存在真正的争议点时,首先要评估作为简易判决动议提出者的政府是否满足了最初的举证责任。在本案中,政府已经援引了OSHA、ANSI和NIOSH的安全标准,表明SCBA呼吸面罩的佩戴者必须"净须"才能确保安全。我们相信,政府的上述证据充分表明,不仅对消防员来说"净须"是业务上所必需的,而且任何取代"净须"规则的具有较小歧视性影响的规则都不足以保证消防员的安全。由此,我们认为,政府的上述证据足以作为在是否存在较小歧视性影响问题上提出简易判决动议的最初的证据。

此时,举证责任转移至消防员一方。消防员应当出示证据证明存在具有较小歧视性影响但同时又具有相似安全性的措施。在本案中,消防员提出了两个可能的旨在替代政府要求消防员"净须"规则的方案。第一个替代方案是,重新开设"剃须诊所"项目。然而,要使"剃须诊所"项目成为一个合法的较小歧视性影响措施,项目允许的胡茬也应当足以满足消防部门的业务必需,即安全性。如我们在之前的讨论中所表明的,消防员未能就留有胡茬的安全性提供充分的证据。因此,基于同样的理由,我们认为消防员提出的"剃须诊所"项目不能作为具有较小歧视性影响但同时又具有相似安全性的替代措施。

消防员提出的第二个替代方案是,只将在佩戴时与SCBA呼吸面罩密封面相接触的那部分胡须剃净。遗憾的是,在消防员提供的相关书面材料中,关于此方案的描述只有短短两句,且消防员没有引用任何可以证明部分剃须可以成为一个安全可靠的替代方案的证据。此外,作为一个常识,部分净须造成的 PFB(细菌性疾病)与完全净须显然没有两样;因此,对消防员能否通过举出有效证据证明部分净须能够成为一个可替代措施,我们表示怀疑。我们认为,就消防员提出的上述两项具有较小歧视性影响的替代性措施而言,消防员未能举证证明其具有可行性。因此,我们认为消防员未能就政府提出的简易判决动议提出有效的反驳。

4. 结论

基于上述理由,就消防员们提出的每一点请求,我们维持联邦地区法院做出的有利于政府一方的简易判决。

维持一审判决。

1. 证明差别影响的初步证据

在审理差别影响就业歧视案件时,法院首先需要确认存在由被告的雇佣政策或行为对原告所属的保护群体造成不利影响的事实。这个事实需要由原告通过使用相关的统计数据作为证据来加以证明。在此阶段,原告提供的统计数据证据无须"完美",而只需使法院确信由被告的雇佣政策或行为造成的不利影响并非偶然的或者随机的即可。有两个关键性的问题:第一,什么样的统计数据可以作为证明不利差别影响存在的证据?第二,前述作为证据使用的统计数据需要满足什么样的条件才能证明由被告的雇佣政策或行为造成的不利影响不是偶然的或者随机的?

关于第一个问题,原告通常需要出示比较性的统计数据来证明不利差别影响的存在,包括选择率、录取和淘汰率、雇员构成和人口数量的比例等。值得注意的是,对比较性统计数据的使用应当合理。在"沃德湾包装公司与安迪尼诺案"(Wards Cove Packing Co. v. Atonio)中,原告出示的统计数据表明被告的某个工种中雇用了较高比例的白人雇员,而在另一个工种中雇用了较高比例的非白人雇员。原告试图以此作为初步证据,证明被告的雇佣行为涉嫌种族差别影响。但联邦最高法院认为原告的证据不足以构成种族差别影响存在的初步证据,因为上述统计数据比较的是不同工种之间雇员的种族构成。在不同工种之间由于任职的资历和要求不尽相同,它们之间的雇员种族构成比较数据无法证明存在基于种族的差别影响。[1] 联邦最高法院指出,恰当的做法应当是将"劳动力市场中符合任职要求的人的种族构成与在被告相关职位工作的人的种族构成"进行比较,作为初步证据确定是否存在基于种族的差别影响。[2] 因此,如果原告出示的相关统计数据表明,在特定地区劳动力市场中符合相关职位工作的黑人比例为30%,而雇主在该职位雇用的雇员中黑人比例只有5%,那么上述统计数据可以成为证明差别影响存在的初步证据。

原告的统计数据有利于法院判断被告的雇佣政策或行为是否涉嫌差别影响歧视,但除了原告的统计数据,被告也可以出示相关的统计数据来证明原告的统计数据不能证明被告存在差别影响歧视。在"多萨德与罗林森案"(Dothard v. Rawlinson)的判决中,联邦最高法院明确指出,在差别影响就业歧视诉讼中,被告有权利出示更有说服力的统计数据来揭示原告提供的数据中存在的谬误或不足。[3] 事实上,在众多涉及差别影响就业歧视的诉讼中,原告提供的统计数据是否具有关联性以及对证明差别影响的存在是否足够有意义是案件审理的重要焦点。被告通常会不遗余力地使用各种方式来论证原告提供的相关数据不具有科学性、合理性或者充分性,无论是通过攻击原告提供的数据本身,抑或是通过提供反驳性的数据。在实践中,被告比较常见的一种质疑是原告获取数据的样本数量太小。如果样本数量太小,则基于这些样本获取的数据的统计学意义就会受到很大的影响。被告以上述理由攻击原告的统计数据并获得法院支持的案例不在少数。[4]

关于第二个问题,在差别影响案件中将统计数据作为证据使用的目的在于证明被告的雇佣政策或行为与其对受保护群体造成的不利影响与之间具有因果关系。证明上述因果关系成立的统计学标准是什么?无论是联邦最高法院,还是经修改后的美国《民权法案》第七章,均未对前述标准问题提供

---

[1] 490 U.S. 642(1989).

[2] Id., at 650.

[3] 433 US 321(1977).

[4] 如 Robert Mems v. City of St Paul, 224 F. 3d 735(8th Cir. 2000); Janet Stout v. John E. Potter, 276 F. 3d 1118(9th Cir., 2002)。

确切的答案。下级法院在实践中也未达成共识,但通常采取两种方式来判断相关的统计数据是否能够作为证明差别影响存在的初步证据。

第一种方式是被称为“0.05 可能性”的统计学规则。这种规则在社会科学界经常被用来判断某种现象的发生纯粹是由概率随机(random)引起的,还是由其他因素(by some factor)引起的。还是举前面的例子来说,假如一个罐子里有 100 颗玻璃球,其中黑色的 40 颗,白色的 60 颗。将这些玻璃球充分混合后随机从中盲选取出 10 颗,你就会发现平均每次会有 4 颗黑色的玻璃球和 6 颗白色的玻璃球。但如果每次取出的 10 颗当中平均都有 8 颗白色玻璃球,而只有 2 颗黑色玻璃球,那么只能解释为有人故意挑白色的玻璃球来取。那么,在盲选取球的过程中有没有可能出现随机性的偏差?也就是说在没有刻意挑选某种颜色玻璃球的情况下,出现不是 4 颗黑色玻璃球和 6 颗白色玻璃球的情形?答案是肯定的。在统计学上,这种偏差被称为标准偏差(standard deviation)。法院在差别影响案件中采纳的“0.05 可能性”规则,就是将一个标准偏差的概率设定为 1/20,即 0.05,在“0.05 可能性”以下的为随机性偏差,在“0.05 可能性”以上的为由其他因素造成的偏差。以前面的取球为例,如果从罐子里每取球 20 次,发生不是 4 颗黑色玻璃球和 6 颗白色玻璃球的次数在 1 次或以下的,表明取球是随机的;但如果超过 2 次的,则表明存在故意基于玻璃球的颜色来取球的可能性。

从罐子里取球与从劳动力市场雇用员工十分相似。假设在当地劳动力市场中符合雇主工作要求的黑人人口占比为总劳动力人口的 30%,那么,如果雇主“盲选”而不是基于劳动者的“颜色”来雇用员工,其每次录用至相关工作岗位中的黑人雇员占总的工作申请者的比例也大致应当在 30%。根据法院的“0.05 可能性”规则,如果雇主发生偏差的概率在 0.05 及以下的,则表明这种偏差是由随机因素造成的;但超过 0.05 的,则表明很可能存在造成偏差的其他因素。

第二种方式被称为“80% 规则”。法院参照了由美国平等就业机会委员会、美国司法部等多个政府部门联合发布的《员工甄选程序统一指导准则》(Uniform Guidelines on Employee Selection Procedures)中关于雇主在选择和录用雇员过程中消除差别影响的具体措施。在原告证明差别影响存在的初步证据中使用的“80%规则”，简单来说就是，如果被告雇主针对受保护群体成员（如美国黑人或女性）的录取比例与被告雇主针对其偏向雇用的相应雇员（如美国白人或男性）的录取比例相比较，比例低于80%，那么就可以认为差别影响存在。举例来说，如果分别有100个白人和100个黑人申请某个工作，雇主录用了50个白人和35个黑人，那么，白人的录取比例为50%，黑人的录取比例为35%，黑人的录取比例占白人录取比例的70%（35%/50%），低于80%，因而存在差别影响。

“80%规则”的好处在于简单易行，只需将有关数据进行简单的数学处理便能得出一个结果；但不足之处也显而易见，尤其是当作为统计的样本数量较小时，其科学性往往会打折扣。联邦上诉法院第六巡回庭在“黑人与俄亥俄州阿克伦市案”（Black v. City of Akron Ohio）中对此有较为深刻的分析：如果雇主在1000个黑人中雇用了600人而在1000个白人中雇用了800人，那么60%的黑人录用率与80%的白人录用率非常能够说明雇主在录用员工过程中针对白人和黑人存在的不同录用标准；相反，如果雇主在5个黑人中雇用了3个而在5个白人中雇用了4个，黑人和白人的录取比例仍为60%和80%，虽然60%占80%的比例为75%，低于80%，但不管是常识还是严格的统计分析都可以告诉我们偶然因素是造成这种情况的主要原因。[1]

由于“80%规则”在适用过程中可能存在的误差，许多法院拒绝仅仅依靠此规则进行事实判断。联邦最高法院也认识到这个规则在实践中存在的问题，明确表示此规则对于审理案件的法院来说最多只能算是一个“经验法则”。[2]

2. 被告的抗辩：职位相关与业务需要

按照1991年美国《民权法案》第703(k)条的规定，在差别影响就业歧视诉讼中，如果原告能够证明被告方实施的特定雇佣行为造成了基于种族、肤

---

〔1〕 831 F. 2d 131(6th Cir. ,1987).

〔2〕 Watson v. Fort Worth Bank & Trust,487 U. S. 977(1988).

色、宗教信仰、性别或者宗源国的差别影响,且被告方无法证明被诉的雇佣行为与相关职位具有关联性并符合其业务需要,那么非法的雇佣行为成立。因此,在原告提供初步证据证明差别影响存在以后,被告需要通过举证来证明其所采取的造成差别影响的行为具有正当性。如果被告的证据被法院采纳,那么被告行为的违法性有可能被阻却。在"格里格斯与杜克能源公司案"中,联邦最高法院指出,"(衡量雇主行为正当性的)试金石是业务必需性。如果雇主的行为在实际效果上排除了黑人,同时又不能证明与相关工作之间具有关联性,那么雇主的行为就应当被禁止"。[1]

尽管美国联邦最高法院在"格里格斯与杜克能源公司案"中对被告雇主应当承担的证明其行为正当性的标准作了阐述,但由于缺乏具体的审查规则,下级联邦法院在具体案件中对此未能形成统一意见。事实上,下级法院在审查被告行为正当性方面存在的分歧比较大,也比较明显。[2] 这主要体现在以下三个方面。

第一,美国联邦最高法院在"格里格斯与杜克能源公司案"中表明,作为被告积极抗辩的一部分,雇主应当证明其政策或行为与其提供的工作之间存在关联性。但是,上述关联性是要求雇主的条件必须直接针对特定工作岗位的履职能力,还是说雇主可以泛泛地以提升自己的商业利益为由表明其对雇员或者职位申请的条件与工作之间存在关联性。关于该问题,不同法院之间出现了不同的意见。有的法院认为,如果雇主的条件只是宽泛地为了提升自己的商业利益,这样的条件不足以证明与工作岗位之间的关联性。这些法院认为,审查的重点应当是雇主的条件与特定工作岗位的履职能力之间是否存在直接的关联性。在联邦上诉法院第八巡回庭审理的"布拉德利与比萨科案"(Bradley v. Pizzaco of Nebraska Inc.)中,被告雇主的一项政策要求其送外卖的雇员不得留有胡须,理由是顾客偏爱没有胡须的外卖送餐员。原告认为雇主的上述政策对男性非裔美国人进行了差别对待。法院审理后驳斥了

[1] Griggs,401 U. S. at 431.

[2] Barbara Lindemann and Paul Grossman(Editor), *Employment Discrimination Law*(4th Edition, 2007),BNA Books,p. 149.

雇主提出的理由。法院认为,脸上有胡须的外卖送餐员无论如何都不会影响雇主制作比萨或将比萨送至顾客家里。[1] 从这个案件可以看出,尽管外卖送餐员的个人形象对于雇主的整体上的商业利益可能存在一定的关联性,但是,具体到送餐员这个工作岗位,是否留有胡须对于完成送餐这个工作任务来说没有关联性。但是,从已有的判例来看,也有法院将审查的重点进行了扩展,从雇主的条件是否与完成具体的工作岗位任务之间存在直接关联性,扩大至雇主的条件是否与更广泛意义上的履职能力之间存在直接的关联性。在联邦上诉法院第九巡回庭审理的"威尔米宾与 J. C. 彭尼公司案"(Wambheim v. J. C. Penney Co. ,INC.)中,被告雇主的一项政策给予那些属于所谓的一家之主的雇员以特殊的优惠待遇,理由是这样可以使最多数量的雇员获益,包括那些最需要照顾的雇员。[2] 虽然雇主的这种政策没有考虑与受照顾的雇员具体履职能力之间的关联性问题,但法院仍然支持了雇主的政策,因为该项政策有利于提升雇员的生产力和生产效率,并有助于雇主的内部管理。

第二,有关关联性的紧密程度。无论法院审查的重点是雇主的雇佣条件与特定工作岗位的履职能力之间具有直接关联,还是可以与雇主更为宽泛的商业目的之间存在关联,下级法院在实践中的第二个分歧之处在于,这种关联性需要紧密到什么程度才能作为雇主积极抗辩的理由。一些法院对关联性的紧密程度要求比较高,认为雇主的相关政策或雇佣条件必须是必不可少的;而有些法院则对关联性的紧密程度要求比较低,认为雇主的相关政策或雇佣条件只需是相关的即可。对关联性紧密程度要求比较高的,如联邦上诉法院第四巡回庭,其在审理的"罗宾逊与罗瑞拉德公司案"(Robinson v. Lorillard Corporation)中曾明确指出:"(审查被告行为正当性的)标准是看是否存在一个高于一切的正当商业目的,且被告的行为是为安全而有效地达成该商业目的所必不可少的。因此,被告的商业目的必须是非常重要的,以至

---

〔1〕 Bradley v. Pizzaco of Nebraska Inc,7 F. 3d 795(8th Cir. ,1993).

〔2〕 Wambheim v. J. C. Penney Co. ,INC. ,705 F. 2d 1492(9th Cir. ,1983).

于可以忽视由此造成的种族影响。被告被诉的行为也必须可以有效地达成上述商业目的。此外，被告没有其他可以选择的政策或行为，这种政策或行为不仅造成的种族影响较小，同时也能够达成与前述相同或者相似的商业目的。”[1]联邦上诉法院第四巡回庭的裁判意见表明雇主的政策或条件应当具备绝对的必要性，才能作为积极抗辩的理由。但其他一些下级法院则采取了不同的审查标准。例如，在联邦上诉法院第九巡回庭审理的“孔特雷拉斯与洛杉矶市案”（Contreras v. City of Los Angeles）中，法院认为根据联邦最高法院在“格里格斯与杜克能源公司案”裁判中确立的原则，被告雇主的政策或行为只要能够极大地促进其正当合理的商业利益，而不是说非得是达成其正当合理的商业利益所必需的或不可或缺的，那么法院就应当认定雇主的政策或行为具有正当性。[2] 相较于联邦上诉法院第四巡回庭的“必不可少”标准而言，联邦上诉法院第九巡回庭的“极大促进”标准事实上降低了雇主政策或行为具有正当性的门槛。

联邦上诉法院第九巡回庭以及持有类似观点的法院之所以认为雇主的政策或行为与其正当商业利益之间只需“相关”而无须“必需”，主要是基于两个理由：一是基于联邦最高法院在“格里格斯与杜克能源公司案”判决中使用的语言。在该案的判决书中，联邦最高法院指出，“美国国会立法者禁止赋予这些（测试）以控制力，除非它们能够被证明是履行工作职能的一个合理手段”。上述法院认为，联邦最高法院的表述是“一个合理手段”，表明雇主的政策或行为与其正当商业利益之间只要具有相关性即可，而非必不可少。二是基于联邦最高法院明确表达的对 EEOC 相关指导性规则的极大尊重。EEOC 相关指导性规则要求雇主使用相关数据以表明其采用的测试与相关工作岗位履职能力之间具有“可预测性”或“极大的关联性”。

第三，在有关什么形式的证据可以用来证明被告存在正当的商业目的或商业需要方面，下级法院也未能形成统一意见。在“格里格斯与杜克能源公

〔1〕 Robinson v. Lorillard Corporation, 444 F. 2d 791 (4th Cir., 1971).

〔2〕 Contreras v. City of Los Angeles, 656 F. 2d 1267 (9th Cir., 1981).

司案”中,被告公司的一位高管以证人证言的方式向法院作证称“(自己)相信公司受到争议的(对求职者的)相关的测试要求能够提升公司整体的劳动力素养”,但联邦最高法院认为这样的证据并不充分。值得注意的是,在随后由联邦上诉法院第十巡回庭审理的“斯珀洛克与联合航空公司案”(Spurlock v. United Airlines Inc.)中,法院却仅基于被告公司一高管的证言而支持了被告要求求职者具备大学文凭的招聘政策。按照该高管的证言,求职者具备大学文凭表明其有能力理解和掌握在教室里或者培训中传播的概念和信息,这种能力恰恰是被告正在招录的工作所必需的。[1] 但在另外一些法院看来,光有证人证言来证明相关测试的正当性是远远不够的,法院还要求被告出示实际的统计数据,以证明被告的相关测试与完成特定工作岗位的履职能力之间具有关联性。

在下面介绍的“阿尔伯马尔纸业公司与莫迪案”中,联邦最高法院分析了雇主采取的职前测试的合法性问题。

“阿尔伯马尔纸业公司与莫迪案”[2]

联邦最高法院斯图尔特(Stewart)大法官出具了法庭意见书。

本案需要解决的问题是,雇主应当通过什么方式来证明其所实施的没有种族歧视意图但造成种族歧视效果的职前测试,由于具有足够的“工作关联性”,从而可以成为美国《民权法案》第七章的积极抗辩理由。

和“格里格斯与杜克能源公司案”中的被告雇主一样,本案的被告阿尔伯马尔纸业公司使用了两个一般性能力测试:一个是被称为“贝塔检查”(Beta Examination)的用来考查非语言智力的测试,另一个是被称为“温德利测试”(Wonderlic Test)(由A和B两种形式构成)的用来考查一般语言表达能力的测试,后者在“格里格斯与杜克能源公司案”中也有涉及。应聘者要想进入被告工厂的各类技术生产线需要在贝塔检查中获得100分,并在温德

---

[1] Spurlock v. United Airlines Inc., 475 F. 2d 216(10th Cir., 1972).

[2] Albemarle Paper Co. v. Moody, 422 U. S. 405(1975).

利测试两个测试中的一个获得18分。

考虑工作相关性问题必须考察被告工厂的操作环境以及前述测试项目的历史沿革。被告工厂雇用了大约650人，主要生产活动为将原木转化为纸制产品。工厂分为多个职能部门，在每个部门内部都有一个或多个不同的生产线。理论上，工人在具备必要的技能后就可以调到更高等级的生产线。生产线的数量和结构随着时间的推移会发生很大改变。多年来，某些生产线比其他的生产线对技能的熟练度要求更高，并且这些生产线支付给员工的薪酬也更高。在1964年之前，这些具有较高技术要求的生产线是明确留给白人的。1968年许多由黑人工人组成的技术含量不高的生产线并入由白人工人组成的技术含量较高的生产线。但是，某些生产线的较高职位比其他生产线的较高职位要求更高的技能。至少从这个意义上来讲，被告工厂存在相对高技能和相对低技能的生产线。

在20世纪50年代，当工厂引进更精密的新设备进行现代化改革时，公司实施了一项要求进入高技能生产线的员工具备高中文凭的政策。尽管公司很快得出结论认为上述政策并未提高劳动力质量，但该政策一直在持续，直至联邦地区法院颁布禁令禁止该政策。20世纪50年代晚期，公司开始使用“贝塔检查”和“本内特机械理解测验”(Bennett Mechanical Comprehension Test)来筛选想要进入较高技能生产线的工人。“本内特机械理解测验”在几年后被终止使用，但“贝塔检查”则被继续使用。

1963年公司以工厂操作的复杂程度增加需要特定的语言能力为由，针对较高技能生产线的工人增加了“温德利测试”。公司并没有试图验证该测试与工作职位之间的关联性，而是直接采纳了18分的国家标准分数作为新的应聘者的录用分数线。1964年后，在取消了存在于不同生产线上的种族隔离政策后，该公司允许顺利通过“贝塔检查”和“温德利测试”两项测试的黑人工人转入较高技能生产线。但几乎没有黑人工人能够通过上述测试。已经在较高技能生产线的工人，只要他们是在上述测试实行前进入该生产线的，无须通过测试就可以保留他们的职位或者获得晋升的权利。案件记录同时表明，有一些在职的较高等级的白人雇员无法通过测试。

在法院审理本案的4个月前,阿尔伯马尔纸业公司雇用了一个工业心理学的专家来证明公司的测试项目具有职位关联性。这位专家在工厂花了半天的时间设计了一个"同时效度"研究,但该研究没有受专家的监督,而是由工厂的高管自行负责实施。然后,该专家将研究结果进行了统计学分析。研究涉及10个职位分组,这些分组从最高等级的9个生产线中挑选出来。这些职位是根据其在生产线中的接近程度进行分组的;该研究并不试图分析这些职位可能需要的特别技能。所有或几乎所有挑选出来的职位分组中的员工都参与了这项研究,总共105名员工,但是其中只有4人是黑人员工。在每个职位分组中,该研究对每个员工的测试分数与独立的员工职位排名进行了对比。

对于每一个职位分组,该专家计算了测试分数与平均职位排名的统计相关性"系数"。基于专业规范,该专家认为在100次试验中,发生关联性的概率在5次或者以下的情形具有"统计学意义"。以这些结果为基础,联邦地区法院认为工厂实施的职工测试已经通过了有效性研究并且已经证明其具有职位关联性。我们的观点和联邦上诉法院的观点一样,无法认同联邦地区法院的这种看法。

平等就业机会委员会已发布了相关的"指导方针",旨在帮助雇主通过专业的有效性研究来确定他们实施的雇佣测试是否具有职位关联性。这些指导方针使用并参照了美国心理协会设立的测试有效性专业标准。应当指出的是,平等就业机会委员会发布的相关指导方针并不是按照国会确立的正式程序颁布的行政法规。但是,正如本院之前所提到的,上述指导方针是法律执行机关作出的法案的行政解释,因此应该得到极大遵从。

平等就业机会委员会发布的相关指导方针传递的信息,与在"格里格斯与杜克能源公司案"中相同,即歧视性的测试是不被允许的,除非雇主能够通过专业性的、可被接受的方式证明相关测试"能够预测接受测试的人从事的工作的重要因素或者与之具有显著的关联性"。

以上述指导方针为衡量标准,我们认为阿尔伯马尔纸业公司采用的有效性分析方法在以下几个方面存在实质性缺陷。

(1)即使该分析方法在其他方面是足够的,但该分析并未表明"贝塔检查"和"温德利测试"等一系列综合性测验适用于所有较高技能生产线。现在,在这些生产线从事工作显然也要求通过这些测试。被告的相关分析只证明了贝塔检查与8条生产线中的3条生产线中具有显著关联性。尽管理论上温德利测试中的A型和B型测试是完全相同、可互相替换的口头表达能力测试方法,但被告仅证明了其中的一种类型与4个职位分组具有显著关联性,另外一个则不具有。在其中的2个职位分组中,两个类型的测试都不具有显著关联性。在一些生产线中,其中一种类型的测试被证明只适用于一些职位分组而不适用于其他的职位分组。即使被告的分析方法是可取的,将分析结果胡乱拼凑出来的结论也并不能使阿尔伯马尔纸业公司的作为符合平等就业机会委员会相关指导方针的规定。本案中的分析方法并未研究特定职位分组的工作特性或者从事该职位分组工作所需的特别技能。

(2)被告的分析方法基于主管层面的主观排名对测试分数进行了对比。虽然他们允许在有效性测试中使用职位排名,但是该指导方针十分清楚地预料到该排名将会引起比证明对象本身更大的关注。阿尔伯马尔纸业公司的主管所做出的员工职位排名所依据的标准十分模糊,并且不可避免地会导致不同的解释。正如之前提到的,每个"职位分组"包含若干不同的职位,且这些主管被要求"确认在每一个分组中哪些员工正在做着与他们的职位无关的工作,而在他们各自的职位上比其他对立评级的人做得要好……"

我们没有办法确切地知道主管们会用什么样的标准来考查员工的履职能力,每一位主管是否都会考虑相同的标准,或者是否确实有任何一位主管实际应用了一个集中而稳定的任何类型的标准体系。简言之,我们没办法确定是否参考的标准真的在特定职位能力方面与公司的合法权益具有显著关联性,并可以以此来证明这个有种族歧视影响的测试系统是合法的。

(3)该公司的研究重点,在大多数情况下集中在处于顶部的生产线的职位分组上。在前面提到的"格里格斯与杜克能源公司案"中,法院没有解决一个问题,也就是是否该测试考虑了进入下一个职位的可能性或是说将来晋升的可能性,将会被用来证明该测试具有实现真正商业目的的长期需要。前述指导方针对此采取了明智的做法,我们十分赞同:“如果所设立的职位晋升结构和资历条件使新员工很可能在合理的时间内,在绝大多数情况下,晋升到一个更高的职位,那么我们就认为该职位应聘者被以更高的职位水平评估。但是,如果职位晋升并不是几乎自动的,或者其时间跨度过长以至于更高水平的职位或员工的潜力将会发生巨大改变,那么我们就认为应聘者被以职位入门水平评估。”那些工作在顶层生产线的最好的员工会在测试中获得较高分数,但这并不意味着该测试或一些测试的特定录用分数线将被准许用于作为新员工进入较低水平职位的最低资格。要想得出这样的结论,必须详细考虑正常的晋升速度、在职培训在晋升体制中的功效以及将测试作为晋升手段使用的可能性,而不是作为进入低水平工作的筛选工具。联邦地方法院并没有考虑到这些问题。这些问题将会在一些案例中至关重要,这些案例中在职的员工可以不经过公司的一系列综合性测试而晋升到更高的职位,正如本文提到的这个案例。

(4)阿尔伯马尔纸业公司的有效性研究只涉及了富有工作经验的白种人员工;但是测试被适用于新的职位应聘者,这些应聘者十分年轻,大部分没有工作经验,且在许多情况下并非白种人。美国心理学协会认为“测试的有效性应当取决于实际上接受测试的主体是否处于同一年龄段或同样的教育水平、职业情况”,且这一问题至关重要。

美国平等就业机会委员会的指导方针也指出,无论技术上是否可行,数据的产生和结果的报告应当分别针对少数群体和非少数群体。在本案中,对于不同种族群体的不同有效性进行确定很有可能是不可行的,因为多年来该工厂的歧视已经确保其几乎所有的上层职位员工都为白人。但没有明确的证据表明不同有效性对于较低层次的职位是不可行的。更重要的是,根据指导方针,“即使在现有劳动力中实施有效性研究,包含少数员工并不具有技术可行性,但这并不能免除当具有技术可行性时,对少数应聘者进行有效性研究的义务”。

基于以上全部原因,我们支持联邦上诉法院的观点,即联邦地区法院错误地判决阿尔伯马尔纸业公司已经证明其测试计划具有职位关联性并·由此认为被上诉人不能获得衡平法上的法律救济。

相应地，撤销原判，案件发回联邦地区法院重审以便与上述意见相一致。

3. 较小影响的替代措施

即便作为被告的雇主能够证明自己的某项政策或行为与相关职位存在关联性且是出于商业需要，原告仍然有可能赢得官司，如果原告能够证明存在其他被告可以采取的、具有较小歧视性影响的行为，但被告拒绝采取这样的行为。

联邦最高法院在最初在1975年审理的"阿尔伯马尔纸业公司与莫迪案"中阐述了上述规则，即"如果雇主完成了证明它的测试与工作岗位具有关联性的举证责任，此时，原告仍然可以举证证明存在其他的测试或者选择机制，不会造成类似的不良种族影响，但能够以有效和可靠的方式服务于雇主正当的利益。原告如果能够完成这样的举证责任，则足以表明雇主原先使用的测试仅仅是其歧视行为的'借口'"。[1] 在之后的"沃森与沃兹案"中，联邦最高法院进一步指出，在差别影响就业歧视诉讼中，在被告证明存在工作相关性和商业必需以后，原告仍可以获胜，如果原告证明存在其他具有较小歧视性影响的雇佣政策或行为，被告知晓这样的政策存在但拒绝采纳。[2] 1991年美国国会在修改通过美国《民权法案》时，将前述联邦最高法院判例中出现的"其他雇佣行为"正式纳入法案之中。[3]

什么样的措施属于满足法案规定的具有较小影响的其他措施？联邦最高法院没有给出具体的评判标准。下级联邦法院在个案中给出了具有参考价值的考虑因素。在联邦上诉法院第六巡回庭审理的"克雷斯娜案"

[1] Albemarle Paper Co. v. Moody, 422 U. S. 405 (1975).

[2] Watson v. Fort Worth Bank & Trust, 487 U. S. 977 (1988); Wards Cove Packing Co. v. Atonio, 490 U. S. 642 (1989).

[3] 按照1991年美国《民权法案》第703(k)条的规定，基于差别影响的非法雇佣行为成立，如果(1)原告方能够证明被告方实施的特定雇佣行为造成了基于种族、肤色、宗教信仰、性别或者宗源国的差别影响，且被告方无法证明受诉的雇佣行为与相关职位具有关联性并符合其业务需要；或者(2)原告方证明存在符合条件的"其他的雇佣行为"，但被告方拒绝采用上述"其他的雇佣行为"。See 42 U. S. C. § 2000e-2(k)(2000).

(Chrisner)中，法院认为，在评价原告出示的证明其他措施的证据时，“被告公司在接下来可能采取的任何措施当然是相关的。此外，与被告公司具有类似商业经营的其他公司的招录政策对判断什么是可行的其他措施或许也能提供有益参考。当然，采取其他措施给公司造成的边际成本，以及上述措施可能产生的公共安全方面的影响，也是我们在考虑相关问题时所不能忽视的”。[1]

与此同时，按照法院的要求，原告还必须出示证据，表明相关的其他措施在实施的效果上应当与受争议的措施具有“实质上的相同性”。[2] 不难看出，原告要完成上述举证责任实际上难度是比较大。

〔1〕 Chrisner v. Complete Auto Transit, Inc. ,645 F. 2d 1251(6th Cir. ,1981).

〔2〕 Allen v. City of Chicago,351 F. 3d 306(7th Cir. ,2003).

第四章　美国《民权法案》第七章禁止歧视的具体问题

一、基于种族的就业歧视

（一）概述

在美国社会中，种族问题是一个极为重要和敏感的问题，围绕种族的各种斗争和运动贯穿了整个美国历史。

“种族”也是一个重要的法律概念，但值得注意的是，无论是《美国联邦宪法》，还是美国《民权法案》，均未对“种族”的含义作出一个具体的规定。不仅如此，美国法律中还存在一些与种族的含义相近似的概念，譬如，“肤色”和“宗源国”等，在实践中容易造成概念上的混淆。理论上，缺乏对“种族”概念的明确界定可能会给相关当事人维护权益带来不良影响。但在实践中，美国法院却淡化了对种族概念进行仔细界定的重要性，认为受影响的当事人完全可以按照自己的理解来选择歧视的类型。[1] 因此，在实际的诉讼中，当事人有时会选择种族歧视诉讼，有时候会选择宗源国歧视诉讼，有时两者兼而有之。需要指出的是，原告如果选择宗源国歧视作为自己的诉讼主张，被告可以援引“真实职业资格”（Bona Fide Occupational Qualification，BFOQ）作为抗辩的理由。而在种族歧视诉讼中，BFOQ 无法作为被告的抗辩

---

〔1〕 See Thomas R. Haggard, *Understanding Employment Discrimination* (Second Edition), LexisNexis Matthew Bender, p. 113.

理由。

从历史来看,无论是美国的宪法还是民权立法,禁止种族歧视的初衷在于保护以美国黑人为代表的少数族裔的权益,特别是平等地享受法律保护和参与社会活动的权利。但是,不能认为美国法律只保护黑人等少数族裔。按照美国联邦最高法院的解释,美国《民权法案》禁止任何形式的种族偏好或歧视,无论是针对少数族群,还是多数族群。法院明确指出,种族歧视的对象既可能是黑人,也可能是白人,或者是其他人群。

在下面的"麦当劳与圣达菲运输公司案"(McDonald v. Santa Fe Trail Transportation Co.)中,美国联邦最高法院明确表明针对白人的歧视也是种族歧视,应当被禁止。

"麦当劳与圣达菲运输公司案"〔1〕

联邦最高法院马歇尔(Marshall)大法官出具了法庭意见书。

本案的上诉人是被上诉人公司的两位白人雇员,1970年9月26日上诉人和另外一名叫作查尔斯·杰克逊(Charles Jackson)的黑人雇员,被控非法侵占被上诉人为其客户承运的60个单位容积为1加仑装的抗冻剂。公司认为上诉人以及黑人雇员应当承担连带责任。6天后,两位上诉人被公司解雇,但是黑人雇员杰克逊仍被公司雇用。上诉人(原审原告)依据美国《民权法案》第七章以及《美国法典》第1981节向法院提起诉讼,但遭联邦地区法院驳回,理由是"雇主解雇涉嫌非法侵占公司财产的白人雇员但不解雇涉嫌类似行为的黑人雇员"并未违反美国《民权法案》第七章以及《美国法典》第1981节的规定。

1964年颁布的美国《民权法案》第七章禁止雇主基于任何个人的种族解雇此人。从字面意思来看,法条禁止的歧视行为不限于特定种族。因此,尽管我们尚未审理过针对白人的种族歧视案件,但我们在"格里格斯与杜克能源公司案"(Griggs v. Duke Power Co.)的判决中已经明确指出"美国《民权

〔1〕 McDonald v. Santa Fe Trail Transportation Co.,427 U.S.273(1976).

法案》禁止所有针对任何种族的歧视性偏好,无论针对的是少数种族还是多数种族”。此外,平等就业机会委员会在解释美国《民权法案》第七章时也明确指出上述规定不仅禁止针对非白人种族的歧视,也同样禁止针对白人的种族歧视。法院对平等就业机会委员会的解释向来十分尊重。法院的上述结论与法案的立法目的相一致,即旨在保护“包括白人在内的所有美国人”,“不得歧视白人”。综上所述,我们认为按照美国《民权法案》第七章的规定,在本案中,雇主不得针对白人实施种族歧视,如同不得针对黑人实施种族歧视一样。

被上诉人辩称,美国《民权法案》第七章禁止歧视的规定虽然适用于白人,但本案中上诉人不能获得该法案的保护,因为上诉人被解雇的原因是他们参与了严重的犯罪行为致使雇主遭受巨大损失。基于本院(联邦最高法院)在“麦克唐奈·道格拉斯公司与格林案”中的判决,我们认为被上诉人的主张不能成立。

上诉人在起诉状中明确指出,上诉人由于涉嫌非法侵占公司货物而被解雇,但同样涉嫌非法侵占的另一个雇员却未被解雇,原因是另一雇员为黑人而上诉人为白人。我们认为,被上诉人作为雇主有权解雇非法侵占货物的雇员,因为这样的雇员没有履职资格,但雇主的判断和行事标准必须平等地适用于所有种族人群,做到相同情况相同对待,否则涉嫌违反美国《民权法案》第七章的规定。

被上诉人提出,最高法院在“麦克唐奈·道格拉斯与格林案”中确立的原则不能适用于雇员因参与了针对雇主的严重违法或者犯罪的行为而遭到解职的情形。我们对此不能认同。美国《民权法案》禁止所有基于种族的就业歧视行为,对任何特定的雇员群体都没有例外。虽然犯罪或其他不法行为可以作为合法解雇雇员的理由,但它不是实施种族歧视的理由。

此外,我们在之前的判例中已经明确表明,《美国法典》第1981节保护黑人在就业领域免受基于种族的歧视行为,被上诉人对此并无异议。本案所要解决的问题是,《美国法典》第1981节是否同样禁止在就业领域实施的针对白人的种族歧视行为。

被上诉人认为,以下两个原因表明,《美国法典》第1981节并不适用于针对白人的种族歧视。第一,从法律条文的文本来看,法条使用了"和所有白人公民享有(一样的权利)"这样的表述,清楚表明第1981节的规定只适用于保护针对非白人的种族歧视。第二,从历史解释的角度,第1981节的规定源于1866年美国《民权法案》第1节,被上诉人认为1866年美国《民权法案》主要是为了保障基于《美国联邦宪法》第十三修正案而获得解放的黑人奴隶的民权,而与白人的民权毫无关系。

我们认为,被上诉人提出的上述两点理由都没有说服力。基于对第1981节法条文本以及立法史的考察,我们认为第1981节的规定适用于针对白人的就业种族歧视。首先,我们不同意被上诉人提出的第1981节法律条文使用的术语将针对白人种族歧视排除在保护范围之外的观点。相反,法条明确规定适用于"所有人",包括白人。将"和所有白人公民享有(一样的权利)"这样的表述理解为只保护黑人而不保护白人,实际上是对法条的机械理解。另外,在我们之前的判例中实际上也已经强调过,条文使用这样的措辞仅为了重申"被保护的权利的种族性"。无论如何,法条条文存在的可能的不确定性可以通过考察该条文的立法史得到有效的澄清。最终颁布的1866年美国《民权法案》最初草案由伊利诺伊州的特兰伯尔(Trumbull)参议员提出,草案明确指出为"所有美国人的民权提供保护",特兰伯尔参议员也明确提出该法案适用于"所有种族和肤色的人"。国会中大部分立法者的观点与上述法案起草人观点相一致,即法案禁止任何在制定与执行合同中的种族歧视行为,无论是针对白人的歧视还是针对非白人的歧视。所以,应当清晰地认识到,立法者通过的这个法案并不仅仅保护非白人免受基于种族的歧视。被上诉人认为第1981节不适用于针对白人的种族歧视的观点并不成立。综上所述,我们认为国会立法者在制定1866年美国《民权法案》时旨在将该法案的触角伸向所有的美国人,而不仅限于为非白人提供保护。

综上所述,我们认为联邦地区法院基于《美国法典》第1981节禁止种族歧视的规定不适用于白人而驳回上诉人相应诉讼请求的裁判是错误的。

（二）种族歧视的表现形式及抗辩事由

1. 基于种族的差别对待和差别影响

种族歧视既可以以差别对待的形式出现，也可以以差别影响的形式出现。在早期的种族歧视案件中，比较常见的是系统性的差别对待；而现在则以个别的差别对待为主。此外，涉及种族歧视的差别影响案件的数量在近几年也在减少。部分原因是，在过去的几十年中，那些表面中立但会给黑人造成歧视性后果的措施，要么已经被法院明确认定为违法，要么经由被告的积极抗辩而具备了合法性。在法院进行过争讼的涉及差别影响的雇佣措施包括：标准化的测试、受教育程度、工作经验、犯罪记录、逮捕记录、重复性的因债务拖欠而扣押工资、过错性从部队退伍、吸毒、本地居住要求、裙带关系、面部蓄须等。

2. 基于种族的刻板印象

种族歧视还可以表现为对特定种族人群的能力、特性或者表现的刻板印象。在美国的司法实践中，基于上述与种族有关的刻板印象而作出的雇佣决定通常会被法院认定为非法。例如，在一个案件中，一位黑人在求职时填写的相关表格中，在“交通违法、轻罪和重罪”一栏中，没有填写自己的两项城市条例违反情况。雇主发现后以此为理由解除了与该人的雇佣关系。雇主认为，不填写相关情况是典型的“非洲裔美国人不诚实”的性格表征。在案件进入诉讼程序后，法院认为上述基于种族的刻板印象违法。[1] 在一个类似的案件中，上级主管基于“黑人对升职不感兴趣”这样的刻板印象而不愿意为非洲裔美国人的升职申请出具推荐信，法院认为这样的行为违反美国《民权法案》第七章。[2]

3. 基于种族的骚扰

和性骚扰一样，基于种族的骚扰（racial harassment）也违反美国《民权法案》第七章的规定。性骚扰区分为交换型和敌意环境型，而在基于种族的骚

〔1〕 EEOC v. Riss Intern. Corp. ,525 F. Supp. 1094(W. D. Mo. 1981).

〔2〕 Lams v. General Waterworks Corp. ,766 F. 2d 386(8th Cir. ,1985).

扰中,一般只涉及敌意环境型骚扰,而没有交换型骚扰。要使基于种族的骚扰具有可诉性,骚扰行为应当足够严重或普遍,以至于改变了正常的工作条件,制造了一个侮辱性的工作环境。[1] 基于种族的骚扰既可以来自上司,也可以来自同事,甚至可以来自顾客等第三方。在工作场合下,典型的基于种族的骚扰包括起带有种族贬低色彩的绰号,开具有冒犯性的种族玩笑,悬挂具有种族内容且具有冒犯性的标语、口号、图片、漫画等。通常来讲,孤立的或者数量较少的上述事件不足以被法院认定为存在基于种族的骚扰,除非事件的性质极为恶劣。

基于种族的骚扰行为一般发生在不同的种族人群之间,典型的是那些具有一定种族优越感的白人实施的针对黑人或者其他少数族裔的骚扰。但是,即便在一个种族内部,发生基于种族的骚扰也是可能的。联邦最高法院在1998年审理的"昂凯与孙唐纳离岸服务公司案"(Oncale v. Sundowner Offshore Services, Inc.)中明确表示同性间的性骚扰在美国《民权法案》下具有可诉性。[2] 此后,法院认为同一个种族里发生的基于种族的骚扰也具有可诉讼。在实践中,也出现了非洲裔美国人上司涉嫌骚扰非洲裔美国人下属这样的案件。[3]

4. 与种族有关的文化特征与穿着打扮

在一些案件中,雇主制定了有关雇员行为规范或穿着打扮方面的中立的规章制度,雇员认为上述规章制度会对其特定种族成员身份产生歧视性效果,或者侵犯其表达文化自豪和特征的权利。例如,在一个案件中,被告公司内部的规章制度禁止在部分职位履行工作职能的雇员留有全编式头发。该案中的原告是一位黑人妇女,上班时留有全编式"玉米龚"形头发,即把头发梳成像玉米一样的一排排辫子。原告的发型为被告所禁止,原告提起诉讼,称上述发型是美国黑人妇女长久以来一直采用的一种发型,反映了美国黑人

[1] Faragher v. City of Boca Raton, 524 U. S. 775(1998).

[2] Oncale v. Sundowner Offshore Services, Inc., 523 U. S. 75(1998).

[3] Odis Ross v. Douglas County Nebraska, 234 F. 3d 391(8th Cir., 2000).

妇女的文化和历史传承。原告称被告的行为涉嫌种族歧视。[1] 法院经过审理驳回了原告的诉讼请求。法院认为,种族属于不可改变的特质(immutable characteristics),但着装打扮则属于可以改变的特质(mutable characteristics)。法律明确禁止基于前者的歧视行为;但对于后者,如果雇主的措施是中立的,法院一般予以维持。

在美国的司法实践中,法院审理较多的一类案件涉及黑人胡须问题。有一些雇主出于各种考虑,禁止雇员蓄须。但蓄须与一般的着装打扮存在不同之处,因为很多黑人具有须部假性毛囊炎体质,剃须会加重上述病症的发生。因此,禁止蓄须无疑会对黑人员工产生差别影响的效果。对于这类案件,法院的审查标准是看雇主的要求是否具有业务必要。例如,在一个案件中,雇主是一家制作比萨的餐馆,要求外卖员不得留有胡须,原因是顾客更喜欢面部干净整洁的外卖员。法院经过审查后认为,雇员蓄须与完成外卖送餐之间没有关联性,因而雇主的要求不具有业务必要性。[2] 但在另一个案件中,被告是当地的消防部门,要求所有的消防员不得蓄须,原因是胡须会影响佩戴防毒面具,从而对消防员的生命安全造成影响。法院经过审理认为被告禁止蓄须的政策具有合法性。[3]

5. 种族歧视的抗辩事由

在差别对待案件中,作为被告的雇主可以基于"混合动机"和"事后获得的证据"作为抗辩事由,以部分减轻责任承担。"混合动机"是指,在雇主决策过程中,种族是其考虑的因素之一,但即便不考虑种族因素,雇主仍然会作出一样的决定。在这种情况下,法院认为种族歧视仍然成立,但原告可以获得的救济会有所减少。"事后获得的证据"是指,雇主在基于种族原因作出开除或者其他不利于雇员的决定后,发现了雇员从事违法违规等不当行为的证据,基于上述证据,雇主完全可以合理正当地处理雇员。在这种情况下,虽然种族歧视仍然成立,但原告可以获得的救济也将受到限制。此外,肯定性

---

〔1〕 Rogers v. American Airlines, Inc., 527 F. Supp. 229(S. D. N. Y. 1981).

〔2〕 Bradley v. Pizzaco of Nebraska Inc., 7 F. 3d 795(8th Cir., 1993).

〔3〕 Walter Fitzpatrick v. City of Atlanta, 2 F. 3d 1112(7th Cir., 1993).

行动可以成为差别对待案件中被告的抗辩事由。肯定性行动通常又被称为反向歧视,是指为那些历史上遭受特别严重不平等待遇的群体提供特殊保护措施的制度,以实现补偿性正义和实质性平等。肯定性行动本质上是一种故意的歧视行为,但是,按照美国联邦最高法院的意见,肯定性行动在符合特定条件时不属于美国《民权法案》规定的违法的歧视行为。[1] 另外,在差别影响案件中,业务必要也可以作为被告的抗辩事由。

二、基于肤色的就业歧视

"肤色"与"种族"的含义存在重叠之处,因而在很多场合被当作近义词使用,但两者的含义并不完全相同。美国《民权法案》第七章将"肤色"和"种族"列为不同的保护群体,也表明在立法者看来基于"肤色"的就业歧视不同于基于"种族"的就业歧视。

尽管美国《民权法案》本身没有对"肤色"的含义作出具体规定,但美国各级法院以及平等就业机会委员会对"肤色"按照其通常含义进行解释,即人的天然肤色、皮肤颜色或色调。就业中的肤色歧视,就是一个人因为自己的肤色较浅或者较深,或者具有其他的颜色特征,而受到歧视性对待。无论是在不同的种族人群之间,还是在同一个种族人群里,都可能发生肤色歧视。

在美国的司法实践中,基于肤色的就业歧视案件相对较少,主要是原告认为由于其肤色较浅或较深的原因遭受了歧视性待遇。在下面的"特蕾西·沃克与财政部部长案"(Tracy Walker v. Secretary of the Treasury)中,原告(一位肤色较浅的非裔美国人)声称她的上司(一位肤色较深的非裔美国人)基于对肤色较浅非裔美国人的偏见对其实施了歧视行为并解雇了她。

"特蕾西·沃克与财政部部长案"[2]

联邦地区法院莫依(Moye)法官出具了法庭意见书。

---

[1] United Steelworkers of America v. Weber, 443 U. S. 193(1979).

[2] Tracy Walker v. Secretary of the Treasury, 742 F. Supp. 670(N. D. Ga. 1990).

原告于 1986 年 5 月 1 日向美国国税局（Internal Revenue Service，IRS）正式提出了申诉，称其遭到解雇，并且她的解雇违反了 1964 年美国《民权法案》第七章的规定。原告是一名肤色较浅的黑人女性，她指控她的上司——路易斯女士——一名肤色较深的黑人女性，因为她肤色较浅而解雇了她。原告还声称，她被解雇，至少部分原因是她在被解雇前曾拜访过一名在平等就业机会委员会工作的官员。

被告辩称，对原告的解雇是基于她的不佳表现、不良态度和不当行为。原告声称，被告提出的理由只是一个借口，她被解雇的真正原因是路易斯女士对原告持有的基于肤色的偏见。本法院认为，原告未能完成举证责任，通过优势证据证明她被解雇是由于上述偏见造成，以及被告所陈述的理由仅仅只是托词。

原告提供的，能够证明路易斯女士对原告确实存有偏见的仅有的重要证据，若假设其真实性不存在问题，是有关路易斯女士针对原告所做的贬损性的个人评价，包括："你需要多晒太阳"，"你什么都不是"，"你以为你是谁，我能做我想对你做的任何事"，"你为什么不回到属于你的地方"以及"你为什么到这里来"等。然而，本法院认为原告未能通过优势证据证明上述评论确实属实。除原告的证词以外，没有任何证词或证据能让法庭相信路易斯女士可能作出了上述评论。也没有任何有意义的证据表明路易斯女士存在肤色偏见。除了原告，没有任何证人的证词表明，他们中有任何人意识到路易斯女士潜在的基于肤色的偏见。除原告的证词外，其他证人也没有提供任何证据，证明路易斯女士的行为展示了这种偏见。在庭审中，证人表示没有听到过路易斯女士讲过任何被指控的评论，或者任何其他类似的评论。

然而，即便上述评论事实上存在，原告也未能证明，作出上述评论是因为二人之间存在的私人恩怨以外的原因。原告和路易斯女士之间存在性格上的冲突，这一点看上去是没有争议的。而且，路易斯女士在造成冲突的过程中并非完全无辜，这一点也是可以肯定的。但是，仅仅是性格上的冲突并不能表明路易斯女士存在令人反感的歧视。有充分的证据支持被告的论点，即原告在工作上的表现，是造成双方发生冲突，以及随后原告被解雇的原因。

原告认为,所谓自己工作表现中的许多缺点,只是被告解雇她的一个借口而已,因为,办公室中的其他雇员也有同样的缺点,如办事拖沓、文书错误等。虽然法院认识到其他雇员也有类似的缺点,但法院认为原告的案件在性质上有所不同。不仅路易斯女士,还有其他人提供了大量证据,证明原告不同于她的同事,表现出不服从、不成熟、缺乏耐心、无礼、难以管理等。原告对自己职位的不满意也体现在了日常工作表现中。简言之,尽管"一个巴掌拍不响"(本案中两人中的一人无疑是路易斯女士),但在法庭看来,原告的工作态度似乎是她被解雇的原因。

原告未能通过优势证据证明,她是由于路易斯女士对肤色的歧视而被解雇的。相反,被告为原告的解雇提供了合法的理由,而法院认为这些理由并非其所找的借口。

同样的推理也适用于原告基于报复的诉求。虽然原告确实在被解雇前访问过平等就业机会委员会的相关官员,但原告未能通过优势证据证明上述访问是其遭到解职的原因之一。如前所述,本院确信原告是因前述正当理由而被解职。

因此,本院书记官应按指示就案件作出有利于被告而不利于原告的判决。

三、基于宗源国的就业歧视

(一)概述

"宗源国"(National Origin)是一个比较有美国特色的词汇,在中文中没有相对应的概念。[1] 众所周知,美国是一个有着较多移民的国家,直至今日,仍有来自世界各地的移民前往美国求职或者定居。在美国的劳动力市场中,外来移民所占的比重也较大。由于外来移民的受教育程度良莠不齐,语言和文化背景多种多样,导致其与美国的主流文化不能完全适应,增加了就

---

〔1〕 也有学者将"national origin"翻译成"民族"或者"国族出身"等。参见阎天:《重思中国反就业歧视法的当代兴起》,载《中外法学》2012 年第 3 期。

业的难度。此外,一些美国雇主对外来移民以及移民的后裔或多或少存在一些偏见和刻板印象,造成现实生活中存在针对上述人群的歧视现象。基于此,美国《民权法案》第七章将"宗源国"单独列为保护对象。

美国法律虽然没有对宗源国的概念进行明确的界定,但按照美国法院的解释,"宗源国"是指"你或你的祖先来源的国家",[1]或"一个人出生的国家,或者他或她的祖先来源的国家"。[2]值得注意的是,按照上述定义,有时候一个人可能有多个宗源国。例如,在一个案件中,原告出生于阿根廷,声称自己属于拉丁裔(Hispanic),但他的母亲是罗马尼亚人,父亲是犹太人。[3]虽然法院最终认同他属于拉丁裔,但假如案件中雇主的相关行为是出于反罗马尼亚人或者反犹太人的情绪,那么原告也可以选择罗马尼亚裔或者犹太裔作为自己的宗源国。在实践中,法院对"宗源国"中"国"的认定是非常宽泛的,一个较大政治实体内的少数族裔飞地,甚至是没有固定地理边界的族群,都可以成为"宗源国"中"国"。此外,在美国的印第安部落也被涵盖在禁止宗源国歧视的保护群体范围之内。

需要指出的是,"宗源国"不同于"国籍"(citizenship):前者表明个体(以及他或她的祖先)地理上的出生地;而后者则表明个人政治上的归属地。[4]按照美国法院的判决意见,美国《民权法案》禁止基于宗源国的歧视,但并不禁止基于是否拥有美国国籍的歧视。例如,在一个案例中,被告雇主拒绝雇用一个在美国具有合法身份但不具有美国国籍的墨西哥人,而雇用了另外一个具有美国国籍的美国人,法院认为雇主的行为并不违反美国《民权法案》的相关规定。[5]

在下面这个"商业协会与怀汀案"(Chamber of Commerce v. Whiting)中,法院明确表明美国《民权法案》第七章禁止基于宗源国的歧视,但并不禁止

---

〔1〕 110. Cong. Rec. 2456(1964).

〔2〕 Espinoza v. Farah Manufacturing Co. ,414 U. S. 86(1973).

〔3〕 Bennun v. Rutgers State University,941 F. 2d 154(3rd Cir. ,1991).

〔4〕 See Barbara Lindemann and Paul Grossman(Editor): *Employment Discrimination Law*(4th Edition,2007),BNA Books,p. 292.

〔5〕 Espinoza v. Farah Manufacturing Co. ,414 U. S. 86(1973).

基于外国人身份的歧视。

"商业协会与怀汀案"[1]

联邦最高法院罗伯茨(Roberts)首席大法官出具了法庭意见书(第二章的B节和第三章的B节除外)。托马斯(Thomas)大法官同意本案的最终判决结论但持有不同的判决理由,并参与撰写了第一章、第二章的A节和第三章的A节。

相较对雇用未经许可就业的外国人的雇主实施民事或刑事制裁的任何州或地方法律,美国的联邦移民法律具有优先适用地位,这是非常明确的。按照于近期颁布的亚利桑那州《合法亚利桑那州工作者法》(the Legal Arizona Workers Act)的规定,雇主明知或故意雇用未经准许可以就业的外国人的,其营业执照可能或在某些情况下必须被吊销或撤销。该法案同时还要求所有亚利桑那州的雇主应当使用联邦电子验证系统来确认他们所雇用的工人都是经过合法批准可以就业的。本案争议的焦点是,联邦移民法是否应当优先于亚利桑那州法适用。我们认为,因为本案中州的许可法在联邦法律保留条款范围内,且亚利桑那州法也没有在其他方面与联邦法律发生冲突,由此联邦法律并不优先于亚利桑那州法。

一

(一)

1952年美国国会颁布了《移民和国籍法案》(Federal Immigration and Nationality Act,INA)。该法案建立了一个"综合的移民和通过归化方式加入美国国籍的联邦法律规制体系",涉及"外国人进入美国国境的条件和入境以后在美国的合法待遇"等问题。

在《移民和国籍法案》颁布之后的几年里,若干个州通过立法禁止雇主雇用居住在州境内的非法居民。例如,加利福尼亚州在1971年通过了一部法律,规定"任何雇主不得在明知外国人为非法居民情形下予以雇用,如果这

[1] Chamber of Commerce v. Whiting,131 S. Ct. 1968(2011).

种雇佣行为会对有合法居留权的工作者产生不利的影响的话”。加利福尼亚州法律同时规定,如果违反上述禁令,将会处以每次200美元到500美元不等的罚金。在同一时间段内,至少还有另外11个州颁布了类似的禁止雇用未经批准就业的外国人的法律。

在“德卡纳斯案”(De Canas)中,加州的这部法律曾被指涉嫌侵入联邦事务,但法院最终认为该法律没有违宪,因为州政府有权规制就业问题,虽然对移民问题的规制毋庸置疑是属于联邦政府的权利。那时,美国国会对非法移民就业问题关注并不多。在“德卡纳斯案”10年之后,美国国会颁布了《移民改革和控制法案》(Immigration Reform and Control Act,IRCA)。该法案规定:美国境内任何个人或其他组织明知外国人无工作许可,仍然雇用或招聘他们,或有偿介绍工作给上述外国人的,属于违法行为。法案将无工作许可的外国人定义为一个非为永久居民身份合法入境,或其他未得到检察总长授权得以在美国工作的外国人。为了配合这一法案的实施,《移民改革和控制法案》要求雇主审查证明雇员可以合法就业的证明文件。雇主可以通过查看雇员的美国护照、外国人居住证、外国人登记证,或者其他获得检察总长批准的文件,来审查外国人雇员是否有工作许可证;雇主也可以通过结合查阅其他证件,如驾驶证和社保卡等完成审查工作。雇主必须保证,通过审查上述各类证件,其所雇用的外国人不是没有工作许可证的外国人;否则,根据国土安全部(Department of Homeland Security)表I-9(Form I-9)的规定,雇主将因作伪证而受到惩罚。表I-9及其包含的任何信息或它的附件只能用于执行《移民改革和控制法案》和相关联邦法律。

违反《移民改革和控制法案》规定的雇主将会面临民事和刑事的双重制裁。《移民改革和控制法案》同时也规定,如果雇主涉嫌不公平的与移民有关的雇用行为,比如,基于国籍或宗源国实施就业歧视,那么,雇主将会面临罚款处罚。善意遵守《移民改革和控制法案》表I-9审查义务的雇主可以行使积极辩护,如果雇主被控违反了该法案第1324(a)条规定。

《移民改革和控制法案》也限制了各州规制无工作许可外国人就业的权力。《移民改革和控制法案》明确规定,明知外国人无工作许可,仍然雇用或招聘他们,或有偿介绍工作给上述外国人的,各州和地方可以予以民事或刑事制裁(除非通过许可或相似立法),但相较上述州和地方立法,《移民改革和控制法案》有优先适用地位。因此,像我们在“德卡纳斯案”中支持的对雇用无工作许可证的外国人进行民事处罚的州法律,现在必须让位给相关联邦法律。

为了提高《移民改革和控制法案》设立的雇用信息确认系统的运行效率,国会于 1996 年通过了《非法移民改革和移民责任法案》(Immigration Reform and Immigrant Responsibility Act, IIRIRA)。上述法案特别创立了电子确认系统以及一个基于互联网的数据库系统,使雇主能够确认雇员工作许可的状态。雇主可以将雇员在表 I-9 填写过程中提供的类似信息收集起来,向电子确认系统提交一个申请。在提交申请之后,雇主会收到一个针对该雇员是否有工作许可证的回复,确认或是暂时性非确认雇员身份状态。雇员可以对暂时性非确认的报告结果提出异议。如果雇员没有提出异议,或是他提出的异议被驳回,那么他的工作必须被终止或者必须被报告给联邦政府。

在没有违反其他联邦法律的情况下,《非法移民改革和移民责任法案》禁止国土安全部长要求联邦政府之外的任何个人或组织参与电子确认系统的运行。为了推动该计划的实施,法律规定任何一个使用了电子确认系统并获得了雇员身份核实与就业资格确认的雇主已经表明其遵守了《移民改革和控制法案》关于外国人就业的规定,除非有证据证明相反情况的存在。

(二)

在上述立法和历史背景下,若干个州最近颁布法律,试图通过设立许可制的方式对雇主雇用无工作许可证的外国人实行制裁并进行惩罚。亚利桑那州是其中之一。于 2007 年颁布的《合法亚利桑那州工作者法》授权亚利桑那州法院吊销或撤销州内雇主的营业执照,如果雇主明知或故意雇用了一个无工作许可的外国人。

根据亚利桑那州的法律,如果有人呈交诉状,声称一个雇主雇用了一个无工作许可证的外国人,那么州、县检察长首先应根据《美国法典》第 8 编第 1373(c)节的规定向联邦政府确认雇员的工作许可状态。第 1373(c)节规定，当州的机构要求确认或查明任何一个个人的国籍或移民状态时，联邦政府应当提供被询问需要确认信息或移民状态。亚利桑那州法律明确禁止州、县或地方官员在一个外国人是否有权在美国工作的问题上独立作出最终判断。如果根据第1373(c)节的规定确认外国人是无工作许可的，那么州、县检察长必须通知美国移民和海关执法局的官员，同时通知当地执法部分对雇主采取相应措施。

如果一个雇主在亚利桑那州的法律之下被起诉，法院只需考虑该雇员是否为联邦政府根据相关法律作出的无工作许可的外国人。善意遵守联邦表I-9程序可以成为起诉的雇主的一个积极抗辩理由。

按照法律规定，当雇主第一次被发现有意雇用无工作许可证的外国人时，法院应当命令雇主终止与所有被雇用的无工作许可证外国人的雇佣关系，并且要在3年考察时间内，按季度汇报所有招录的新员工。法院也可以责令相关部门暂时吊销雇主持有的所有执照，但不得超过10个工作日。雇主第二次故意违反法律规定时，法院应当责令永久撤销雇主持有的所有执照。对于雇主明知且故意的违法行为，认定雇主存在第二次违法必须满足：违法行为发生在第一次违法的同一营业地点，并且时间是在第一次违法行为的考察期间内。亚利桑那州的法律也要求每个雇主在雇用一个雇员后，应该使用电子确认系统来确认雇员的就业资格。通过电子确认计划确认雇员具有就业资格的证据可以构成一个可驳回的推定，即雇主不是有意雇用一个无工作许可的外国人。

（三）

美国商会和各种商事和民权组织(统称为商会)在联邦法院提起先予执行诉讼，起诉那些亚利桑那州法律执行者，包括超过12位亚利桑那州的县检察官、亚利桑那州州长、州检察长、州承包商注册官、州税务局主管(统称为亚利桑那)。商会认为，亚利桑那州的法律规定，雇主因雇用无工作许可的外国人可能导致营业执照被临时或永久吊销，但联邦移民法律已经明示或暗示表明该联邦法律在上述领域具有优先适用地位。审理本案的联邦地区法院和联邦上诉第九巡回法院都支持了亚利桑那州的法律。

二

商会认为亚利桑那州的法律不得被适用,因为联邦法律《移民改革和控制法案》条文已经明示地表明其优先适用于州法,并且由于州法与联邦法律之间存在冲突,因此也暗示地表明州法不得被适用。我们将逐个分析商会的论据。

(一)

当联邦法律包含一个明示的优先适用的条款时,我们应当分析条款的语义含义,因为这是了解国会意图的最好证据。

《移民改革和控制法案》明确规定,联邦法律优先于对那些雇用无工作许可外国人的雇主施加民事或刑事制裁的州法律被适用,但设立许可和相似的法律除外。从表面上看,亚利桑那州的法律试图通过设立许可来实行制裁。亚利桑那州法律授权州内法院暂时撤销或吊销雇主的营业执照,如果雇主明知或故意地雇用了无工作许可的外国人。亚利桑那州的法律将"许可证"定义为州内依据法律规定,任意一个机构许可、证书、批准、注册、章程或类似的授权形式,可以由任意一个机构出于运营一项商事业务的目的而颁发。上述定义在很大程度上效仿了国会在《编纂管理程序法》中使用的"许可证"的定义。除上述的一般含义外,亚利桑那州的法律定义的"许可证"含义还囊括了公司章程、合伙企业登记执照、允许外国企业在州内进行商业交易的授权等。这些例子在刚刚提到的《编纂管理程序法》定义中都有明确的对应项。

法院经审理认为,联邦法律规定的例外情形没有优先适用效力;法院也没有找到与上述结论相反的具有说服力的立法史。从维护国家司法统一的角度来说,国会明示地保留各州通过许可证法来强制实行制裁的权利。这正如我们联邦制体系一样,在整体一致的情形下免不了出现一些例外情形。《移民改革和控制法案》明确表明在处理无工作许可的外国人就业问题时其具有优先适用效力,同时,在其他方面将规制的权力保留给了各个州。我们判定亚利桑那州的许可证法正好在国会选择保留给州的权力范围之内,因此,联邦法律并无优先于该州法律适用的地位。

（二）

除上述论点外，商会还提出，即便联邦法律没有通过明示方式表明其具有优先适用地位，联邦法律仍然具有默示的优先适用地位，因为亚利桑那州的法律与联邦法律相抵触。从最广的角度来看，商会的观点是美国国会意图确立联邦系统的独占地位，以至于任何州的系统必然与联邦系统产生冲突。但是，亚利桑那州程序法仅仅是在实施美国国会明确允许州政府从事的、通过许可证法来实行制裁的行为。基于美国国会特别保留了各州这样的权力，那么，我们有合理的理由相信美国国会并没有阻止各州使用合适手段来行使那样权力的意图。在本案中，亚利桑那州在保证其法律全面紧跟《移民改革和控制法案》法规脚步的方面作出了更多的努力。首先，亚利桑那州的法律采用了联邦立法中对无工作许可证的外国人的定义。其次，亚利桑那州的法律明确表示州的审查者必须向联邦政府确认一个据称为无工作许可的外国人是否有工作授权，并且规定不能在一个外国人是否有权在美国工作问题上独立作出最终的决定。另外，当州法院判断该雇员是否为无工作许可的外国人时，应当只将联邦政府的判断结果纳入考虑范围。因此，从定义的角度来讲，联邦法律与州法律在确定工作授权时没有任何冲突，无论是在审查阶段还是在审判阶段。

《美国法典》第 8 编第 1373(c)节规定了州必须依赖的联邦政府的判断结果。上述规定要求联邦政府确认或查明一个个人的国籍或移民状态，以回复州的询问。布雷耶(Breyer)大法官在反对意见中认为这条信息与工作授权没有任何关系。索托马约(Sotomayor)大法官在反对意见中表达了相同的想法。如果依据第 1373(c)节中规定的询问结果显示某人是美国公民，那么就明确地回答了其是否有权利去工作的问题。同样地，如果对于一个依据第 1373(c)节中规定的询问结果表明个人曾经是拥有合法永久权的外国人，或者从另一个角度来说，现在已经不再具有了，那么结果是相同的。无论如何，如果依据第 1373(c)节中规定所提供的信息不能证实一个雇员是无工作许可的外国人的话，那么州政府就不能证明它的起诉是合理的。

从基本的出发点来说，亚利桑那州的法律继续紧跟联邦法律。州法律和联邦法律都禁止有意地雇用一个无工作许可的外国人。但州法律并没有到此停止,为了防止与联邦法律产生任何冲突,州法律做了更多。亚利桑那州法律规定,明知一个外国人无工作许可仍然予以雇用,指的是《美国法典》第8编第1324(a)节中描述的行为,并且在解释该条款时,应当与相关的联邦法律和法规保持一致。犹如联邦法律规定的一样,当雇主善意遵守表I-9程序时,亚利桑那州的法律也给予雇主进行积极抗辩的机会。联邦法律和亚利桑那州的法律都在雇主使用电子确认系统验证就业资格时,给予了雇主一个可辩驳的推定,即雇主遵守了相关的法律规定。

除亚利桑那州法律的结构外,商会认为联邦法律应当优先适用这部法律,因为它打破了国会在颁布《移民改革和控制法案》时试图达到的平衡。商会认为,《移民改革和控制法案》反映了美国国会小心翼翼地平衡几个政策考虑——震慑雇用无工作许可的外国人就业,避免对雇主施加压力,保护雇员的隐私及抵制就业歧视等。根据商会提出的观点,亚利桑那州法律如此苛刻以致给国会设立的体制施加了外部的拉力,打破了最初的平衡,这是不被允许的。商会在支撑论据时引用的案件都涉及了联邦管辖的领域。通过许可方式管理州内商事业务,从未被认为是联邦政府所主要关注的问题。另外,商会所援引的那些与州的行为有关的案件都直接干涉了联邦项目的运行。

暂停或撤销营业执照都是严重的制裁手段。但它们都是典型的许可制度的体现。为数众多的亚利桑那州法律都有暂停或撤销营业执照的规定,如果出现了违反特定的州法律的情况的话。联邦法律认可的涉及许可的权利包括暂停、撤销、注销或撤回等。在保留州通过许可实行制裁权力的同时,不允许各州在合适的时机,将撤销许可作为制裁的一种手段是没有任何意义的。

商会以及布雷耶大法官认为雇主更可能会在歧视这一方面犯下错误,而不会冒着被吊销营业执照的风险来雇用无工作许可的外国人。因为那并不是一个好的选择。对于无雇用工作许可的外国人而言,撤销许可并不是一个有效的制裁手段。只有更为严重的违法行为才会导致那样的后果。亚利桑那州法律只覆盖了明知或故意的违法行为。只有当第二次明知或故意违法行为出现在了第一次违法行为的发生地,并且第二次违法行为的发生时间是在雇主已经因为一次违反行为处于考核阶段的时候,永久吊销营业执照的制裁方式才会生效。这些限制保证了许可证制裁方式只有在雇主的行为完全达到以上标准的时候才会强制实行。善意的雇主不需要担心这些制裁方式。

正如商会指出的那样,《移民改革和控制法案》包含了反歧视条款。亚利桑那州的法律当然也没有任何取代那些规定的意图。其他的联邦法律,以及亚利桑那州的反歧视法律,进一步提供了反就业歧视保护,并鼓励雇主不要实施就业歧视行为。《合法亚利桑那州工作者法》要求雇主避免涉入明知或故意地违反就业法律,以避免受到法律制裁。雇主只要使用表 I-9 系统和电子确认系统,就处于不被责任追究的安全港湾里,正如亚利桑那州法律要求他们去做的那样。对于雇主来说,最合理的途径就是遵守法律:既要遵守禁止雇用无工作许可外国人的法律,又要遵守禁止歧视的法律。我们没有理由去推测亚利桑那州的雇主会愿意冒违法的风险。

在颁布《移民改革和控制法案》的时候,美国国会在每一个立法的细节中,都的的确确在寻求一个各方利益的平衡点。然而,那个平衡中的一部分涉及在联邦政府和各州政府之间分配权力。美国国会在分配权力的过程中所采用的原则,并不是联邦政府能够实施较大的制裁,而各州政府只能实施较小的制裁。相反,《移民改革和控制法案》保留了州政府在一个特别领域的制裁权,即可以通过许可证法和相似的法律进行规制的权力。

诚然,亚利桑那州希望它的法律能够更有效地推进禁止雇用无工作许可外国人的实施。但在保留各州通过许可证法实行制裁权利的同时,美国国会并没有意图保留那些不会产生实际效果的州法律。这个平衡的过程在《移民改革和控制法案》中达到顶峰,导致了禁止雇用无工作许可的外国人,而州的法律无非是在进一步地推进这项联邦禁令。联邦法律以默示方式取得针对州法律的优先适用并不是一个通过随心所欲的司法调查——州的成文法是否与联邦法律宗旨处于紧张关系中,就可以得出答案的;这样的做法将削弱一项基本原则,即应当由美国国会而不是法院来决定联邦法律是否具有针对州的法律的优先适用地位。我们之前的判例确立了一个比较高的门槛来判断在州的法律与联邦法律产生冲突的时候,联邦法律是否取得优先适用地位。在本案中,那样的门槛并没有被达到。

三

商会也认为,亚利桑那州要求雇主使用联邦的电子确认系统来决定雇员是否有工作资格,这样的要求实际上已有联邦法律默示地进行了规定。商会的观点是,美国国会想要发展一个可信的又不繁重的工作资格确认系统,让这个系统能够替代表 I-9 程序,而电子确认系统的强制使用阻碍了那个目的的实现。

(一)

我们再次从相关的法律文本开始分析。《非法移民改革和移民责任法案》设立电子确认系统项目的条款中并没有限制州政府行为的语言。然而,该法律明文限制了联邦政府行为,即在缺乏违反联邦法律的先例的情形下,国土安全部长无法要求联邦政府之外的任何个人或其他个体参与到相关的电子确认系统的试验项目中来。上述条款限制了国土安全部长可以采取的措施,但除此以外并无他意。

联邦政府在最近的表态中完全佐证了上述观点,并在表态中援引了亚利桑那州在电子确认方面的做法。2008 年一道总统行政命令要求承担联邦合同的合同商必须使用电子确认系统。在上述总统行政命令及其实施细则受到挑战时,联邦政府将亚利桑那州实行电子确认系统作为在可允许的范围使用该系统的例子。联邦政府指出,亚利桑那州要求州内的所有公共的和私人的雇主都使用电子确认系统,这是被允许的行为,因为亚利桑那州并不是国土安全部。

亚利桑那州对电子确认系统的使用并没有与联邦体系产生冲突。亚利桑那州的法律要求每个雇主,在雇用一个雇员之后,都通过电子确认系统确认雇员的工作资格。那项要求与联邦的法律完全一致。在亚利桑那州的法律之下,不使用电子确认系统所导致的后果与在联邦法律体系下的后果也是相同的。无论是联邦还是州法律下,后果都是雇主丧失了本可获得的、证明其遵守法律的可反驳的推定。

（二）

根据相关法律的规定，美国国会批准实施电子确认系统发展的目的是确保就业资格审查的可靠性，打击伪造身份证件的行为，保护雇员的隐私。亚利桑那州要求在其州内进行经营活动的雇主使用电子确认系统，这项州的规定并没有阻碍实现美国国会设立的目标。事实上，联邦政府一直在持续稳定地扩大电子确认系统的使用范围，鼓励使用该系统。

商会认为，如果其他49个州跟随亚利桑那州的脚步进行类似立法工作，那么州的法律会消耗尽联邦的资源，使之彻底丧失效力，最终挫败美国国会设立电子确认系统的主要目标。无论那个论点的法律重要性如何，美国联邦政府并不赞同其所依据的事实前提。依照国土安全局的说法，亚利桑那州的法律和已有的相似法律会提高电子确认系统的使用，而该系统能够满足这种增长的需求。美国联邦政府也指出，政府将继续鼓励更多的雇主参与使用电子确认系统。

商会对电子确认系统的可靠性持保留意见，但美国联邦政府再一次对此表示不同意。联邦政府报告说，之所以电子确认系统能够成功地追踪记录，归因于系统准确地发现相关文献，以及参与者的满意度。确实，根据联邦政府的说法，该计划是能够决定新雇员就业资格的最好方式。

《移民改革和控制法案》明示地保留了各州通过许可证法和相似的法律，对雇用无工作许可的工人实行制裁的权力。在行使这项权力时，亚利桑那州采取的途径，最不可能引发与联邦法律的紧张关系。它使用了联邦法律对无工作许可的外国人的定义；它只遵从联邦政府对于无工作许可的外国人的认定标准；它要求亚利桑那州的雇主使用联邦政府自己的系统来检测雇员的状态。如果这都可以引发州法律与联邦法律间不被允许的冲突，那么州政府实际上很难通过许可证实施相应的制裁。这与联邦法律中明示的权力保留条款背道而驰。

因为亚利桑那州涉及雇用无工作许可的外国人行为的立法在《移民改革和控制法案》设立的权力保留条款的范围内，且上述州法律并没有与联邦移民法相冲突,我们判决维持美国联邦上诉第九巡回法院的判决。

(二)宗源国歧视的表现形式及抗辩事由

1. 基于宗源国的差别对待和差别影响

宗源国歧视既可以以差别对待的形式出现,也可以以差别影响的形式出现。就差别影响而言,已有的案例表明,那些表面中立但有特殊的身高和体重要求的招聘条件,可能对拉丁裔求职者造成歧视性的影响。[1] 这是因为,相较欧洲裔,拉丁裔人群普遍身高偏低、体重偏轻。如果雇主对某个职位设定了最低身高或者最低体重要求,且这样的要求实质性地影响了拉丁裔人群获得这样的职位,那么,雇主的行为涉嫌违法,除非雇主能够证明有关身高或体重的要求是出于业务需要且与工作相关。此外,基于宗源国的骚扰行为也为法律所禁止。

2. 语言和口音

与宗源国歧视最紧密相关的是雇主关于语言和口音方面的要求,因为语言和口音可能是个人宗源国最为明显的外在表现。在实践中,围绕语言和口音出现的争议主要有以下三种。

(1)关于口音。个人讲话时的口音通常被认为与特定的地理、历史或传统有直接关联。有些美国法院甚至认为"个人的口音和他的肤色一样能够彰显其出生"。[2] 如果雇主基于个人的口音原因,作出了不利于个人的雇佣决定,雇主的行为是否违法?法院会根据具体案情进行分析,主要需要判断的是,个人的口音是否会实质性地影响其完成相关岗位的工作职责。在一个典型的案件中,原告申请了一份书记员的工作,但是因为他极为浓重的菲律宾口音,导致申请被拒绝。原告提起诉讼,称自己遭受了被告基于宗源国的歧视。[3] 法院审理后认为,在本案中基于口音的雇佣决定不构成宗源国歧视,因为个人的口音实质性地影响其履行工作职责的能力。但法院同时也明确

---

〔1〕 Sondel v. Northwest Airlines, Inc., 63 FEP Cases 408(D. Minn. 1993).

〔2〕 Raad v. Fairbanks North Star Borough School District, 323 F. 3d 1185(9th Cir., 2003).

〔3〕 Fragante v. City and County of Honolulu, 888 F. 2d 591(9th Cir., 1989).

指出，由于口音和宗源国存在密切的内在联系，应当防止被告以口音作为借口，实施基于宗源国的歧视行为。问题的关键，是看被告的行为是基于宗源国的原因，还是基于原告缺乏履行相关工作岗位职能的沟通技能原因。如果是前者，被告的行为违法；但如果是后者，被告的行为不违法。

（2）关于语言的熟练程度。如果雇主基于个人不能熟练地掌握英语，从而作出不利于个人的雇佣决定，是否构成基于宗源国的就业歧视？大多数美国法院对此持否定态度。一些法院认为，掌握熟练的英语是工作的基本要求，如果个人不能熟悉地掌握英语，表明其缺乏履行工作的基本资格，从而无法完成"麦克唐奈·道格拉斯"模式下证明歧视存在的初步证据的举证责任。还有一些法院认为，个人不能熟悉地掌握英语可以作为雇主相关行为的"合理、非歧视性的"理由。在差别影响案件中，雇主也可以主张掌握熟练的英语是与工作相关且为业务所必需，法院通常都支持雇主的上述主张。[1]

（3）关于工作中只允许讲英语。雇主能否要求雇员在工作时只讲英语，这是个在实践中争议较多的问题。在一个典型的案件中，原告是一位拉丁裔美国人，能讲英语和西班牙语，但其雇主则禁止其在工作时讲西班牙语，而只能讲英语。原告提起诉讼，称其遭受了基于宗源国的歧视。[2] 法院审理后驳回了原告诉讼请求，认为无论是基于法律还是常识，宗源国与个人选择使用的语言之间并不能进行等同。当然，法院同时也指出，雇主只允许在工作中说英文也可能成为掩饰宗源国歧视的幌子。对此，法院应当予以甄别。

3. 宗源国歧视的抗辩事由

真实职业资格是宗源国歧视的主要抗辩事由。按照美国《民权法案》第七章的规定，如果具备特定的宗源国是履行相关工作岗位的真实职业资格要求，那么雇主的行为不再被认为是违法行为。典型的如一个法国或者意大利餐馆只招录法国或者意大利厨师。除真实职业资格以外，如果外国政府与美国签订了互惠条约，规定在美国从事商业活动的该外国公司有权优先雇用该

---

〔1〕 Garcia v. Rush-Presbyterian-St Luke's Medical Center, 660 F. 2d 1217 (7th Cir., 1981).

〔2〕 Garcia v. V W Gloor, 618 F. 2d 264 (5th Cir., 1980).

国公民,那么,该公司的行为也不再被认为是违法行为。

四、基于宗教信仰的就业歧视

(一)概述

美国《民权法案》第七章明确禁止在就业过程中基于宗教信仰的歧视行为。根据法案的规定,宗教信仰包括秉持宗教因素的信念(belief)以及施行宗教因素的实践和仪式(observation and practice)。[1] 法院在一系列判例中强调,“信念”要成为受法律保护的、宗教意义上的“信仰”,必须表明该“信念”在行为人自我认知和发展过程中被认为具有宗教性,并且该“信念”由行为人真实、虔诚、笃定地所享有。[2] 不具有宗教因素的世俗“信念”,如文化上的、经济上或者政治上的“信念”,不在法案的保护范围内。比如,倡导种族主义和反犹太主义的三 K 党教义,虽然三 K 党声称自己组织的教义源于圣经,但法院认为其不能构成宗教信仰。

此外,值得注意的是,宗教信仰不仅仅是对特定宗教的信仰,也包括无宗教信仰。因此,如果个人是不可知论者,或者是无神论者,也不能基于其无宗教信仰而对其实施歧视行为,基于上述原因的歧视行为同样为法律所禁止。

(二)宗教信仰歧视的表现形式及抗辩事由

1. 基于宗教信仰的差别对待和差别影响

美国《民权法案》明确规定,基于宗教信仰的原因不雇用或者拒绝雇用,或者以其他方式歧视雇员或者求职者的行为违法。基于美国《民权法案》第七章提起的宗教信仰就业歧视案件通常与种族歧视和性别歧视案件的审理方式没有什么大的差别。提起诉讼的原告可以基于直接证据证明歧视的存在,也可以基于间接证据证明歧视的存在。当然,直接证据并不容易获得。在个别案件中,雇主承认自己的行为基于宗教动机。例如,在一起案件中,雇

---

〔1〕 42 U. S. C. § 2000e(j)(2000).

〔2〕 Welsh v. United States, 398 U. S. 333(1970); United States v. Seeger, 380 U. S. 163(1965); Franzee v. Illinois Department of Employment Security, 489 U. S. 829(1989).

主直接表明雇员被开除是因其太过于笃信宗教。[1] 这样直白的表述可以作为雇主实施宗教信仰歧视的直接证据在案件的审理过程中予以使用。由于现实中雇主涉嫌宗教信仰歧视的直接证据相对来说并不多见,因此,雇员或者求职者需要使用间接证据来证明雇主具有歧视的故意,即通过"麦克唐奈·道格拉斯"规则证明雇主的行为属于宗教信仰歧视。按照美国法院的意见,原告依据"麦克唐奈·道格拉斯"规则完成歧视存在的初步证据的举证,需要证明:(1)原告遭受了不利雇佣行为的影响;(2)在遭受不利雇佣行为影响时,原告的工作表现令人满意;(3)一些额外的证据用来支撑这样一个推断,即前述雇佣行为的发生是由于原告未能秉持或者追随雇主的宗教信仰。[2]

除了差别对待,基于宗教信仰的差别影响也可能发生。起初,美国法院普遍认为,在宗教歧视中,差别影响不可能发生。这是因为,美国《民权法案》第七章第701(j)条已经明确规定了雇主有义务为宗教信仰者提供合理的便利,方便其遵循教规或者参与宗教仪式。如果在宗教信仰歧视中再适用差别影响,有重复的嫌疑。[3] 例如,如果雇主规定雇员在周六需要工作,这样一个中性的规定可能会对那些需要在周六参与宗教活动的雇员产生影响。作为回应,受到影响的雇员完全可以依据美国《民权法案》第七章第701(j)条要求雇主给予合理便利,以便其在周六可以参加宗教活动。但美国国会在1991年修改美国《民权法案》时,明确规定差别影响适用于基于宗教信仰的歧视。在诉讼过程中,怎样协调差别影响与合理便利之间的诉求关系,美国法院目前尚未有定论。

2. 未能提供合理便利

在最初的1964年美国《民权法案》中并未出现有关合理便利方面的规定。1966年美国平等就业机会委员会发布了一个指导意见,要求雇主在未

---

〔1〕 Dixon v. Hallmark Cos. ,627 F. 3d 849(11th Cir. ,2010).

〔2〕 Shapolia v. Los Alamos National Laboratory,992 F. 2d 1033(10th Cir. ,1993).

〔3〕 EEOC v. Sambo's of Georgia,Inc. ,530 F. Supp. 86(N. D. Ga. 1981).

对开展业务造成严重不便的情况下,对有宗教信仰需求的雇员提供便利措施。[1] 由于美国平等就业机会委员会的指导意见属于行政机关颁布的文件,对法院没有拘束力,因此,在此后的一段时间,关于雇主是否有义务提供便利,法院没有形成统一的意见。直到 1972 年,美国国会以修正案的形式,正式在美国《民权法案》第七章第 701(j)条中规定了雇主有义务为具有宗教信仰的雇员提供合理的便利。至此,美国《民权法案》第七章禁止基于宗教信仰的歧视包含了两层意思:一是雇主不得基于雇员或者求职者的宗教信仰对其进行歧视性对待;二是雇主应当为有宗教信仰的雇员提供合理的便利措施。前者是施加于雇主的一种消极义务,即不得作为的义务;后者则是施加于雇主的一种积极义务,即进行作为的义务。

在下面的"里德与大湖公司案"(Reed v. Great Lakes Cos.)中,法院对雇主提供合理便利的义务进行了阐述。

"里德与大湖公司案"[2]

联邦上诉第七巡回法院波斯纳(Posner)法官出具了法庭意见书。

本案上诉人为梅尔文·里德(Melvin Reed),被上诉人为其前雇主大湖公司(Great Lakes)。大湖公司雇用里德在密尔沃基新开张的假日酒店担任客房主管一职。他的工作职责之一是负责在每个客房摆放由基甸会(Gideons)向该酒店提供的免费圣经读本。在基甸会为新开张的酒店赠送圣经读本时,按照惯例,酒店管理层代表会与基甸会成员见面。在基甸会向里德工作的酒店赠送圣经时,里德在该酒店的工作时间还不到一个月。在基甸会预定到达酒店的前几天,酒店经理曾以一种开玩笑的语气告诉里德,他们会和基甸会成员一起祷告。里德对上述话语的理解是,由于自己承担分发圣经到各个客房的职责,因此他需要陪同经理出席接收基甸会赠送圣经的仪式,里德对陪同经理出席圣经接收仪式并不反对。但是,出乎经理意料的是,

---

[1] 31 Fed. Reg. 8370(1966).

[2] Reed v. Great Lakes Cos., 330 F. 3d 931(7th Cir., 2003).

在会见当天,除赠送圣经外,基甸会还当场诵读了圣经段落并且作了一些祷告仪式。里德对会面中的宗教内容产生了反感情绪,并在中途离开,这个行为使酒店经理恼羞成怒。在当天稍晚些的时候,经理找到里德,对他说:“不要再做这种事,你让我十分难堪。”里德当场回应称:“你不能强迫我参与一个宗教仪式。”经理则直接告诉里德必须按照他说的去做。但里德回答道:“在涉及我的精神性上的事情的时候,你无法强迫我做我不愿意做的事情。”经理随后解雇了里德,原因是他不服从上级。令人感到奇怪的是,里德在他的证词中拒绝表明自己是否加入任何宗教组织或具有任何宗教信仰(或者无信仰);他甚至拒绝否认自己可能是基甸会成员。他主张美国《民权法案》第七章禁止雇主要求雇员出席一个具有宗教性质的会议。

美国《民权法案》第七章的确禁止雇主基于雇员的宗教信仰歧视雇员,除非雇主属于特定的宗教法人。本案中的雇主大湖公司显然不属于宗教法人。美国《民权法案》的目的是保护宗教信仰自由。但法院在一系列案件中明确表明,宗教信仰自由包括拒绝宗教信仰的自由;“宗教”一词的含义本身也包括对宗教的反感。因此,一个无神论者(里德可能是无神论者,也可能不是)不能因为他的雇主不喜欢无神论者而被开除。如果我们以神圣性的角度思考宗教,那么,实际上无神论也是一种形式的宗教。

但是,在本案中,没有任何证据表明,里德被解雇是由于他的宗教信仰、宗教身份或宗教仪式,或者是因为他对宗教或是基督教或基甸会等的反感。事实上,我们并不知晓里德是否具有宗教信仰。本案中的雇主大湖公司接受基甸会提供的圣经,仅仅是因为这些圣经是免费的,而不是因为公司所有者或者管理者,包括解雇里德的假日酒店经理,是基甸会的一员。假日酒店经理关于“跟基甸会一起祷告”的玩笑话非常清楚地表明他不是基甸会的一员,虽然本案中并不存在他是基甸会成员的争论。就此而言,没有证据表明他会预见到在和基甸会的会见中会有经文诵读和祷告行为。在以往类似的会见中,通常由基甸会移交圣经,然后酒店经理表示感谢,仅此而已。本案中的宗教性仪式对于酒店经理来说也完全是意料之外的事。从案件事实不难看出,本案中酒店经理开除里德的原因是因为里德在会见中途贸然离场,这使经理感觉十分难堪。如果基甸会由于此事感到冒犯,并中断为酒店提供免费圣经读本,酒店经理还会受到他的上司的责难。同时,里德不愿意从经理的角度考虑问题,也表明他可能是一个不配合工作的雇员。

本案中的酒店经理在过去肯定未曾将里德的宗教信仰放在心上,因为里德从未向他提起过自己的宗教信仰。事实上,由于里德拒绝披露,时至今日,我们仍然不知道里德是否信仰宗教。当雇主不知道雇员的宗教信仰时,要证明雇主基于雇员的宗教信仰实施了歧视行为是比较困难的,虽然我们过去的判例也表明,只要雇员证明他的宗教信仰不同于雇主,且基于此原因遭到雇主的解职,即使雇员拒绝透露自己到底信仰何种宗教,仍然有可能获得法院有利的简易判决。

在本案中,里德完全未能提供初步证据证明存在故意宗教歧视行为。但他还可以从另外一个方面来主张权利。除禁止故意歧视外,美国《民权法案》第七章还要求雇主尽力为雇员的宗教信仰活动提供合理便利。合理便利的含义是,雇主要尽力为有宗教信仰需求的雇员的工作岗位进行适当调整,使这些员工不至于因为秉持自己的宗教信仰而丢了工作;同时,雇主的这种调整也不会给雇主自己的经营活动带来不必要的困难。我们必须再次重申,美国《民权法案》的立法意图表明,对宗教的反感也属于一种形式的宗教。因此,如果出席一个基甸会的祷告或诵经活动会引起里德宗教上或反宗教的不适感,那么,他可以有权获得适当调整。

我们使用“可以”而不是“应当”有权获得适当调整,是出于两个原因。首先,雇主予以调整的义务不是绝对的,必须考虑雇主为此付出的成本。其次,雇员不能将纯粹的个人好恶作为重新定义宗教信仰的依据。否则,雇员极有可能声称公司的白墙或百叶窗伤害了自己的“精神性”,从而要求雇主必须重新粉刷墙壁或用窗帘替换百叶窗,以满足雇员的需要。当然,在本案中,案件事实并未到如此极端的地步。强迫雇员出席特定教派的宗教仪式有可能对不属于该教派的人带来冒犯感。但是,正如我们一再强调的,据我们掌握的信息,里德实际上属于基甸会的一员,因此,他关于获得雇主工作调整的要求是完全站不住脚的。

从另一角度来讲，在本案中，假设雇主准许里德不出席和基甸会的会面不会遭受任何经济困难，基甸会也不太可能去问"为什么客房主管没有来?"这样的问题，我们认为，联邦地区法院作出有利于雇主的简易判决是正确的。有些雇员要求雇主对自己的宗教信仰给予合理便利；有些雇员，譬如，本案中的里德，没有合理理由违抗上司指令，仅因为上司指令与他的信仰相左，但却拒绝表明他的信仰和工作之间存在怎样的联系点。上述两者雇员之间存在一条看上去不怎么明显但十分重要的界限。像本案中那样的雇员，今天他气冲冲地离开和基甸会的会面；明天他就有可能拒绝为每个客房摆放圣经；后天他就会拒绝在基甸会到访的那天来酒店上班。里德无法给出任何线索，表明将来某一天是否还会在酒店制造类似让经理难堪以及对雇主造成潜在伤害的场景。美国《民权法案》第七章要求雇主承担不得基于宗教信仰实施就业歧视的义务，相应地，法案也要求雇员提出自己的宗教信仰与工作之间可能存在抵触的合理警告，并请求对自己的工作职责进行必要的调整。不同于性别或种族，一个人的宗教信仰并不是别人一眼就可以看出的。即便是一个人穿戴了有宗教标志的物件，如十字架或圆顶小帽，也不能精确表明他的特定信仰和宗教习惯。无论如何，雇主没有义务了解各种类型的宗教信仰教派。假设有一个雇员是笃信在星期五日落后工作是罪恶的犹太正教徒，他的雇主是一个营业时间为星期五早上9点到下午6点的五金店的店主，但他没有告诉雇主他的信仰。如果雇主在仲冬的一个星期五将他单独留下看店，而他在下午4点的时候就离开了。那么这个雇主就可以合法解雇他，不会因没有为雇员的宗教信仰提供便利而被认为存在违法行为。本案的情况也是一样的。

法律要求雇主提供合理的便利措施，以满足有宗教信仰的雇员从事相关宗教活动。合理的便利措施是指不会给雇主的业务造成不当负担（undue hardshihp）的措施。在实践中，美国法院对"不当负担"的认定是相当宽泛的。在"环球航空公司与哈迪森案"（Trans World Airlines, Inc. v. Hardison）中，原告的宗教信仰要求其在周六停止工作以度过安息日（the Sabbath）。原告因此要求雇主为自己周六的工作时间进行调班,并向雇主提出了一系列调班的方案。[1] 但法院最终认为原告的每个方案都会给雇主的业务造成不当负担。法院认为,如果允许原告在周六不上班,雇主就要支付额外的高额工资让其他雇员来替代原告上班;与此同时,其他雇员也相应地失去了在周六休息的机会。法院的结论是,任何可能导致雇主承担最低成本(de minimus cost)以外的负担,都是不当负担。当然,如果雇主认为提供便利措施会对其业务造成不当的负担,雇主应当对此承当举证责任。

3. 基于宗教信仰的骚扰

在工作场所中基于宗教信仰的骚扰行为也被法律所禁止。和基于种族、宗源国或者性别的骚扰类似,基于宗教信仰的骚扰通常表现为与宗教信仰相关的贬低性的评论、嘲讽和取绰号等。如果骚扰行为足够严重或普遍,足以改变工作条件及环境,则构成美国《民权法案》第七章下的违法行为。

起诉时,原告遭受宗教信仰骚扰的初步证据包括:(1)骚扰行为的发生是因为宗教信仰,或者受宗教信仰驱使;(2)骚扰行为严重或普遍;(3)骚扰行为对原告造成了损害性效果;(4)骚扰行为对处于原告位置、拥有相同宗教信仰的其他合理的人也会造成上述效果。法院在审查时,会对证据和案件事实进行结合考虑,以确定原告是否完成了初步证据的证明责任。法院考虑的因素包括:原告工作场所的物理环境;相关行为或言语不受欢迎的程度;冒犯性举动发生的频率;行为的恶劣程度;骚扰行为发生的情境;骚扰行为对原告心理造成的影响程度等。[2] 如果原告有证据表明行为人对具有其他宗教信仰的雇员也有敌意和骚扰行为,那么相关证据也可以在诉讼中使用。

但值得注意的是,基于宗教信仰的骚扰与基于种族或者性别的骚扰具有不同之处。那就是,有时候有特定宗教信仰的雇员基于传教的目的,向其他雇员进行传教活动,这种情况发生时,如果其他雇员对特定宗教不感兴趣,传教活动也可能构成骚扰。在一个案件中,一个公司的主管是福音派基督徒,

---

〔1〕 Trans World Airlines, Inc. v. Hardison, 432 U. S. 63(1977).

〔2〕 Hernandez-Torres v. Intercontinental Trading Inc, 158 F. 3d 43(1st Cir., 1998).

长期向她的下属发送信件，称他们为“罪人”，要求他们“和上帝生活在一起”，并威胁他们如果不悔罪将受到上帝的惩罚。公司最终将上述主管开除。[1] 法院审理后认为公司的开除决定不违法。

4. 宗教信仰歧视的抗辩事由

按照美国《民权法案》第七章的相关规定，在以下两种情形下，不认为发生了违法的宗教信仰歧视。

(1)宗教法人的雇佣行为。按照美国《民权法案》的规定，宗教法人在作出雇佣决定时，可以基于宗教信仰原因对雇员或者求职者进行歧视性对待。上述雇佣决定不仅包括予以录用的决定，也包括其他与工作有关的决定，如升职、加薪、开除等。针对的对象，既可以是与宗教法人的宗教信仰不一致的雇员或者求职者，也可以是没有宗教信仰的雇员或者求职者。

关于什么是宗教法人，法律没有给出明确的界定，法院在实际的案件中，会根据案情进行审查。例如，在一个案件中，法院认为“救世军”(Salvation Army)属于宗教法人，因为该组织的各项活动主要是为了传播基督教教义。[2] 但是，需要指出的是，宗教法人获得豁免的歧视行为，只限于基于宗教信仰原因的歧视行为。基于其他原因的歧视行为，例如，基于种族、肤色、性别等原因的歧视行为，不在豁免的范围内。此外，美国联邦最高法院也明确表示，如果宗教法人中的相关职位主要由政府资助，则上述相关职位不受豁免。[3]

(2)宗教教育机构的雇佣行为。按照美国《民权法案》的规定，任何学校、学院、大学或其他教育机构，如果全部或主要由某一宗教或某一宗教团体拥有、支持、控制或管理；或上述教育机构的课程是为传播特定宗教而设置的，那么，其招聘、雇用某一特定宗教信仰的雇员的行为不属于违法。实践中，法院通常会对某一特定教育机构的教派特征和世俗特征进行比较，如果教派特征更为明显，则法院更倾向于认定为宗教教育机构。总体而言，法院

---

〔1〕 Chalmers v. Tulon Company of Richmond 101 F. 3d 1012(4th Cir. ,1996).

〔2〕 McClure v. Salvation Army,460 F. 2d 553(5th Cir. ,1972).

〔3〕 Lemon v. Kurtzman,403 U. S. 602(1971).

对宗教教育机构的认定是比较宽泛的。

五、基于性别的就业歧视

(一)概述

美国《民权法案》第七章关于禁止性别歧视的规定有一段有趣的立法史。在最初的草案中,立法者并未将禁止就业中的性别歧视纳入法案调整的范围。这是因为,在当时的美国社会,存在于就业领域的针对男女的差别对待较为普遍,以至于大多数人认为通过立法禁止就业性别歧视是一件政治上不现实的事情。事实上,在法案的制定过程中,美国国会司法委员会也曾提出修正案将性别因素纳入禁止歧视的范畴,但可惜的是,该修正案未能在司法委员会获得通过。随后发生了具有戏剧性的一幕,在美国众议院进行的有关美国《民权法案》第七章的最后一天的辩论中,来自弗吉尼亚州的众议员霍华德·史密斯(Howard Smith)主动提出将性别纳入美国《民权法案》第七章禁止歧视的事由。实际上,霍华德·史密斯众议员对第七章的整个内容持普遍反对的态度。因此,事后有人猜测,他之所以建议将性别纳入第七章的规定,目的在于增加第七章在美国国会通过的难度,是一颗实实在在的"毒丸"(poison pill)。但出乎大家意料的是,整个法案获得了通过,性别也成为美国《民权法案》第七章禁止的五种歧视原因之一。

(二)怀孕与生育

由于女性通常会经历怀孕和生育,雇主的生育制度会对女性雇员产生影响。比如,有的雇主要求女性在预产期到来前特定时间开始休假;有的会拒绝女性员工怀孕前后的请假要求;有的女性员工在怀孕期间会出现收入减少,或者在生完孩子以后无法回到原来职位的情况等。

在早期,女性雇员由于怀孕和生育方面的状况而受到不利的影响是否属于基于性别的歧视,美国平等就业机会委员会与美国法院之间的看法不一致。美国平等就业委员会早在 1972 年就明确表示,因为怀孕、生育或者相关医疗状况对女性雇员造成不良影响的雇佣行为属于性别歧视。但美国联邦最高法院对此持有不同意见,认为基于怀孕的差别对待不必然属于性别歧视,除非有证据表明怀孕仅仅是雇主实施性别歧视的一个借口。[1] 最终,美国国会于 1978 年通过了美国《怀孕歧视法案》(The Pregnancy Discrimination Act),作为美国《民权法案》第七章相关条款的修正案,明确规定因为或基于性别的歧视包括“因为或基于怀孕、生产或与此相关的医疗状况”。由此,雇主针对怀孕雇员的差别对待或者差别影响都是属于违反法案规定的违法行为。在差别对待下,受影响的雇员可以通过直接证据或者间接证据证明雇主的行为具有故意。当然,和其他类型的歧视相类似,直接证据往往不太常见,雇员需要通过“麦克唐奈·道格拉斯”模式来进行举证。如果雇主的行为涉嫌恶意或者肆无忌惮,则还可能额外承担惩罚性赔偿责任。在差别影响下,受影响的雇员需要证明雇主表面中立的相关规章制度对怀孕的雇员产生了不利的影响。受影响的雇员需要使用统计数据作为证据证明雇主的上述规章制度使怀孕的女性雇员无法获得相关福利。

值得注意的是,法律明确禁止雇主针对怀孕或生育雇员的歧视行为,但法律也不要求雇主对怀孕或生育的雇员采取优待措施。在一个案件中,雇主开除了一个怀孕的雇员,原因是该雇员经常性迟到。雇员称其迟到是因为自己在早上有孕期反应。[2] 法院审理后认为,虽然原告怀孕,但是雇主可以像处理其他迟到的雇员一样处理原告的迟到行为。当然,如果雇主愿意为怀孕的雇员提供额外的优惠性对待措施,法律也是允许的。按照美国法院的解释,美国《怀孕歧视法案》规定的是底线,而不是上限,雇主可以在法律规定的最低要求之上为怀孕或生育的雇员提供额外优待。[3]

(三)性骚扰

性骚扰是违背他人意愿,以与性有关的语言、文字、音像、电子信息、肢体行为等方式实施的侵权行为。职场中的性骚扰通常包括以下两种情形:一是雇主、同事或者第三人对劳动者或求职者实施性骚扰,并以此作为劳动关系或者劳务关系成立、存续、变更、岗位分配、考核、晋升、降职、调动、奖惩等条

〔1〕 Geduldig v. Aiello,417 U. S. 484(1974).

〔2〕 Troupe v. May Department Stores Company,20 F. 3d 734(7th Cir. ,1994).

〔3〕 California Federal S. & L. Assn. v. Guerra,479 U. S. 272(1987).

件；二是在劳动者履行职务过程中，对其实施性骚扰，造成敌意性、胁迫性或者冒犯性的工作环境。工作场所中的性骚扰除具有一般性骚扰的特征外，还有自身的一些特点：它通常发生在工作场所这样一个相对封闭且隐秘的空间范围内；骚扰人与受害者一般具有特定的关系，如上司与下属或者同事之间等；骚扰行为往往可以频繁、重复地发生；不仅造成受害者精神上的苦痛，同时恶化工作环境，影响工作效率，甚至迫使受害者辞职。值得注意的是，职场性骚扰的发生地点并不局限于工作场所内，其他场所，包括但不限于宾馆、酒吧、私宅、交通工具等各个地方都可能发生职场性骚扰，只要性骚扰的发生与工作之间存在关联关系。

美国国会在 1964 年制定的美国《民权法案》第七章明确禁止基于性别原因的就业歧视行为，但该法案本身并未对职场中的性骚扰问题作出任何规定。1976 年美国法院第一次认定性骚扰构成性别歧视，因而违反美国《民权法案》的规定。[1] 此后，美国法院审理的职场性骚扰案件数量逐年增加，性骚扰案件占就业歧视诉讼的比例也大幅提高。

1980 年，美国平等就业机会委员会颁布了相关指南，认为在符合以下情况时，不受欢迎的性暗示、性要求，以及其他语言的或者肢体的包含性内容的行为构成性骚扰：(1)明示或者暗示地将接受这样的行为作为个人受雇用的条件；(2)个人接受或者拒绝这样的行为将影响对该个人的雇佣决定；(3)这样的行为具有不合理干涉个人履行工作职责或者制造威胁性、敌对性或冒犯性的工作环境的目的或效果。[2] 尽管美国平等就业机会委员会的相关指南不具有强制约束力，但它们仍是法院、雇主和员工可以用来参考的良好的指导性意见。

1. 性骚扰的类型

美国法院将工作场所中的性骚扰分为两类，即交换型性骚扰和敌意环境型性骚扰。

---

〔1〕 Williams v. Saxbe, 413 F. Supp. 654(1976).

〔2〕 29 C. F. R. § 1604.11.

(1)交换型性骚扰(quid pro quo sexual harassment)

交换型性骚扰在工作场所中较为常见,通常表现为上级主管或者手中握有权力的其他雇员要求受害者雇员提供性施惠(sexual favors)以使后者获得有利的工作条件或者避免不利的工作条件。有利的工作条件包括录用、升职、加薪、有利的工作调动以及其他经济上的工作利益;不利的工作条件包括降职、减薪、不利的工作调动、惩罚以及解雇等。如果受害者不服从或者拒绝提供性施惠,则无法获得有利的待遇或者会遭受不利的待遇。

按照美国法院的判例,要证明交换型性骚扰的存在,原告通常需要出示的证据包括:①行为人提出了性施惠的要求;②原告拒绝了上述要求;③原告遭受了不利的雇佣决定或者切实的工作利益损失;④原告遭受的不利与其拒绝性施惠之间存在因果关系。毫无疑问,上述证据中的最后一点是整个案件的关键之所在。因果关系既可以通过直接证据证明,也可以通过间接证据证明。直接证据如行为人明确作出的类似"如果不答应(性)要求则会遭受不利处境"的威胁,而之后将威胁予以兑现;间接证据如受害者对性要求的拒绝与遭受的不利对待在时间上非常接近等。在使用间接证据情况下,按照"麦克唐奈·道格拉斯"模式,受害者在完成性骚扰存在的初步证据的证明以后,举证责任转移至被告,由被告承担证明相关雇佣决定是出于正当的、非歧视性的理由的举证责任。当然,最终受害者需要证明被告所谓的正当和非歧视性的事由只是一个借口。

(2)敌意环境型性骚扰(hostile environment sexual harassment)

敌意环境型性骚扰是指工作场所充斥不受欢迎的与性有关的胁迫、嘲弄或者侮辱,对受害者具有冒犯性且程度足够严重,虽未对受害者的工作利益造成损害,但影响被骚扰者的工作状态,使之陷于极为恶劣的工作环境之中。构成敌意环境型性骚扰需要满足以下三个条件。

第一,相关行为是出于性别原因。如前所述,性骚扰在美国被认为是基于性别的歧视,因而违反美国《民权法案》第七章的规定。美国《民权法案》使用了"因为性别"(because of sex)这样的用语,表明歧视行为与个人性别之间应当存在因果关系。在实践中,在证明行为人的相关行为是因为受害者的性别原因时,法院主要适用条件关系,即受害者应当证明,如果不是(but for)因为他/她的性别原因,他(她)不会遭受性骚扰。一些法院的判决表明,如果行为人的粗俗语言和行为不仅针对女性也针对男性的,则不能认为上述行为是基于性别的原因;[1] 还有一些法院认为,如果相关行为对女性和男性具有相同的冒犯性,则也不能认为是基于性别的原因。[2]

第二,相关行为不受欢迎(unwelcomeness)。职场中的性骚扰,和其他场合的性骚扰一样,最本质的问题是行为人的行为不受欢迎。按照美国法院的解释,在诉讼中,作为受害者的原告对行为不受欢迎负有举证责任。原告可以使用的证据包括自己对相关行为明确的拒绝,或者对相关行为进行投诉的记录等。此时,被告通常会出示证据证明原告对相关行为事实上是持欢迎的态度。这些证据包括原告平时的穿着打扮、言行举止等。在实践中,法院认为原告平时生活中使用的污秽的语言、积极参与带有性含义的恶作剧、讲一些挑逗性的笑话和事情等,都与原告是否欢迎行为人的相关行为具有关联性。当然,法院也强调,原告对相关行为欢迎与否,必须要在个案中结合具体案情予以认定。因为即便原告之前对相关行为表现出欢迎的态度,也不能表明之后仍然对相关行为持欢迎的态度。他或她可能已经改变了想法,对相关行为不再欢迎。法院在一个案件中指出,当前述情况发生时,原告应当告知雇主或者同事,他或她对相关行为的态度已经从欢迎转变为不欢迎。[3]

第三,相关行为造成了严重或普遍的(severe or pervasive)敌意环境。联邦最高法院曾明确指出,发生在职场中的性骚扰行为必须造成了严重或普遍的敌意环境,才能构成违反美国《民权法案》第七章的违法行为。[4] 也就是说,由于性骚扰的发生使工作环境产生敌意,但性质并不严重或者持续时间很短,则不能认为违反了美国《民权法案》的规定。联邦最高法院进一步指出,敌意环境是否严重或普遍,需要同时从主观和客观两个层面进行考察。

---

〔1〕 Steven J. Holman and Karen L. Holman, v. State of Indiana and Indiana Department of Transportation, 211 F. 3d 399(7th Cir. ,2000).

〔2〕 Dattoli v. Principi, 332 F. 3d 505(8th Cir. ,2003).

〔3〕 Weinsheimer v. Rockwell Int'l. Corp. ,949 F. 2d 1162(11th Cir. ,1991).

〔4〕 Harris v. Forklift Systems, Inc. ,510 U. S. 17(1993).

也即作为受害者的原告不仅主观上感受到了由性骚扰造成的严重或普遍敌意环境,原告同时还需证明一个合理的人处在原告的位置也会同样感受到由性骚扰造成的严重或普遍敌意环境。

2. 同性间的性骚扰

性骚扰通常发生在异性之间,但同性之间也可能发生性骚扰。如果性骚扰行为人和受害者的性别相同,可否认为性骚扰是出于性别原因,因而具有可诉性? 关于这个问题,下级联邦法院曾出现不同的意见。最终,联邦最高法院通过下面的"昂凯与孙唐纳离岸服务公司案",认定同性间的性骚扰同样违反美国《民权法案》第七章的规定。在该案中,联邦最高法院明确指出,无论是涉及切实工作利益的交换型性骚扰,还是不涉及切实工作利益的敌意环境型性骚扰,只要一种性别的人群在工作条件方面遭受了不利的对待而另一性别人群没有遭受这样的不利对待,不管行为人和受害者是异性还是同性,都违反美国《民权法案》第七章,具有可诉性。

"昂凯与孙唐纳离岸服务公司案"[1]

联邦最高法院斯凯利亚(Scalia)大法官出具了法庭意见书。

这个案子的争议焦点在于,当实施性骚扰行为的雇员和被性骚扰的雇员是同一性别时,该职场性骚扰是否违反了美国《民权法案》第七章禁止的"因为性别的歧视"?

一

联邦地区法院作出了支持被上诉人的简易判决,我们应当假定案件的事实如上诉人约瑟夫·昂凯(Joseph Oncale)所陈述的一样。百分之百精确的案件事实细节对于我们的法律分析关联性不大,因此,出于简洁的考虑,本庭对案件事实只进行笼统概括。1991 年 10 月下旬,昂凯任职于被上诉人孙唐纳离岸服务公司,在墨西哥湾一个属于美国雪弗龙(Chevron U. S. A.)公司的石油平台工作。他作为油井工人被雇用,而他所在的工作队的 8 人中就包

[1] 523 U. S. 75(1998).

括了本案的其他被上诉人约翰·里昂斯(John Lyons)、丹尼·皮蓬(Danny Pippen)和布兰登·约翰逊(Brandon Johnson)。其中,里昂斯是起重机操作员,而皮蓬是钻井工,他们两人有(对其他工作队人员的)管理监督权。好几次在全体队员面前,昂凯被强迫遭受来自里昂斯、皮蓬和约翰逊与性有关的羞辱行为。除此之外,里昂斯和皮蓬还对昂凯实施了与性有关的身体攻击,里昂斯甚至还威胁要强奸他。

其间,昂凯向公司内部的有关监管人员进行了投诉,但他的投诉并没有使公司采取相应的干预和补救措施。事实上,公司的安全合规秘书瓦伦特·洪恩(Valent Hohen)甚至告诉昂凯,他自己也经常性地被里昂斯和皮蓬找碴,而且还给他起了一个暗指是同性恋的外号。最终,昂凯选择辞职,并要求在他的解雇通知书上表明自己"因为性骚扰和言语虐待而自愿辞职"。在庭外书面证词中,当被问及为什么离开孙唐纳离岸服务公司时,昂凯表示:"我觉得如果我不辞职,那么,我会被强奸或被迫性交。"

联邦地区法院在审理该案后认为,根据美国《民权法案》第七章的规定,昂凯先生,作为一个男性,被另外的男性同事骚扰时不具有提起诉讼的权利。案件上诉后,联邦上诉法院第五巡回法庭维持了联邦地区法院的判决。

二

1964 年的美国《民权法案》第七章相关条款明确规定,雇主因为个人的种族、肤色、宗教、性别或宗主来源国的原因,而在工作报酬、工作条款和条件,或者工作权利等方面对个人进行歧视的雇佣行为非法。

按照相关的判例法,美国《民权法案》第七章禁止"因为性别"原因实施就业歧视;该规定不仅保护女性,也保护男性。在与之相关的就业种族歧视的语境中,我们也强调了不能武断地认为雇主不会歧视和他相同种族的成员。在联邦最高法院的一个案件的判决中曾这样写道:"因为人类动机的多样性,从法律的角度去认定某一特定群体的成员不会歧视那个群体的其他成员是非常不明智的。"在"约翰逊与圣塔克拉拉县交通局案"(Johnson v. Transportation Agency, Santa Clara County)中,一个男性雇员控告他的雇主因为性别原因歧视他,因为他的雇主更愿意让女性雇员获得升职。尽管这一指控最后因为其他的原因被法院驳回,但我们并不认为此案因为男性歧视了男性而变得多么稀奇。对此,如果已有的判例可能存在任何的疑惑的话,那么今天通过本案,我们明确判定:美国《民权法案》第七章禁止“因为性别”实施歧视的规定不会因为原告和被告属于同一性别,而使原告失去提起诉讼的权利。

在类似“约翰逊与圣塔克拉拉县交通局案”那样的案件中,当雇员因为性别原因没有获得工作或者失去了升职的机会,下级法院在处理这样的情况时都能够形成比较一致的意见。但是,当案件涉及“敌意环境型”性骚扰时,下级法院,无论是州法院还是联邦法院却都出现了令人不解的不同立场。有一些法院,如审理本案的联邦上诉法院第五巡回庭,认为同性之间的性骚扰无法获得美国《民权法案》第七章的支持。其他的一些法院则认为,同性之间的性骚扰只有在原告证明性骚扰行为人是同性恋(由此可以推断性骚扰是出于性的欲望)时,才能获得美国《民权法案》第七章的支持。此外,还有一些法院则认为,根据美国《民权法案》第七章的规定,工作场所中的性骚扰由于具有性的内容,因而总是可以起诉的,无论骚扰者具有什么性别、性取向或者其他动机。

我们认为,考察相关法案中的立法语言以及已有的判例,均不能合理地得出美国《民权法案》第七章将同性之间的性骚扰排除在法案适用范围之外的结论。正如一些法院所述,在工作场所中发生的男性对男性的性骚扰并不是美国国会立法者在制定美国《民权法案》第七章时所考虑的主要邪恶。但是,在法律的具体实施过程中,它所禁止的事项往往会从立法者制定法律时所考虑的主要邪恶,扩展为与主要邪恶具有相似性质的其他邪恶。具体来看,美国《民权法案》第七章禁止“因为性别”原因在就业的“条款”“条件”方面实施歧视行为。我们判决,前述条款适用于符合法案规定的任何性骚扰。

被上诉人担心,如果承认同性之间的性骚扰具有可诉性,那么会产生一种使美国《民权法案》第七章沦为一个美国工作场所一般礼仪守则的风险。但我们认为,被上诉人的担忧没有依据,因为就造成上述风险的可能性而言,异性性骚扰并不比同性性骚扰小,况且只要我们仔细把握法定条件,类似风险就能完全避免。美国《民权法案》第七章并没有禁止职场上所有的言语或身体上的骚扰,它仅禁止“因为……性别……的歧视”。我们从未判定,工作场所中的骚扰行为,即便是发生在男女之间,仅因为使用的言语中带有与性相关的内容或影射,就会自动被认为是一种基于性别的歧视。“美国《民权法案》第七章的文本表明,问题的关键是看是否存在某一性别的成员被置于不利的就业环境之下而另一性别的成员却没有的情形。”

在大多数的异性性骚扰情形下,无论是法官抑或陪审团都能较容易地得出歧视存在的结论,因为上述情形下的性骚扰往往包含了明示或者暗示的性行为要求。当性骚扰发生在同性之间时,对性骚扰的认定不会有性行为要求,这样的推论也是具有一定的合理性的。如果有可靠的证据证明实施性骚扰者是同性恋时,遭受同性性骚扰的原告也能依据前面的这一连串推理主张自己的权利。但是,我们认为,骚扰行为并非只有出于性欲驱使,才使之成为性别歧视。因此,例如,一个女性以性别指向明显和贬低的方式骚扰另一个女性时,只要骚扰者的行为明显是由对职场中的女性普遍的敌意驱动,案件审理者就可以合理地认为存在歧视。同样,遭受同性性骚扰的原告也可以通过出示直接的比较性证据表明骚扰者在混合性别的工作场所中是如何对待同性和异性成员的。无论原告采用何种证明方式,他或她都必须证明涉案的行为不仅含有冒犯性的性内涵,而且事实上构成“因为……性别……的歧视”。

此外,还有一项要求,可以防止美国《民权法案》第七章沦为一个美国工作场所一般的礼仪守则。正如我们在“梅利特储蓄银行与文森案”和“哈里斯案”中所强调的一样,对于男女在日常生活中与同性或者异性交往过程中出现的真实而天然的差异,法律并不会进行干涉。法律禁止在工作场所中实施的基于性别原因的骚扰行为,但这并不等于法律要求在工作场所中实现“无性别化”或“双性别化”。法律禁止的只是那些在客观上具有如此冒犯性的行为,以至于影响了受害者的工作环境。我们在“哈里斯案”的判决中明确指出,如果一个行为并不十分严重或持续,不足以制造一个客观上具有敌意或冒犯性的工作环境——也即一个合理的人会认为具有敌意或冒犯性的工作环境，那么这样的行为不在美国《民权法案》第七章的调整范围之内。一直以来，我们认为上面的这项要求是至关重要的，也是可以足够保障法院和陪审团不会错误地将工作场所中的正常社交行为，比如，男性之间的恶作剧或是异性之间的调情，视为歧视性的工作环境。

此外，我们在“哈里斯案”中还强调，骚扰行为是否具有客观严重性应当从原告的角度、以一个合理的人的感受来进行判断，并考虑所有的环境和条件。在同性性骚扰（以及所有类型的性骚扰）案件中，对骚扰行为严重性的判断要求我们仔细考虑特定行为发生时的社会环境，以及给受害者带来的主观感受。以一个专业的足球运动员的工作环境为例，如果在他上场前，足球教练拍打他的屁股，在这种情形下，很难认定他遭受了严重或普遍的冒犯性工作环境。但是，教练同样的上述行为，如果发生在教练秘书（无论男性或女性）身上，且是在教练的办公室里，那么通常会被认为具有冒犯性。工作场所中的行为可能产生的真正社会影响取决于周围环境、期望和社会关系等一系列因素，而非简单地通过言语的复述或行为的重复可以概括。常识以及对社会关系的恰当敏感度可以让法院和陪审团区分哪些是同性间单纯的捉弄或打闹，哪些则会让一个普通人站在原告立场上感受到严重的敌意和冒犯。

3. 性骚扰的雇主责任

从性骚扰被确认为违法的性别歧视伊始，性骚扰案件中的雇主责任问题即成为美国法院关注的重点。雇主在预防和消除工作场所性骚扰方面作用独特。因为，雇主对职场人事和工作环境具有直接管控力，有能力采取事前预防措施，也能在性骚扰发生后及时采取补救措施。实践证明，相对完善的雇主责任机制在预防和纠正性骚扰方面起到了非常积极的作用。

1986 年美国联邦最高法院首次审理了涉及性骚扰的“梅利特储蓄银行与文森案”（Meritor Savings Bank v. Vinson）。[1] 该案的原告是一位女性职工，被告是其所工作的银行。原告声称在长达四年的时间里遭受了来自她上

---

〔1〕 Meritor Savings Bank v. Vinson, 477 U. S. 57(1986).

司一位支行经理的持续性骚扰。一审法院认为,银行作为雇主在公司内部设立了反性骚扰机制,且原告没有进行任何投诉,银行不知道性骚扰的发生,因此不应当承担责任。上诉法院的观点截然相反,上诉法院认为,当公司的一位上司对下属进行性骚扰时,雇主应当自动地、严格地承担责任,无论雇主知道或不知道性骚扰的发生,因为此时骚扰者是雇主的代理人,雇主作为被代理人应当为代理人的行为承担责任。联邦最高法院既不同意一审法院的观点,也不同意上诉法院的观点。联邦最高法院认为,骚扰者是上司并不意味着雇主自动地承担责任,而雇主不知道性骚扰的发生也不意味着可以由此免于担责。但遗憾的是,联邦最高法院未就性骚扰案件雇主责任给出一个确定的认定标准。

由于未能获得联邦最高法院明确的判例指导,下级法院在早期的实践中试图将雇主责任与性骚扰的类型相关联。在交换型性骚扰中,由于受害者的工作条件通常受到影响,因此,大多数联邦上诉法院认为雇主应当为性骚扰行为承担责任。但在敌意环境型性骚扰中,受害者没有遭受实际工作利益损害,此时雇主是否应当为行为人的性骚扰承担责任,各个联邦上诉法院意见不一。意识到下级法院存在的分歧,在首次审理性骚扰案件 12 年后,美国联邦最高法院于 1998 年通过"法拉格与博卡市政府案"(Faragher v. City of Boca Raton)和"伯灵顿公司与埃勒特案"(Burlington Industries, Inc. v. Ellerth),对职场性骚扰案件中的雇主责任问题进行了全面阐述。

在"法拉格与博卡市政府案"中,原告法拉格曾是被告博卡市政府雇佣的一名女性海洋救生员,其在辞职后向法院提起诉讼,称在工作期间受到单位两位男性上司经常性的包括身体接触等在内的性骚扰。美国联邦地区法院审理后认为,博卡市政府作为性骚扰行为人的雇主需要为性骚扰行为负责,理由有三:第一,鉴于被指控的性骚扰行为的严重性、普遍性,可以推定被告知晓性骚扰行为的发生;第二,根据传统的代理法理论,两位行为人在实施性骚扰行为时,具有被告的代理人的身份;第三,被告的主管部门在一开始便知晓性骚扰行为的存在,但对此类事件的没有采取任何制止或纠正措施。联邦上诉法院第十一巡回庭推翻了地区法院有关雇主责任部分的判决。上诉法院认为，被告作为雇主不应当为行为人的性骚扰承担责任，因为行为人的行为不在雇主授权代理的工作职责范围之内。[1]

在“伯灵顿公司与埃勒特案”中，原告埃勒特是被告伯灵顿公司的一名女性销售员，她在正式工作 15 个月后辞职，声称在职期间不断遭受来自公司一个中层经理的性骚扰。在该案中，骚扰行为人威胁受害者屈服于骚扰者提出的性要求，否则将否决受害者的升职申请并将会使其在公司的日子“非常难过”。但骚扰者事实上并未将威胁付诸行动，受害者也未向公司有关投诉。联邦地区法院认为，骚扰者的行为足以制造一个敌意的工作环境，构成敌意环境型性骚扰，但雇主伯灵顿公司不知道也不应当知道骚扰者的行为，因而不应对此承担责任。联邦上诉法院第七巡回庭推翻了地区法院的判决，但在判决理由上各个法官却没有达成一致意见。[2]

“伯灵顿公司与埃勒特案”[3]

联邦最高法院肯尼迪(Kennedy)大法官出具了法庭意见书。

本案的焦点是，依据 1964 年美国《民权法案》第七章的规定，雇员拒绝其上司不受欢迎的、具有威胁性的性挑逗，但没有遭受实质性的工作上的不利影响时，该雇员能否在无须证明雇主存在过失或其他过错的情况下，要求雇主对上司的行为承担赔偿责任。

一

审理本案的下级法院作出了针对雇主的简易判决(summary judgement)，因此，我们可以认定雇员所指称的事实是真实的。在本案中，雇主是伯灵顿公司，即上诉人；雇员是金伯利·埃勒特，即被上诉人。从 1993 年 3 月到 1994 年 5 月，埃勒特作为一名售货员为伯灵顿公司在芝加哥的分店工作。她声称在被雇佣期间连续不断地遭受来自其上司泰德·斯洛维克(Ted Slowik)的性骚扰。在伯灵顿公司的管理层框架中，斯洛维克是一名中

〔1〕 Faragher v. City of Boca Raton, 524 U. S. 775(1998).

〔2〕 Burlington Industries, Inc. v. Ellerth, 524 U. S. 742(1998).

〔3〕 524 U. S. 742(1998).

层经理,他有权在获得其上司同意的前提下决定下属的雇用和晋升。据斯洛维克的上司称,斯洛维克的职位并不被认为是高层经理,斯洛维克也不属于公司决策层。同时,斯洛维克不是埃勒特的直接上司。埃勒特在芝加哥分店向她同办公室的同事汇报工作,她的同事则向斯洛维克汇报工作。

埃勒特指控斯洛维克涉嫌多次粗野且冒犯的言行,尤其强调在以下三个事件中,斯洛维克的话可以理解为威胁了她的实质性的工作利益。1993 年的夏天,在一次出差过程中,斯洛维克邀请埃勒特到酒店大厅。由于斯洛维克是上司,埃勒特感觉无法拒绝这样的邀请。斯洛维克夸赞了埃勒特的胸部,埃勒特没有回应,斯洛维克要求她"放轻松"(loosen up),并警告性地说"我可以让你在公司的生活变得很轻松或者很艰辛"。1994 年 3 月在埃勒特的升职考核中,斯洛维克表达了保留意见,认为她不够"放松"。埃勒特虽然最终获得了升职,但斯洛维克在宣布结果时对她说:"你会和公司的男人一起工作,男人们当然都喜欢跟那些有着漂亮的屁股和大腿的女人一起工作"。1994 年 5 月埃勒特打电话询问斯洛维克是否同意把一位顾客的商标嵌入一个织物样品。斯洛维克回应道:"我现在没时间回答你,除非你告诉我你今天穿了什么样的内衣。"埃勒特拒绝回答并挂掉电话。一两天以后,埃勒特再次询问上述事项,但这一次斯洛维克拒绝了埃勒特的请求,并说道:"如果你穿的裙子越短,你在公司日子就会越好过。"不久之后,埃勒特的直接上司提醒她应当及时地给顾客回电话。作为回应,埃勒特辞职了。她向公司发了传真,解释了辞职的理由,但并未提及前面所描述的性骚扰。但是大约在三周后,她再次向公司寄信,表明其辞职的原因是遭受了斯洛维克的性骚扰。

在伯灵顿工作期间,埃勒特并没有向公司有关部门投诉斯洛维克的性骚扰行为,尽管她知道伯灵顿公司存在禁止职场性骚扰的政策。事实上,她也没有向她的直接上司进行投诉。埃勒特曾经有一次告诉斯洛维克,他的一些言行并不恰当。

审理本案的联邦地区法院作出了对伯灵顿有利的简易判决。地区法院认为,根据埃勒特所述,斯洛维克的行为足够恶劣和经常,以至于制造了一个敌意工作环境,属于性骚扰行为。但由于伯灵顿作为雇主不知道也没有理由知道上述性骚扰行为的发生,因而无须承担赔偿责任。

案件上诉后,联邦上诉法院全席听审了本案,一致同意推翻地区法院的判决,但未能就判决理由达成共识。

二

首先,我们要澄清一个问题,在本案中,斯洛维克的言语里包含了许多针对埃勒特实施报复的威胁,即如果拒绝他的性要求会导致她遭受工作上的报复。但事实上,上述报复的威胁并没有付诸行动。假设性骚扰行为人实施了报复,那么这样的案子通常被归类为交换型性骚扰。交换型性骚扰区别于敌意环境型性骚扰,在前者中行为人实施了报复,而在后者中行为人的言行制造了一个敌意的工作环境,但未有实际的报复行为。我们认为,将性骚扰分为交换型性骚扰和敌意环境型性骚扰的主要作用在于区分行为人的威胁是否真正实施,除此以外,在其他方面的作用非常有限。

美国《民权法案》第703(1)条禁止雇主基于个人的性别原因,不雇用或拒绝雇用或解雇,或在工资待遇、工作条件、工作权利等方面给予个人差别对待;或者对员工或职位申请者进行限制、隔离、分类,剥夺或者试图剥夺其工作机会,或者对其作为一位员工的身份产生不利影响的行为。上述法律条文本身并未出现“交换型”或“敌意环境型”这样的表述,这些表述最早出现在学者的学术文章中,并最终被联邦上诉法院援引使用在了“梅利特储蓄银行与文森案”的判决中。在“梅利特储蓄银行与文森案”中,联邦最高法院仅基于特定而有限的目的使用上述表述:考察涉案的行为是否属于违反美国《民权法案》第七章规定的性别歧视行为。我们认为,如果雇主要求雇员满足其性要求,以此作为雇员获得工作利益的条件,那么雇主的行为构成歧视是显而易见的。如果雇主的不当涉性行为仅仅对雇员的工作条件产生了影响,雇主的行为仍然属于违反美国《民权法案》第七章规定的性别歧视行为。我们区分了交换型性骚扰和敌意环境型性骚扰,强调两者均属于违反美国《民权法案》第七章的性别歧视行为,具有可诉性。但在讨论雇主是否应当对其雇用的员工的性骚扰行为承担替代责任时,上述区分没有实质性作用。我们在“梅利特储蓄银行与文森案”中曾提出,讨论雇主的替代责任应当适用代理法原则。

但是,在“梅利特储蓄银行与文森案”之后,交换型和敌意环境型性骚扰的表述越来越获得认可,以至于性骚扰的类型成为判定雇主责任的标准。上诉法院认为,如果原告能够证明存在交换型性骚扰,那么,雇主就应当承担替代责任。这样一来,原告总是希望把他(她)们的诉讼请求界定为交换型性骚扰。本案亦不例外。在本案的移审令中,案件的争议焦点被归纳为埃勒特是否可以主张交换型性骚扰成立。然而,我们认为,本案的真正的争议焦点是伯灵顿作为雇主是否应当对斯洛维克被指控的不端行为承担替代责任。

我们并不否认,交换型和敌意环境型性骚扰这样的分类与基于美国《民权法案》第七章提起的诉讼之间具有一定的关联性。但这种关联性仅仅体现在不同案件中(有些案件中行为人实施了威胁工作利益的行为,有些则仅有冒犯性的行为)原告能否证明违反第七章规定的歧视行为的存在。在本案中,埃勒特主张的诉讼请求只涉及没有实现的威胁,因此,本案应当认定为敌意环境型性骚扰。原告需要证明不当行为已经达到严重程度且经常性地发生。联邦地区法院在审理后认定,斯洛维克的不当行为达到程度严重且经常性地发生,我们对此予以认可。如果歧视行为存在,那么,考虑雇主的替代责任应当基于如下因素,而非看性骚扰属于“交换型”和“敌意环境型”中的哪一类,这是我们需要解决的关键问题。

三

接下来,我们必须决定:雇主是否应当为其雇用的监管者对下属实施的性骚扰行为承担替代责任,如果该监管者制造了一个敌意工作环境,并且明确威胁下属的工作利益,但最终并未实施上述威胁。我们应当适用代理法原则,因为按照美国《民权法案》第七章的规定,“雇主”一词的含义包含了其“代理人”。

正如我们在“梅利特储蓄银行与文森案”判决中所阐述的那样,《代理法重述》(第2版)是我们分析代理法律关系问题的着手点。《代理法重述》第219(1)条阐述了代理法律关系的核心原则,即雇主应当对其雇员在工作范围内实施的侵权行为承担责任。雇主承担的责任包括雇员在工作范围内由于故意或者过失实施的侵权行为。美国《民权法案》第七章所禁止的性骚扰行为是故意侵权行为。我们早期的判决免除了在雇员故意侵权情况下的雇主责任,但上述规则已被修改为,只要雇员行为的目的,无论如何被误导,是全部或者部分地为了促进雇主的业务,那么,雇主就应当承担责任。关于故意侵权行为中涉及的工作范围问题,通说认为,一个故意的侵权行为越来越不被认为是工作范围内的行为,雇主为上述行为承担责任受到的限制自然也越来越多。《代理法重述》将雇员的行为,包括故意侵权行为,定义为工作范围内的行为,只要该行为在一定意义上出于为雇主服务,哪怕雇主明确禁止上述行为。正如联邦上诉法院所指出的,雇主雇用的具有监管职责的雇员基于性别的憎恶或者为满足性渴望而实施性骚扰的行为不应当被认为是出于为雇主服务。上述监管者的性骚扰行为通常出于个人目的,这种目的与雇主的目标无关甚至对立。当然,在有些情况下,监管者误以为或者基于其他原因为了服务于雇主而涉嫌实施不法的歧视行为。总而言之,原则上,一名具有监管职责的雇员的性骚扰行为不属于其工作范围内的行为。

但是,按照代理法原则,雇员的工作范围内的行为并不是确定雇主责任的唯一依据。根据代理法原则,在特定情况下,雇主应当为雇员实施的工作范围以外的侵权行为承担责任。根据《代理法重述》第219(2)条的规定,雇主无须对其雇员在工作范围外实施的侵权行为承担责任,除非:(1)雇主意欲行为或结果的发生;(2)雇主具有过失或不计后果;(3)相关行为违反了雇主负有之不得转让的义务;(4)雇员意图以雇主的名义实施行为并且存在表见代理权限,或者代理关系的存在帮助了雇员实施侵权行为。

在上述规定情形中,(1)项涉及雇主的直接责任和间接责任:在直接责任中,雇主的行为具有侵权意图;在间接责任中,雇员作为代理人在公司里身居高位,以致成为雇主的另外一个自我。在本案中,双方当事人均否认斯洛维克在公司中的级别高到足以使雇主按照前项原则承担雇主责任。另外,在本案中,也未涉及不得转让的义务。因此,上述(1)、(3)两项可以置之不理。

但(2)、(4)两项是可能导致雇主承担责任的理由,因此,我们必须予以分析。按照(2)项规定,当一项侵权行为可归因于雇主本人的过失时,雇主应承担责任。因此,尽管具有监管职能的员工出于个人动机实施的性骚扰行为不在工作范围内,但是,如果雇主自己的过失是造成性骚扰发生的原因之一,那么,雇主仍需承担责任。雇主知道或者应当知道性骚扰的发生,但未能成功制止,那么,雇主对该性骚扰行为的发生具有过失。过失是美国《民权法案》第七章下追究雇主责任的最低标准;在本案中,埃勒特试图追究更为严苛的雇主替代责任。按照上述(4)项的规定,雇员基于表见代理权限实施侵权行为(表见代理标准),或者代理关系的存在协助雇员实施侵权行为时(得益于代理关系标准),雇主应当承担替代责任。我们注意到,联邦法院在多个案件中讨论了具有监管职能的员工实施性骚扰行为时雇主的替代责任问题。我们将围绕(4)项进行进一步的讨论。

原则上,表见代理存在于代理人意图行使他或她并不具有的代理权限的情况,这不同于代理人具有实际代理权但威胁要滥用的情况。在通常情形下,具有监管职能的员工实施性骚扰的行为是对实际代理权的滥用,而不是基于表见代理的错误印象。因此,使用表见代理分析本案并不恰当。我们认为,从代理关系的存在是否协助雇员实施侵权行为来分析雇主的替代责任更为恰当。

毋庸置疑,从某种意义上来看,在工作场所发生侵权行为,侵权行为人大多得益于代理关系的存在以达成侵权结果的实现。在工作场所中,人与人之间较近的关系和日常的联系都可能形成一批潜在的受害者。但如果仅仅因为性骚扰发生在工作场所,雇主就应当承担替代责任的话,那么雇主不仅要对管理职能的员工对下属的性骚扰承担替代责任,同时,雇主对不存在隶属关系的同事员工之间的性骚扰也应当承担替代责任。但不管是美国平等就业机会委员会,还是联邦上诉法院,均未表明要执行上述标准。因此,我们认为,在得益于代理关系的存在而实施性骚扰行为时,仅有雇佣关系的存在还不足够。我们在一系列案件的审理中已经发现,如果监管者针对下属的报复行为涉及后者的实质性工作利益,那么,仅仅存在雇佣关系是不足够的。在所有联邦上诉法院审理的案件中,一旦监管者实施的报复行为涉及实质性工作利益,法院均判决雇主应当承担替代责任。虽然很少有法院具体阐述其中的缘由,但我们认为法院的做法是值得肯定的。

结合本案案情,如果原告的加薪或者升职请求被拒绝,那么毫无疑问发生了涉及实质性工作利益的报复行为。联邦上诉法院在审理涉及种族、年龄、宗源国以及性别等歧视的案件中,对什么是涉及实质性工作利益的行为的概念进行过讨论。我们认为,在分析雇主替代责任时,有必要对上述概念进行进一步的分析和阐述。涉及"实质性工作利益"的行为是指极大地改变工作状态的行为,譬如,录用、解雇、不予升职、工作职能发生重要变化的岗位调整、影响工作福利等行为。可以肯定的是,当一名监管者作出涉及下属的实质性工作利益的行为时,如果没有代理关系的存在,损害是不会发生的。在大多数案件中,涉及实质性工作利益的行为会导致直接的经济利益的损失。通常来讲,只有监管者或者其他代表公司行使权力的人可以施加类似的损害。一位没有监管权限的同事,虽然可以轻易地扭断另一名同事的胳膊,却不能截留后者的工资或者降他的职。只有监管者才有能力实施涉及实质性工作利益的行为,因为他们是公司雇用的被授予了特定权限的代理人,他们的决定能够影响下属的经济利益。监管者通过涉及实质性工作利益的行为将企业权力施加于下属。这样的行为通常被记录在公司的正式文件中,并经公司内部程序获得级别更高的管理者的批准。基于上述原因,从美国《民权法案》第七章的角度来看,监管者实施的涉及实质性工作利益的行为被视为是雇主的行为,雇主应当承担替代责任。

如果监管者的行为未导致下属实质性工作利益受影响,此时代理关系的存在对于监管者实施行为是否提供了协助相对来说就难判断一些。一方面,监管者所拥有的权力和权威使他或她骚扰行为具有一种特有的威胁性特征,从这个意义上来说,监管者和雇主之间存在的代理关系总是有助于性骚扰行为的实施。但另一方面,监管者实施的性骚扰行为有时候与没有隶属关系的同事实施的性骚扰没有什么差异;在有些情形下,监管者的身份未能使其获得不一样的待遇。正是由于上述原因,联邦上诉法院在适用得益于代理关系标准审理基于美国《民权法案》第七章提起的诉讼案件时经常性面临困惑。

我们对本案判决如下(本案的判决与在今天颁布的"法拉格与博卡市政

府案”判决一致):雇主应当对具有监管职能的雇员对其下属实施的敌意环境型性骚扰承担替代责任。如果性骚扰行为人没有实施涉及受害者实际工作利益的行为,雇主可以通过优势证据规则对雇主责任或损害赔偿进行积极抗辩。积极抗辩包含两个必要因素:首先,雇主应当证明行使了合理注意来避免和及时纠正性骚扰行为;其次,雇主应当证明原告没有合理地利用雇主提供的预防或纠正性骚扰的措施或者没有避免侵害的发生。但是,如果具有监管职能的性骚扰行为人实施了涉及被害人实际工作利益的行为,如解雇、降级、不当调岗等,那么雇主没有任何积极抗辩的理由。

本案发回重审,使原告有机会证明伯灵顿应当承担雇主责任;同时,使被告有机会提出积极抗辩。

美国联邦最高法院提审“法拉格与博卡市政府案”和“伯灵顿公司与埃勒特案”后在同一天公布了两案的判决,对性骚扰雇主责任作了统一的阐述。联邦最高法院依据普通法代理原则以及美国《民权法案》第七章的立法目的,认为雇主应当为具有管理职能的雇员对其下属实施的性骚扰承担责任,如果行为人的行为对受害者的工作造成切实影响的,则雇主没有任何积极抗辩事由;行为人的行为对受害者的工作没有造成切实影响的,雇主仍然应当负责,除非雇主证明:(1)雇主设立了预防和纠正性骚扰行为的合理机制;(2)受害者没有合理地利用雇主设立的上述反性骚扰机制。

联邦最高法院同时指出:首先,不能仅仅依据性骚扰的类型直接判定雇主在性骚扰案件中的责任承担。法院认为,将性骚扰分为交换型和敌意环境型主要在于分析性骚扰的违法性这样一个特定而有限的目的;在判定雇主责任时,性骚扰类型所起的作用非常有限。其次,雇主以行为人的性骚扰行为不在其授权工作职责范围之内为由,主张不应当承担性骚扰责任的抗辩不能成立。法院强调,尽管雇主雇用的具有管理职能的雇员实施性骚扰的行为不是一般意义上的职务行为,但如果行为人利用了职务上的便利进行性骚扰,或者行为人所处的地位和职务“协助”了性骚扰的实施,那么,雇主作为被代理人仍可能要承担责任。法院的判决表明,性骚扰案件中雇主责任主要取决于三个方面的因素:(1)性骚扰实施者是否具有管理职能的身份;(2)受害者工作条件是否遭受切实影响;(3)雇主针对性骚扰是否设立了预防和应对措施。

基于联邦最高法院的判决意见及后续发展,性骚扰雇主责任形态可以归纳为三种:严格替代责任、推定替代责任和过失责任。

(1)形态一:严格替代责任(strict vicarious liability)。如果骚扰者具有管理者身份,并且受害者的工作条件受到切实的影响,那么雇主承担严格替代责任,其任何预防和纠正性骚扰的措施不能成为积极抗辩(affirmative defense)的理由。

替代责任与直接责任相对,即雇主非为自己行为担责,而是为性骚扰行为人的行为担责;严格意味着不问过错,是无过错责任。在实践中,如果作为性骚扰受害者的原告能够证明,其获得一个工作上的利益,或者避免一个工作上的损害,与其顺从或者不顺从一个不受欢迎的性举措相关联,而作为雇主代理人的骚扰者实现了给予利益的承诺或者实施了加以损害的威胁(典型的如,公司经理向女性下属提出性要求,遭到拒绝后对其予以降职甚至开除),那么雇主将自动承担责任而无论其是否建立了反性骚扰机制。此种形态下,雇主不能以不知晓性骚扰的发生或性骚扰非为其授权职务范围内的行为为由进行抗辩。这是因为,具有管理职能的雇员对下属实施的性骚扰,往往是利用了自身所处的有利地位;而其之所以能够对受害者的工作条件造成切实影响也是基于雇主所赋予的权力。[1]

(a)管理职能身份(Supervisor or Manager)的认定。雇主严格替代责任的适用条件之一是性骚扰是具有管理职能的雇员实施的。联邦法律并没有规定认定管理职能身份的具体标准。在实践中,美国法院存在两种意见,一种是狭义认定,另一种是宽泛认定。法院的共识是,是否具有管理职能身份与其头衔没有必然联系,而与涉案人员能够运用的职权大小程度有关。

---

〔1〕 See Harold S. et al., *Employment Discrimination Law And Practice*, West Group, Second Edition, p. 101.

第一,狭义认定。采取狭义认定的法院认为,骚扰者必须具有录用、降职、开除等权限,才能认定具有管理职能身份。譬如,联邦上诉法院第八巡回庭在相关案件的判决中明确指出,性骚扰实施者除非具备权限对受害者作出录用、开除、升职、降职、调换不同工作岗位等行为,否则不能认定为具有管理人员身份。[1] 联邦上诉法院第七巡回庭也强调,相关人员须具有包括录用、解职、降职、升职、工作调动或者给予惩戒措施等在内的权力;如果缺乏上述权力,那么很难在追究雇主责任层面将其认定为具有管理职能身份。[2]

第二,宽泛认定。采取宽泛认定的法院认为,骚扰者只要对受害者的日常工作具有监督监管职责,即使没有权力对作出雇佣、解职、升职、降职或惩戒等决定,也应当认定为具有管理职能身份。典型的如联邦上诉法院第二巡回庭在"马克与奥的斯电梯公司案"(Mack v. Otis Elevator Co.)中的判决。在该案中,一个由7位机械工组成的团队负责人,尽管其没有权限决定雇用或解雇其他机械工,但对后者的日常工作负有监督监管职责,可以安排他们的工作时间,指挥工作进程,执行生产安全措施等。法院认为,上述团队负责人应当认定为具有管理职能身份的员工。[3]

综合来看,美国法院判断有关雇员是否具有管理职能身份的依据是其工作的权限和职能。虽然在具体的标准上没有形成统一意见,但是概括来讲无外乎两种情形:一是有权作出录用、开除、升职、降职、工作调动以及惩戒等行为的;二是虽没有上述权限,但有权指令、监督其他员工的日常工作行为的。

(b)切实影响受害者工作条件行为(tangible employment action)的认定。在雇主严格替代责任情形下,除性骚扰实施者须具有管理职能身份外,还要求受害者的工作条件受到切实影响。联邦最高法院在"艾莱斯案"中将切实影响受害者工作条件的行为定义为"一个对工作条件的显著改变,通常但不总是导致经济损失的发生,形式上包括但不限于雇用,解雇,不予升职,实质

〔1〕 Joens v. John Morrell & Co. ,354 F. 3d 938(8th Cir. ,2004).

〔2〕 Parkins v. Civil Constructors of Illinois,Inc. ,163 F. 3d 1027(7th Cir. ,1998).

〔3〕 Mack v. Otis Elevator Co. ,326 F. 3d 116(2nd Cir. ,2003).

性改变工作职责的工作调动,或是引起显著福利改变的决定等”。[1]

美国的判例表明,直接的经济利益损失通常是判断受害者工作条件是否受到切实影响的重要指标,但却不是构成后者的必要条件。譬如,在“杜伦人寿保险公司与埃文斯案”(Durham Life Insurance Co. v. Evans)中,受害者是一位女性销售代表,遭受了公司经理的性骚扰,虽然她的报酬待遇未受影响,但公司经理解雇了她的秘书,并使她不能在原有的办公室办公。法院审理后认为,如果某一行为虽未造成受害者直接经济利益损害,但骚扰者的行为极大地减少了受害者增加收入的可能性(解雇其秘书),较大程度地对受害者的工作环境造成破坏(使其不能在原有的办公室内办公),那么仍可以构成切实影响受害者工作条件的行为。[2]

有些判例表明,完全不涉及经济利益的行为也有可能被法院认定为切实影响工作条件的行为。譬如,在“布莱森与芝加哥州立大学案”(Bryson v. Chicago State University)中,遭受性骚扰的原告仅仅失去了大学委员会成员的荣誉头衔,未遭受任何经济利益上的损失。法院认为,造成受害人头衔声誉影响或者工作职责显著降低等情形,即使没有实际的经济损失,也可构成切实影响工作条件的行为。[3]

仅仅造成受害者“轻微工作条件变化”(trivial work changes)的行为不构成切实影响受害者工作条件的行为。法院没有给“轻微工作条件变化”的含义作出具体解释。相关判例显示,以下情形下受害者工作条件未受到切实影响:取消员工将公司用车开回家的特权的行为;[4]要求超市员工拖地并在休息前跟管理人员说明情况的行为;[5]分配给餐馆负责快餐业务的员工几个小时的晚上工作时间等。[6]

(c)严格替代责任下雇主反性骚扰机制的效用。在严格替代责任形态

---

〔1〕 Burlington Industries, Inc. v. Ellerth, 524 U. S. 742(1998).

〔2〕 Durham Life Insurance Co. v. Evans, 166 F. 3d 139(3rd Cir., 1999).

〔3〕 Bryson v. Chicago State University, 96 F. 3d 912(7th Cir., 1996).

〔4〕 Lutkewitte v. Gonzales, 436 F. 3d 248(D. C. Cir., 2006).

〔5〕 Watts v. Kroger Co., 170 F. 3d 505(5th Cir., 1999).

〔6〕 Phillips v. Taco Bell Corp., 156 F. 3d 884(8th Cir., 1998).

下,雇主的反性骚扰机制虽不能作为抗辩的依据,但并非完全没有效用。在实践中,雇主采取合理措施预防和纠正性骚扰行为可以作为其免于惩罚性损害赔偿(punitive damages)的依据。通常在美国雇主由于就业歧视行为而承担的赔偿是补偿性质的,但当雇主针对受联邦法律保护的个人实施了蓄意的或者不计后果地漠视其权利的歧视行为时,法院可以适用惩罚性损害赔偿。因此,如果有证据证明雇主知道性骚扰行为的存在、清楚性骚扰行为违反联邦法律的风险,但仍然放纵或漠视性骚扰行为的发生,即使实施性骚扰的不是雇主本人,而是其雇用的雇员,不影响惩罚性损害赔偿的适用。[1] 同时,联邦最高法院在相关判例中也明确指出,雇主真诚善意地履行美国《民权法案》第七章下的合规义务,建立并执行反歧视措施,即使最终未能避免性骚扰的发生,也不适用惩罚性损害赔偿。由此,在实践中,如果雇主能够证明其设有反性骚扰预防机制,或在性骚扰行为发生后及时采取合理的补救措施,足以表明其没有蓄意或者不计后果地涉嫌针对受害人的歧视行为,惩罚性损害赔偿也就不再适用。

(2)形态二:推定替代责任(rebuttable vicarious liability)。如果骚扰者具有管理职能身份,但受害者的工作条件未受到切实的影响,那么,仍然推定雇主应承担责任,除非雇主证明:第一,雇主采取合理的措施预防性骚扰,并在性骚扰发生后及时予以纠正;第二,受害者没有合理地利用由雇主提供的任何预防、纠正性骚扰的措施,或以其他方式避免损害的发生。

在第二种雇主责任形态下,虽然行为人仍具有管理职能身份,但性骚扰并未给受害者的工作条件造成切实影响。从后果来看,第二种形态下行为人的性骚扰给受害者带来的不利影响未及第一种形态。因此,法律对雇主科以的责任,也从"严格"替代责任转为"推定"替代责任。"推定"意味着,除非雇主能够按照法律的规定进行有效的积极抗辩,否则雇主仍需为行为人的性骚扰承担法律责任。

---

〔1〕 Kolstad v. American Dental Association, 527 U. S. 526(1999).

有效的积极抗辩包含两个要件，举证责任均在雇主：

(a)雇主采取了合理预防、及时纠正性骚扰的措施。积极抗辩的第一个要件是雇主行使了合理的谨慎义务，不仅在工作场所建立了有效的性骚扰预防机制，并且在性骚扰发生后及时采取了纠正措施。

性骚扰的预防机制要求雇主在单位内部制定正式的反对性骚扰的政策，经常性地开展反性骚扰教育和宣传，并且建立合理的内部投诉程序。合理意味着员工利用内部投诉程序进行投诉时，无须承担不必要的风险和花费，并且投诉能得到及时地处理。按照美国平等就业机会委员会的建议，雇主应当向每个员工提供一份可以为员工所理解的反性骚扰方针和投诉程序，并且广为宣传，方式包括张贴公告或将反性骚扰方针编入员工手册等。如果条件允许，雇主应当对所有的员工定期进行反性骚扰培训以保证他们了解自己的权利和应尽的义务。在内容上，反性骚扰措施应当包括：对禁止的性骚扰行为类型的明晰阐述；雇主承诺性骚扰发生后展开迅速、彻底、公正的调查；雇主承诺尽可能保护受害者的隐私；雇主保证不会报复提出投诉的员工，或是提供相关信息的其他人员等。

要件一同时要求在性骚扰发生后，雇主采取合理措施予以纠正。合理意味着时间上要及时，程度上要足够。法院通过判例对什么是纠正性骚扰的合理措施进行了阐述。譬如，根据上诉法院第八巡回庭，当性骚扰发生后雇主立刻将骚扰者停职，着手展开调查，要求骚扰者道歉并将有关记录存入员工档案，同时，雇主在工作场所安装视频监控设备，要求所有部门员工参加反性骚扰培训大会等措施是合理的纠正措施。[1] 根据上诉法院第九巡回庭，当性骚扰发生后雇主告诫骚扰者其行为的严重性，责令其不得靠近受害者，并重新安排骚扰者的工作时间使其没有机会再次接触受害者等的措施是合理的。[2] 根据上诉法院第七巡回庭，下列措施是雇主合理应对性骚扰的措施：性骚扰发生后雇主及时采取措施将骚扰者调离原有岗位，并予以减薪；[3] 雇

---

〔1〕 Robison v. Valmont Industries, 238. F. 3d 1045(8th Cir., 2001).

〔2〕 Star v. West, 237 F. 3d 1036(9th Cir., 2001).

〔3〕 Hill v. American General Finance, 218 F. 3d 639(7th Cir., 2000).

主及时开展彻底调查并限制骚扰者再次接触受害者,同时对骚扰者进行书面警告,并为受害者提供更换工作岗位的机会。[1] 其他上诉法院都有类似的判决。[2]

综合来看,当性骚扰发生以后,雇主能够及时采取行动,开展针对性骚扰的调查,对骚扰者采取斥责、警告、减薪、调离原工作岗位等措施均可以看成雇主纠正性骚扰行为的合理举措。这些举措的目的,一是要阻止骚扰者再次进行骚扰行为,二是要通过惩罚性手段表明对性骚扰的否定性评价。

(b)受害者没有合理利用任何雇主提供的预防或纠正性骚扰的措施。判例显示,受害者没有合理地利用雇主提供的反性骚扰机制通常包含两种情形:

第一,受害者完全未利用雇主设立的反性骚扰机制。在上诉法院第八巡回庭审理的一个案件中,受害者尽管知道公司的反性骚扰政策以及投诉的程序,但从未向公司有关部门提出投诉,法院认为受害者未能合理利用雇主提供的反性骚扰措施。[3] 类似地,在上诉法院第九巡回庭审理的一个性骚扰案件中,原告熟悉公司建立的反性骚扰机制,也知道自己被性骚扰的事实,但从未向公司专门负责处理性骚扰的部门投诉,法院也认定原告未能合理利用雇主提供的反性骚扰措施。[4]

第二,受害者不合理地拖延了利用雇主反性骚扰机制的时间。在上诉法院第十一巡回庭审理一个案件中,受害者尽管知道公司的反性骚扰措施,也熟悉投诉的程序,但在为期两年的时间内没有向公司有关部门提出投诉。法院审理后认为原告不合理地拖延利用雇主的反性骚扰措施。[5] 在上诉法院第五巡回庭审理的一个案件,法院认为原告拖延 8 个月的时间提出性骚扰投诉的做法不合理。[6] 根据多数法院的意见,受害者遭受第一次性骚扰的时

---

[1] Caudillo v. Continental Bank/Bank of America Illinois,191 F. 3d 455(7th Cir. ,1999).

[2] Eg. , Skidmore v. Precision Printing and Packing,Inc. (188 F. 3d 606,5th Cir. ,1999), Mikels v. City of Durham(183 F. 3d 323,4th Cir. ,1999).

[3] Hesse v. Avis Rent-A-Car Sys. ,394 FFP 1805(8th Cir. ,2005).

[4] Holly D. v. California Inst. of Tech. ,339 F. 3d 1158(9th Cir. ,2003).

[5] Madray v. Publix Supermkts,Inc. ,208 F. 3d 1290(11th Cir. ,2000).

[6] Scrivner v. Socorro Indep. Sch. Dist. ,169 F. 3d 969(5th Cir. ,1999).

间与其提出投诉的时间间隔越短,越表明受害者没有不合理地拖延利用雇主提供的反性骚扰措施。

(c)实践中的问题。关于第二种责任形态下雇主的积极抗辩,按照联邦最高法院相关判决的字面意思,雇主要证明其设立了反性骚扰机制,且原告没有合理地利用上述机制。因此,如果原告能够证明其合理地利用了有关机制,譬如,及时地提出了投诉,就可以视为完成了对雇主积极抗辩事由的反驳,雇主的积极抗辩即告不成立。无论雇主是否在收到投诉后及时、合理地纠正了性骚扰行为,雇主仍需对性骚扰承担责任。[1] 但有些法院则认为,上述对联邦最高法院判决的理解过于僵硬和死板。这些法院认为,如果在性骚扰行为发生后,原告及时提出投诉,雇主及时回应并采取合理有效的措施予以纠正,那么雇主的积极抗辩可以成立。[2] 虽然到目前为止,联邦最高法院尚未通过新的判例统一下级法院在此问题上的分歧。但是,雇主在原告投诉后采取合理措施及时纠正性骚扰行为可以认定积极抗辩成立的观点更趋合理,也能在实践中鼓励雇主在性骚扰发生后主动采取措施消除性骚扰带来的影响。

(3)形态三:过失责任(negligent standard)。如果性骚扰实施者为非具有管理职能的雇员或第三方(包括顾客以及其他非公司雇员等),那么,雇主应当为性骚扰承担过失责任,如果雇主知道或者应当知道性骚扰行为的存在,且未能采取及时、恰当的纠正措施。

第三种雇主责任形态与前两者之间一个显著的变化在于性骚扰实施者身份的改变。在前两种责任形态中,性骚扰实施者是具有管理职能的雇员,被骚扰者是被管理的雇员,是上级对下级的性骚扰;而在第三种形态中,骚扰者与受害者之间没有上下级管理关系。当性骚扰发生在没有管理关系的同事之间或来自第三方时,雇主需要承担责任的原因是性骚扰发生在雇主的职

---

〔1〕 实践中,法院按照这样的理解判定雇主积极抗辩事由不成立的案例,See Williamson v. City of Houston(148 F. 3d 462,5th Cir. ,1998);Hurley v. Atlantic City Police Dep't(174 F. 3d 95,3rd Cir. ,1999)。

〔2〕 持这样观点的法院,See Williams v. Missouri Dept of Mental Health(407 F. 3d 972,8th Cir. ,2005);Coates v. Sundor Brands,Inc. (164 F. 3d 1361,11th Cir. ,1999)。

业场所内。法院在一个判决中明确指出,雇主是工作场所环境最终的控制者。[1] 雇主有义务为雇员提供良好的工作环境,包括不受性骚扰。如果雇主因为过失,为性骚扰者接触和骚扰自己的员工提供了机会,那么,雇主应当承担相应的责任。

(a)雇主知道或者应当知道性骚扰的发生。第一,如果性骚扰受害者向雇主或雇主设立的反性骚扰机构投诉了性骚扰行为,那么,毋庸置疑,雇主知道性骚扰的发生。

第二,即使受害者本人未投诉,雇主或者雇主的反性骚扰机构从第三方处获知性骚扰的发生,那么,应视为雇主应当知道。譬如,在上诉法院第八巡回庭审理的一个案件中,受害者的未婚夫而不是受害者本人向公司的相关部门投诉性骚扰,法院判定视为雇主应当知道性骚扰的发生。[2] 在上诉法院第十一巡回庭审理的一个案件中,受害者 A 秘密地告诉同事 B 其受到了另外一名同事 C 对其实施的性骚扰,而同事 B 又将该情况汇报给了公司的人力资源部门,法院判定视为雇主已经知道性骚扰的发生。[3]

第三,雇主知悉某雇员以前有过实施性骚扰的先例,上述雇员再次进行性骚扰的,即使受害者或第三方未报告,也视为雇主应当知道该雇员的性骚扰行为。这里涉及骚扰者先前行为对其以后行为产生的影响问题。在通常情况下,美国法律排斥以先前行为(prior acts)作为证据判断品行(character)的做法。2013 年 12 月最新修改的《美国联邦证据规则》明确规定,关于其他犯罪、错误或行为的证据不能用来证明某人的品行以说明其行为的一贯性特征。[4] 譬如,即使某人先前有过偷盗行为,也不能以此说明其有偷盗的品行,从而在日后的审判中作为证据证明其有偷盗的行为特征。但是涉及性侵犯或娈童的行为则是例外。《美国联邦证据规则》第 413 条、第 414 条明确规定法院在刑事审判中可以采纳被告人先前的性侵犯或娈童行为作为证据使

---

〔1〕 Lockard v. Pizza Hut, Inc. ,162 F. 3d 1062(10th Cir. ,1998).
〔2〕 Varner v. National Super Mkts, Inc. ,94 F. 3rd 1209(8th Cir. ,1996).
〔3〕 Coates v. Sundor Brands, Inc. ,164 F. 3d 1361(11th Cir. ,1999).
〔4〕 Federal Rules of Evidence,404(b)(1).

用;而第 415 条则允许法院在民事审判中采纳行为人先前的性侵犯或娈童行为作为证据使用。[1] 在涉及性骚扰时,若雇主知道其雇用的某雇员先前有性骚扰行为,该雇员再次实施性骚扰行为时,视为雇主应当知道性骚扰的存在,这符合美国联邦证据规则中有关性侵犯的规定。

(b)雇主未针对性骚扰采取及时有效的纠正措施。雇主承担过失责任的另一个要件是其未能采取及时有效地针对性骚扰的纠正措施。及时意味着雇主知悉性骚扰行为发生和采取纠正措施之间的时间间隔较短,没有拖延。有效意味着雇主采取的纠正措施充分、合理,并在效果上达到两个目的:一是完全制止了本次性骚扰者的行为;二是有效震慑了潜在的性骚扰者。美国法院在众多案件的判决中明确指出,制止和震慑性骚扰是衡量雇主纠正措施有效性的重要标杆,也是进一步考察雇主过失责任的重要因素。在实践中,法院认为雇主及时有效的纠正措施包括:展开及时彻底的调查,对性骚扰者予以谴责、惩戒、停职、甚至开除等。

(c)雇主承担过失责任时举证责任的变化。在第二种责任形态下,证明采取了合理预防和及时纠正性骚扰的措施,并且受害者没有合理地利用雇主的反性骚扰机制的证明责任在雇主。而在第三种责任形态下,举证责任发生了改变,原告也即性骚扰受害者负有举证责任证明雇主知道或者应当知道性骚扰的发生且未能采取及时有效的纠正措施。

(四)性别认同与性倾向歧视

1. 性别认同的概念

《日惹原则——将国际人权法适用于性倾向与性别认同的原则》(以下简称《日惹原则》)将性别认同定义为"每个人对自己性别深切的内心感受和个人体验,包括对自己身体的个人感觉和其他通过衣着、言语和独特的行为举止等方式认同的性别观"。[2] 在美国,审理相关案件的法院将性别认同定

[1] Federal Rules of Evidence,413,414,415.

[2] 《日惹原则》是在 2006 年 11 月印度尼西亚日惹举办的国际法学专家会议上通过的旨在将国际人权法应用到性倾向和性别认同问题的国际文件,于 2007 年 3 月 26 日在联合国人权理事会第四次会议上发布,全文可参见:http://www.yogyakartaprinciples.org/principles_ch.pdf,最后访问日期:2016 年 3 月 27 日。

义为“人们内心深处关于自己是男性还是女性的个人认知”。[1] 由于性别认同涉及人们对自己性别的主观感受,因此,性别认同也被称为心理性别。在大多数情况下,个人的性别认同与其生理性别是一致的。但也存在一部分个体,他(她)们的性别认同与生理性别不一致,由此产生了生理上的男性认为自己是女性或者生理上的女性认为自己是男性的现象。当个体的性别认同与其生理性别不一致时,社会学上将上述个体称为跨性别者(transgender)。跨性别者中的部分人可能选择通过手术的方式改变生理性别,以使手术后的性别与心理性别相一致。通过手术改变性别的跨性别者称为变性人(transsexual)。[2]

在医学上,如果个体的心理性别与生理性别不一致,通常认为该个体患有性别认同障碍。美国精神病学协会精神疾病诊断与统计指南将性别认同障碍视为一种科学医学诊断,并列出了以下四项具体的确诊标准:

第一,具有强烈且持久的跨性别认同,而不仅是为了获得可感知的文化上的优势而希望成为另外一种性别。在孩童时期,这往往表现在以下几个方面:

(1)重复地希望或坚持他或她是其他性别。

(2)对于男孩,喜欢穿着异性服装或者模仿女性的穿着打扮;对于女孩,坚持只穿着典型的男性化服装。

(3)在扮演游戏中表现出强烈且持续的跨性别角色偏好,或持续地具有成为另一种性别的幻想。

(4)强烈地希望参与另一种性别的人所爱好的典型游戏和娱乐活动。

(5)希望成为另一种性别的玩伴的强烈偏好。

第二,对他或她自己性别以及性别角色持续的不舒适和不适应感。

第三,有上述症状的个体不具有双性人的物理表征。

第四,上述症状造成个体临床上显著的忧虑情绪,或损害个体在社交、职

---

[1] Schroer v. Billington, 577 F. Supp. 2d 293(D. D. C. 2008).

[2] See Brittany Ems, *Preparing the Workplace for Transition: A Solution to Employment Discrimination Based on Gender Identity*, 54 St. Louis U. L. J. 1329(2010).

业或其他重要领域的功能。[1]

与性别认同关系紧密的是性倾向。根据《日惹原则》,“性倾向”是指,每个人对异性、同性或多种性别的人发自内心的情感、爱情和性吸引,并与之发生亲密关系和性关系的能力。基于个人的性欲望或者和性欲望有关的情感持续、稳定所指向的对象的性别,在心理学上将个体的性倾向分为同性恋、异性恋、双性恋。同性恋是生理性别相同的个体之间产生的性欲望或者和性欲望有关的持续而稳定情感;异性恋是生理性别不同的个体之间产生的性欲望或者和性欲望有关的持续而稳定情感;双性恋是同时对生理性别相同及不同的个体产生的性欲望或者和性欲望有关的持续而稳定情感。在通常情况下,性别认同主要表现为一个人对性别所形成的主观感受,在穿着打扮、言行举止方面出现与生理性别不一致的表现,并不一定会发展到恋爱和性的程度。但也存在某些个体,由于性别认同原因在性欲望或者和性欲望有关的情感方面出现了同性恋性倾向。

基于性别认同原因出现的跨性别者、变性者、同性恋及双性恋者等通常被称为性少数群体。由于社会习俗、文化传统、宗教信仰等方面的因素,性少数群体在各国均面临诸多歧视。性少数群体在就业领域面临的歧视尤为突出,表现形式包括雇主由于求职者、劳动者的性别认同原因而拒绝录用或解雇,或在工资待遇、工作条件、工作权利等方面给予歧视对待。[2] 自 20 世纪 90 年代起,涉及性别认同和性少数群体权益保护的立法运动在世界范围呈现出快速的发展趋势。而在美国,这一发展趋势出现的时间更早,面临的争议也更多。

2. 美国性别认同就业歧视的早期发展

1964 年的美国《民权法案》第七章是美国最为重要的反就业歧视法律渊源。该法案规定雇主的下列行为违法:基于个人的种族、肤色、宗教信仰、性

---

〔1〕 See *American Psychiatric Association Diagnostic and Statistical Manual of Mental Disorders*, at pp. 576 – 582(4th ed. ,2000).

〔2〕 See Courtney J. Jefferson, Gender Confusion: The Need For Effective Legislation to Protect Against Gender Identity Discrimination,39 *U. Balt. L. Rev.* 137(2009).

别或者宗源国的原因,不雇用、拒绝雇用或解雇,或在工资待遇、工作条件、工作权利等方面给予歧视对待;或者通过限制、隔离,或者对其员工或职位申请者进行等级分类等方式,剥夺或者试图剥夺任何个人的工作的机会,或者对其作为一位员工的身份产生不利影响。[1] 由于美国《民权法案》第七章明确禁止基于性别的就业歧视,因此,在早期的性别认同案件中,原告主张性别歧视包括性别认同歧视从而试图获得法律的保护。但美国联邦法院对法案中的"性别"进行了狭义解释,强调立法者眼中的"性别"仅指传统意义上的、生理上的男性和女性,而不包括涉及性别认同因素的性少数群体,后者不在法案保护范围之内。

1977 年的"霍洛威与亚瑟·安德森公司案"(Holloway v. Arthur Andersen & Co.)是美国联邦法院第一次审理涉及性别认同就业歧视的案件。[2] 在该案中,原告霍洛威自 1969 年起在被告公司任职,但未向被告公司透露自己是跨性别者。原告生理上是女性,但心理上认为自己是男性,是典型的女跨男性别认同者。1974 年年初,原告向被告透露自己正在为接受变性手术做准备,被告随后表示原告应当考虑换工作。1974 年 11 月,被告正式解除与原告的雇佣关系。随后原告向美国联邦地区法院提起诉讼,称被告由于性别认同原因解除与其雇佣关系违反美国《民权法案》禁止性别歧视的规定。联邦地区法院审理后认为美国《民权法案》第七章中禁止性别歧视的规定不适用于跨性别者,因此驳回了原告的起诉。在案件上诉后,联邦上诉法院第九巡回庭维持了联邦地区法院的判决。上诉法院对美国《民权法案》中"性别"的含义进行了狭义解释,认为立法者眼里的"性别"仅指传统意义上的性别,即生理上的男性和女性,而不包括跨性别者,后者不受美国《民权法案》的保护。

在 1982 年的"索莫斯与预算市场营销有限公司案"(Sommers v. Budget Mktg., Inc.)中,原告索莫斯生理上是男性,但心理上认为自己是女性,是典

---

[1] 42 U. S. C. A. § 2000e-2.

[2] Holloway v. Arthur Andersen & Co., 566 F. 2d 659(9th Cir., 1977).

型的男跨女性别认同者。[1] 原告诉称其由于性别认同原因遭被告解职，被告的行为违反美国《民权法案》第七章中禁止性别歧视的规定。联邦上诉法院第八巡回庭几乎以与第九巡回庭同样的理由驳回了原告的诉讼请求，认为跨性别者不在美国《民权法案》的保护群体范围内。

在1984年的“阿莱恩与E航空公司案”(Ulane v. E. Airlines, Inc.)中，联邦上诉法院第七巡回庭仍然拒绝对美国《民权法案》第七章中“性别”的含义进行扩大解释。[2] 在该案中，原告阿莱恩是一位男性飞机驾驶员，但在接受变性手术后成为女性，并由此遭到被告航空公司的解职。原告认为被告的行为构成性别歧视，但上诉法院第七巡回庭强调，美国《民权法案》禁止针对“个人的性别”进行歧视，仅仅禁止“因为是男性而歧视男性或者因为是女性而歧视女性”的行为；针对“个人的性别”的歧视不同于针对由于患有性别认同障碍或者不满意出生时自然生理性别的个人的歧视，针对后者的歧视性对待不是民权法案规定的违法行为。

在上述三个涉及性别认同就业歧视的典型案例中，原告均主张被告的行为构成违反美国《民权法案》的性别歧视，但未获得法院的认可。法院对法案中“性别”的含义按照传统意义上的“男性或女性”进行文义解释，并且拒绝扩大解释为包括跨性别者。三个联邦上诉法院的判决近乎一致地对性别歧视和性别认同歧视进行了严格区分，认定后者不是美国《民权法案》的保护群体。法院甚至认为，除非国会修改相关法律，否则法院很难支持原告基于美国《民权法案》的性别认同就业歧视诉讼请求。[3]

3. 对性别歧视的扩大解释：从生理性别到性别成见

在早期的性别认同就业歧视案件中，原告以性别歧视为切入点，认为被告的行为违反美国《民权法案》第七章禁止性别歧视的主张未被法院采纳。但在1989年，美国联邦最高法院审理了一个极具里程碑意义的“普莱斯·沃

---

〔1〕 Sommers v. Budget Mktg., Inc., 667 F. 2d 748(8th Cir., 1982).

〔2〕 Ulane v. E. Airlines, Inc., 742 F. 2d 1081(7th Cir., 1984).

〔3〕 See Ulane, 742 F. 2d at 1086.

特豪斯与霍普金斯就业歧视案”。[1] 该案虽然只涉及性别歧视，而并不涉及性别认同歧视，但法院在判决中首次对传统意义上的性别歧视的含义进行了扩张解释。联邦最高法院在该案中的判决给性别认同就业歧视案件的原告们带来了转机。

在“普莱斯·沃特豪斯与霍普金斯就业歧视案”中，原告安·霍普金斯(Ann Hopkins)是一位在会计师事务所工作的女性职员，申请提职成为事务所的合伙人。原告的工作能力以及在同事中的口碑都十分优异，但她的提职申请被事务所的合伙人拒绝。事务所合伙人认为原告虽然是个女性，但性格强势，像个男人。而更为重要的是，在事务所合伙人眼里，原告作为女性，行为举止和穿着打扮过于男性化，不符合人们对于女性形象的传统印象。事务所合伙人直言不讳地指出，作为一名女性，原告应当“像女人一样走路，像女人一样说话，像女人一样打扮，搽胭抹粉，发型时尚，珠光宝气”。[2] 在原告的提职申请被拒绝后，原告以事务所的行为违反美国《民权法案》第七章禁止性别歧视的规定为由向法院提起诉讼。

在通常的性别歧视案件中，原告往往由于性别原因遭受了歧视性的、较差的对待。譬如，女性由于自己是女性而遭受了比男性更差的待遇，或者男性由于自己是男性而遭受了比女性更差的待遇。但在本案中，原告遭遇了较差的待遇并不在于她是女性，而是因为她身为女性但没有具备一个传统意义上女性的样子。在此情况下，被告的行为是否构成美国《民权法案》第七章规定的性别歧视？这是本案的争议焦点，也是法院需要解决的问题。联邦最高法院在审理该案后支持了原告的诉讼请求，认定被告的行为构成美国《民权法案》第七章规定的性别歧视。法院认为，首先，美国《民权法案》第七章禁止雇主实施性别就业歧视，是禁止雇主在作雇佣决定时将性别作为考虑的因素，并基于性别因素作出了雇佣决定。其次，雇主雇佣决定中考虑的性别因素不仅仅指生理上的性别，还包括与性别有关的其他因素。再次，在本案

---

[1] Price Waterhouse v. Hopkins, 490 U. S. 228, 251(1989).

[2] See Price Waterhouse, 490 U. S. 228, 251(1989).

中，被告由于原告不符合传统观念上女性的样子而拒绝原告的提职申请，是基于对女性的性别刻板印象而对原告实施的区别对待。最后，性别刻板印象是与性别有关的因素，被告由于原告不符合性别刻板印象而拒绝给予原告合伙人身份是基于性别的歧视行为，违反了美国《民权法案》第七章的规定。

联邦最高法院通过本案的判决，将美国《民权法案》第七章禁止性别歧视中性别的含义扩大解释为与性别有关的因素，突破了之前法院认为的仅为生理上的性别的限制。联邦最高法院强调，美国国会在颁布美国《民权法案》禁止雇主在就业领域基于性别因素歧视雇员时，意在规制所有由于性别成见区别对待男性或女性的歧视行为。[1] 要求雇员的行为举止符合性别刻板印象，或以此对雇员进行评价，是典型的性别成见表现。联邦最高法院的上述判决给性少数群体原告带来了希望，后者主张基于性别认同的歧视实际上也是基于性别刻板印象的歧视，带有明显的性别成见，因而属于美国《民权法案》禁止的性别歧视。[2]

4. 美国性别认同就业歧视的最新发展

(1)联邦法院对性别认同就业歧视案件裁判不一

虽然联邦最高法院在“普莱斯·沃特豪斯与霍普金斯就业歧视案”的判决中将性别歧视的含义从传统的生理性别扩展为包括性别刻板印象在内的性别成见，但由于上述案件并不涉及性别认同歧视，并且时至今日联邦最高法院也未审理过性别认同案件，因此，下级法院在审理这类案件时，对原告能否获得美国《民权法案》的保护存在明显的分歧。

一部分联邦上诉法院支持原告的主张，认为性别认同歧视属于性别刻板印象，因而为美国《民权法案》所禁止。上诉法院第九巡回庭曾在该院审理的美国第一起性别认同案——“霍洛威与亚瑟·安德森公司案”中判决原告不能依据美国《民权法案》获得法律保护，但在“普莱斯·沃特豪斯与霍普金斯就业歧视案”后，第九巡回庭明确表示“霍洛威与亚瑟·安德森公司案”的

---

〔1〕 See Price Waterhouse, 490 U. S. 228, 251(1989).

〔2〕 See Jill D. Weinberg, Gender Nonconformity: An Analysis of Perceived Sexual Orientation and Gender Identity Protection under the Employment Non-Discrimination Act, 44 *U. S. F. L. Rev.* 1(2009).

判决不再有效。在“斯威肯与哈特福案”(Schwenk v. Hartford)中,原告是一位男性,但其穿着打扮和行为举止均像一个女性,并由此遭受了歧视性待遇。第九巡回庭审理后认为,当一位男性雇员由于表现的像女性而遭受歧视,是典型的“只有女人,而不是男人,才能像女性”的性别成见表现。[1] 在“尼科尔斯与阿兹特卡案”(Nichols v. Azteca Rest. Enters,Inc.)中,原告由于性别认同原因遭到了上司和同事的骚扰和嘲笑。第九巡回庭审理后认为基于性别认同的骚扰行为亦由性别成见诱发,因而违反美国《民权法案》第七章禁止性别歧视的规定。[2] 上诉法院第六巡回庭在其审理的首个涉及性别认同的“史密斯与塞勒姆市案”(Smith v. City of Salem)中明确判决性别认同原告受美国《民权法案》第七章保护。[3] 在“史密斯与塞勒姆市案”中,原告是一位生理上的男性,在被确诊患有性别认同障碍后,开始在生活和工作中公开以女性样貌出现,并由此引起了同事的议论。作为回应,原告主动向上司坦露了自己的性别认同,以及最终希望通过外科手术改变自己的生理性别的愿望。原告的本意是希望通过主动与上司沟通从而获得理解,但事与愿违,原告因为性别认同原因遭解职。原告随后提起诉讼,认为自己在同事和上司眼里由于不够男人而遭受歧视性对待,是典型的性别成见,因而违反美国《民权法案》的规定。第六巡回庭支持了原告的主张,强调“普莱斯·沃特豪斯与霍普金斯就业歧视案”毫无疑问地表明性别歧视不再囿于生理上的性别,任何基于性别成见的雇佣行为均为法律所不允许。到目前为止,上诉法院第六巡回庭是最旗帜鲜明地支持性别认同原告基于美国《民权法案》第七章获得法律保护的法院。

但也有联邦上诉法院在“普莱斯·沃特豪斯与霍普金斯就业歧视案”后仍然坚持认为跨性别者不能基于美国《民权法案》获得法律保护。上诉法院第七巡回庭曾在 1984 年的“尤里案”(Ulane)中拒绝将跨性别者纳入美国《民权法案》第七章禁止性别歧视的保护群体范围。在“普莱斯·沃特豪斯

---

[1] Schwenk v. Hartford,204 F. 3d 1187(9th Cir. ,2000).

[2] Nichols v. Azteca Rest. Enters,Inc. ,256 F. 3d 864(9th Cir. ,2001).

[3] Smith v. City of Salem,378 F. 3d 566(6th Cir. ,2004).

与霍普金斯就业歧视案”后，第七巡回庭明确表示其在“尤里案”的分析和结论仍然有效。在“斯皮尔曼与福特汽车公司案”（Spearman v. Ford Motor Co.）中，原告是一位生理上的男性，但由于性别认同原因，表现出女性模样以及明显的同性恋倾向，由此遭到他的同事的嘲笑和骚扰。[1] 第七巡回庭审理后认为，原告遭受的，来自同事的种种骚扰主要基于原告的性倾向，而非其生理性别，基于性倾向的成见不同于基于生理性别的成见，因而原告不能依据美国《民权法案》获得保护。通过这个判决，第七巡回庭区分了基于生理性别的性别成见和基于性别认同的性别成见，认为前者在“普莱斯·沃特豪斯与霍普金斯就业歧视案”后可以获得美国《民权法案》的保护，而后者依然在法律的保护范围之外。

综合来看，在“普莱斯·沃特豪斯与霍普金斯就业歧视案”后，联邦上诉巡回法院均不同程度地重新审视了性别认同案件原告基于美国《民权法案》获得法律保护的可行性问题，但法院的结论并不一致。[2] 支持原告的法院将性别认同解释为性别成见的表现形式之一，而性别成见是性别歧视的表现之一，因而性别认同属于性别歧视。不支持原告的法院则进一步将性别成见区分为基于生理性别的成见和基于性别认同的成见，认为后者不属于美国《民权法案》规定的性别歧视。此外，如果雇主的行为并非完全出于性别成见，而是有一定的合理性时，法院会支持雇主的决定。在上诉法院第十巡回庭审理的“伊斯婷与犹他州案”（Etsitty v. Utah Transit Auth.）中，原告是被告雇用的一位男性公交车司机，但性别认同为女性，是典型的男跨女跨性别者。[3] 原告在驾驶车辆过程中长期使用女性洗手间，由此遭被告解职。第十巡回庭审理后认为被告的行为不违法，因为开除一位“长着男性生殖器但使用女性卫生间的雇员”是合理的。

---

〔1〕 Spearman v. Ford Motor Co.，231 F. 3d 1080（7th Cir.，2000）.

〔2〕 See Shannon H. Tan，When Steve Is Fired for Becoming Susan：Why Courts and Legislators Need to Protect Transgender Employees from Discrimination，37 *Stetson L. Rev.* 579（2007）.

〔3〕 Etsitty v. Utah Transit Auth.，502 F. 3d 1215（10th Cir.，2007）.

(2)美国国会尚未能通过禁止性别认同歧视的联邦立法但州立法数量增加

在美国,立法者通过设定范围特定的保护群体对就业歧视进行有限规制,以便使劳动者的平等就业权和雇主的用人自主权之间形成权利平衡。目前为止,美国国会通过美国《民权法案》、美国《就业年龄歧视法案》以及《美国残疾人法案》将种族、肤色、宗教信仰、宗源国、性别、年龄以及残疾人 7 类人群列为反歧视法的保护群体,而性别认同不在美国现有反就业歧视法的保护群体范围内。由于各个联邦巡回法院对性别认同案件判决不一,而联邦最高法院尚未有明确的判例指导,因此,很多性少数群体权利保护主义者呼吁美国国会通过立法明确将性别认同纳入反歧视法的保护群体。

事实上,美国国会内部一直在试图通过联邦立法禁止基于性别认同或性倾向等歧视跨性别者。例如,得到部分美国国会立法者支持的美国《反就业歧视法案》(Employment Non-Discrimination Act)(草案)明确将性别认同以及性倾向等纳入反歧视法的保护群体范围。该法案(草案)自 1994 年起每年都会递交国会两院讨论、投票,但时至今日仍未获得通过。持反对意见的国会立法者认为,美国《反就业歧视法案》(草案)涉及的反歧视保护群体过于宽泛,不利于该法案的有效实施,同时也会极大增加法院的负担。

虽然美国国会到目前为止未能通过规制性别认同歧视的联邦法律,但在州层面,各州禁止性别认同歧视的立法增长明显。在 2007 年全美有 13 个州以及哥伦比亚特区通过立法明确禁止基于性别认同的就业歧视。而到了 2015 年,全美有 18 个州以及哥伦比亚特区禁止性别认同歧视。[1] 州层面的反性别认同歧视立法主要有两种方式:一种是将性别认同纳入州民权法案的反歧视保护群体范围之中;另一种是在州的专门反歧视法中增加禁止性别认同歧视的规定。除州立法机构颁布的禁止性别认同歧视的法律外,州下面的地方政府,即市和郡县政府也有禁止性别认同的地方性法规。据统计,截至

---

〔1〕 这些州分别是加利福尼亚州、科罗拉多州、康涅狄格州、特拉华州、夏威夷岛、伊利诺伊州、艾奥瓦州、缅因州、马里兰州、马萨诸塞州、明尼苏达州、内华达州、新泽西州、新墨西哥州、俄勒冈州、罗得岛、佛蒙特州和华盛顿州。

2014年,全美有超过200个城市和郡县颁布了禁止性别认同歧视的地方性法规。[1]

(3)总统行政命令对性别认同就业歧视的有限规制

美国联邦法律目前为止未将性别认同纳入联邦反歧视法保护群体范围,但美国总统通过行政命令(Executive Order)的方式,在有限范围内禁止基于性别认同的就业歧视。2014年7月24日美国总统奥巴马颁布第1367279号行政命令,禁止所有联邦政府机构和联邦合同承包商在雇佣和就业过程中基于性别认同或性倾向原因歧视性对待求职者或雇员。[2] 虽然上述行政命令的适用范围十分有限,仅针对联邦政府机构和联邦合同承包商,而不适用于范围更为广泛的私营部门,但在联邦行政机构层面出台禁止基于性别认同就业歧视的行政命令仍被认为具有十分重要的意义。[3]

(五)性别歧视的例外情形

按照美国《民权法案》第703(e)条的规定,如果性别属于履行某个特定工作岗位职责的"真实职业资格",则雇主、职业中介机构或者工会组织相关基于性别的差别对待不属于违反美国《民权法案》的违法行为。美国国会立法者并没有对美国《民权法案》第703(e)条规定的"真实职业资格"的含义作出具体的解释。美国法院在后续的一系列判决中,对"真实职业资格"构成性别歧视例外的认定标准进行了具体的解释与阐述。按照美国法院确立的规则,主张性别为"真实职业资格"的,需要证明性别与职业资格之间存在直接的关联关系,且基于性别要素的职业资格为雇主经营核心业务所必需。

1. 性别与职业资格之间存在直接的关联关系

美国联邦上诉第五巡回法院最早提出了通过判断性别与职业资格之间是否存在直接的关联关系来认定雇主是否可以基于"真实职业资格"主张性

[1] See Human Rights Campaign, Cities and Counties with Non-Discrimination Ordinances that Include Gender Identityhttp://www. hrc. org/resources/entry/cities-and-counties-with-non-discrimination-ordinances-that-include-gender.

[2] Exec. Order No. 1367279, FR 429712014 WL 3591762(July 21, 2014).

[3] See Stephanie Rotondo: *Employment Discrimination against LGBT Persons*, 16 Geo. J. Gender & L. 103(2015).

别歧视例外。在美国早期的就业性别歧视案件中,雇主往往以女性的体力或举起重物的能力不能达到相关工作岗位的要求为由,限制、排斥女性从事该工作。在"罗森菲尔德与南太平洋公司案"(Rosenfeld v. Southern Pacific Co.)中,雇主规定电报代理的职位只限于男性雇员从事。雇主主张上述职位不适合女性从事的原因是:该职位可能要求雇员一天工作超过10小时、一周工作超过80小时;该职位可能要求雇员举起重量超过25磅,有时甚至超过50磅的重物;以及该职位可能要求雇员攀爬货车车厢以调整通风口、折叠工棚等任务。被告认为,显然男性雇员更有足够的体力来完成该职位职业资格要求的劳动任务,因而将女性排除在外是合理的。[1] 类似地,在"保维与高露洁公司案"(Bowe v. Colgate-Palmolive Co.)中,雇主禁止女性从事有举起超过35磅重量要求的工作岗位;[2] 在"维克斯与南方贝尔电话电报公司案"(Weeks v. Southern Bell Telephone & Telegraph Co.)中,雇主则禁止女性从事有举起超过30磅重量要求的工作岗位。[3]

以女性不能达到或满足一定的体力要求为由将女性排除在特定工作岗位之外听上去有一定的道理,因为女性似乎并不具备该岗位所要求的职业资格。但法院在审理后却给出了不同答案。在1969年的"维克斯与南方贝尔电话电报公司案"中,联邦上诉第五巡回法院提出,只有当雇主证明性别与职业资格之间存在直接的关联关系时,雇主才能援用"真实职业资格"作为其实施性别差别对待的抗辩理由。法院强调,认为女性体能不如男性或者认为女性的举重能力不如男性,是基于没有证实的假定,甚至是囿于社会偏见和性别刻板印象的主观臆断。在上述几例典型性别歧视案件中,由于雇主没有任何证据证明性别与履行相关工作岗位的职业资格之间存在直接的关联关系,因此,法院无一例外地驳斥了雇主提出申辩理由,判定雇主的行为构成违法的就业性别歧视。

那么,如何证明性别与履行特定工作岗位的职业资格之间存在直接的关

---

[1] Rosenfeld v. Southern Pacific Co., 444 F.2d 1219(9th Cir., 1971).

[2] Bowe v. Colgate-Palmolive Co., 416 F.2d 711(7th Cir., 1969).

[3] Weeks v. Southern Bell Telephone & Telegraph Co., 408 F.2d 228(5th Cir., 1969).

联关系呢？法院认为，如果雇主能够证明所有的或者几乎所有的一种性别的人无法安全、有效地履行特定的工作职责，那么，另一种性别与该工作的职业资格之间存在直接的关联关系。法院给出的判断标准实际上也可以理解为反向排除规则。以雇主限定男性从事特定工作为例，按照这个标准，除非雇主能够证明所有的或者几乎所有的女性无法安全有效地履行特定工作职责，否则，男性与该工作的职业资格之间不存在直接的关联关系。那么，雇主限定只有男性才能从事该工作的行为便构成对女性的就业歧视。不难看出，雇主想要达到法院给出的证明标准实际上是非常困难的。这表明法院对雇主以“真实职业资格”作为性别歧视抗辩事由的做法采取了十分苛刻和限制的态度。[1] 但是“所有的或者几乎所有”这样的表述，表明法院并不要求雇主证明百分之百的一种性别的人无法安全、有效地从事特定工作。[2] 在“希利与索思伍德精神病院案”（Healey v. Southwood Psychiatric Hospita）中，法院认为，雇主可以基于“常识以及相关领域的专家证言”来作为他相信“所有的或者几乎所有”一种性别的人无法安全、有效地从事特定工作的事实基础。[3]

2. 基于性别要素的职业资格为雇主经营核心业务所必需

在提出“真实职业资格”须表明性别与职业资格之间存在直接关联关系的两年后，联邦上诉第五巡回法院通过“迪亚兹与泛美航空公司案”（Diaz v. Pan American World Airways，Inc.）提出了另一种认定规则，即“真实职业资格”须表明基于性别要素的职业资格为雇主经营核心业务所必需。[4] 在该案中，原告是一位男性，申请了雇主航空公司的空乘人员职位，但遭到拒绝。雇主规定只有女性才能申请空乘人员职位，原因是女性空乘人员更具有“美学效果”，能提供一个更好的乘坐环境和更加愉悦的飞行体验，因而也能吸引

---

〔1〕 See Harold S. et al., *Employment Discrimination Law and Practice*, West Group, Second Edition, 2004, p. 174.

〔2〕 See Barbara Lindemann and Paul Grossman (Editor): *Employment Discrimination Law* (4th Edition, 2007), BNA Books, p. 408.

〔3〕 Healey v. Southwood Psychiatric Hospital, 78 F. 3d 128 (3rd Cir., 1996).

〔4〕 Diaz v. Pan American World Airways, Inc., 442 F. 2d 385 (5th Cir., 1971).

更多的乘客从而获得更大的利润。法院驳斥了雇主的主张。法院认为,作为航空公司,雇主经营的核心业务是将乘客安全的送达目的地,而不是通过展现女性所谓的“美学效果”吸引更多的顾客从而获得更大的利润。没有证据表明雇用男性乘务人员会影响航空公司安全地将乘客从一个目的地送达另一个目的地。因此,女性并非雇主作为航空公司经营核心业务所必需的职业资格,雇主排斥男性申请该岗位的行为构成就业歧视。

法院通过“迪亚兹与泛美航空公司案”明确表明,雇主只有在证明如若不招录某一性别的雇员会造成其核心业务或活动遭受损害时,雇主以“真实职业资格”作为就业性别歧视的积极抗辩才有可能被法院接受。虽然法院没有对“核心业务”的具体含义作出进一步的解释,但通过后续的一系列判例,我们可以总结如下:首先,“核心业务”必须涉及雇主商业存在或业务运行的根本目的,譬如,航空公司的根本目的是安全运输旅客;其次,笼统、宽泛的商业目的不构成雇主的核心业务,譬如,获取更多更大利润等;再次,主观化的、难以具体衡量的业务动机不构成雇主的核心业务,譬如,为了迎合雇主、同事的喜好等;最后,顾客偏好不能作为评价雇主核心业务的要素,也即雇主不能以顾客更喜欢某一性别的员工为由拒绝、限制雇用另一性别的员工。

联邦上诉第五巡回法院是在 1969 年和 1971 年分别提出了“性别与职业资格之间存在直接的关联关系”以及“基于性别要素的职业资格为雇主经营核心业务所必需”两项“真实职业资格”认定标准,以检验雇主针对男性和女性的差别对待是否构成性别歧视的例外。在此后的很多年,美国法院在审理相关案件时,针对上述规则采取了分别和单独适用原则,也即在上述两项规则中选择一项来检验雇主就业性别歧视积极抗辩是否成立。但这种情况在 1977 年美国联邦最高法院审理“多萨德与罗林森案”(Dothard v. Rawlinson)后发生了改变。[1] 在该案的判决中,联邦最高法院不仅首次背书了联邦上诉第五巡回法院提出的上述两个规则,并且还第一次在一个案件中同时使用两个规则对案件进行了分析。此后,下级法院不再采取分别和单独适用原

---

〔1〕 Dothard v. Rawlinson, 433 U. S. 321(1977).

则,取而代之的是同时适用原则。实际上,涉及"真实职业资格"认定的两个规则之间并不矛盾,它们更多地像是一枚硬币的两面:规则一遵循反向排除原则,强调雇主排除某一性别从事特定工作的合理性;而规则二则强调,雇主偏向某一性别从事特定工作是由于该性别对于完成雇主核心业务必不可少。

从美国法院确立的审查性别歧视例外的规则来看,雇主利用"真实职业资格"为自己的歧视行为进行积极抗辩实际上是非常困难的。这表明,在法院看来,雇主以性别为标准的差别对待只有在极端情形下才存在合理例外,从而可以阻却其违法性,而在绝大多数情况下,性别歧视都是不合理的、非法的。作为执行反歧视法律的联邦政府机构,美国平等就业机会委员会也在其《性别歧视指导意见》中指出,应该严格适用"真实职业资格"作为性别歧视的例外。平等就业机会委员会明确指出就业中的下列性别歧视行为不适用"真实职业资格":第一,基于对女性职业特点的一般假定拒绝雇用女性。譬如,认为女性的流动性比男性大等。第二,基于性别的刻板印象或偏见拒绝雇用某人。譬如,男性装配复杂仪器的能力弱一些,女性的推销能力差一些等。不歧视原则要求根据个人的能力而不是根据某个群体的一般特点来考虑是否雇佣。第三,基于雇主、同事、客户或消费者的偏好拒绝雇用某人。[1]

从已有的判例来看,当雇主以性别为标准的差别对待是出于保护隐私、维护安全以及维持性别真实性需要时,雇主主张"真实职业资格"的积极抗辩通常会获得法院的支持。(1)保护隐私。在美国,对于隐私的保护格外受到重视。如果某一工作岗位涉及顾客或者第三方的个人隐私,雇主因此限定只有某一性别的雇员才能从事该工作,法院通常认为雇主的行为具有合理性。譬如,某些需要在全裸或者部分裸露情形下观察或接触异性身体的工作岗位,或者在男女分开使用的卫生间、衣帽间、宾馆酒店盥洗室等提供服务的服务员等,法院均支持了雇主提出的"真实的职业资格"抗辩。[2] (2)维护安全。需要指出的是,这里的安全并不包括雇主限制或者排除的特定性别雇员

---

〔1〕 29 C. F. R. § 1604. 2(a)(1).

〔2〕 Jillian B. Berman, Defining the "Essence of the Business": An Analysis of Title VII'S Privacy BFOQ after Johnson Controls, 67 *U. Chi. L. Rev.* 749(2000).

的安全。譬如,雇主不能以某一岗位对女性来说太不安全为由拒绝雇用女性。原因很简单,某一工作岗位是否安全应当由女性自己决定,这也是反歧视法的立法初衷之一。雇主限定只有某一性别雇员才能从事某一工作是出于维护除该雇员外的人员的安全的考虑,法院通常认为雇主的行为具有合理性。譬如,出于维护被关押人员的安全的原因,限定特定性别的人员从事预警工作,或者出于维护乘客的安全的原因,限制怀孕的女性从事乘务员工作等。(3)维持性别真实性。某种性别特征对该性别人群来说是独一无二的,为另一性别所不具有,而这种性别特征又是完成特定工作必不可少的条件,为了必要的性别真实性目的,雇主可以主张性别"真实职业资格"例外。[1]譬如,要求男性出演男性角色或者女性出演女性角色等。此外,服装模特、化妆品广告模特等工作也同样可以基于维持性别真实性主张"真实职业资格"例外。

〔1〕 29 C. F. R. § 1604. 2(a).

第五章　就业中的年龄歧视

美国国会在通过1964年美国《民权法案》第七章时,并未将就业中的年龄歧视问题纳入法案调整的范围。但几乎是在美国《民权法案》获得通过的同时,美国国会随即展开了针对就业中的年龄歧视问题的调查。国会的调查发现,在当时的美国社会,在就业领域雇主罔顾求职者或雇员的履职能力而恣意设置年龄限制的做法相当普遍,年纪较大者即使有着更好的资历或更丰富的经验,在求职和工作过程中仍然经常性地面临不利的处境。根据美国国会的相关调查报告,在就业领域中的年龄歧视对美国社会和经济发展产生了不利影响。[1] 基于此,规制就业年龄歧视的专门性立法——美国《就业年龄歧视法案》(Age Discrimination in Employment Act,ADEA)——在1967年获得通过。按照ADEA的规定,雇主不得因为年龄原因,不雇用、拒绝雇用或解雇,或在工资待遇、工作条件、工作权利等方面给予员工或者求职者歧视性对待。[2] 从立法的语言方面来看,ADEA禁止年龄歧视的规定与美国《民权法案》第七章禁止种族歧视等的规定十分相似。此外,按照ADEA的规定,该法案规定的雇主的含义十分广泛,不仅包括私人雇主、职业中介机构和工会组织,还包括州和地方政府雇主,以及联邦政府雇主。

---

〔1〕 29 of the United States Code, section 621(a)(4).

〔2〕 29 U.S. Code § 623(a)(1)(2000).

一、年龄歧视的保护群体范围

在 ADEA 最初通过之时,该法案设立的保护群体范围较为狭窄,只保护年龄介于40岁至65岁之间的人群不受非法的歧视性待遇。但美国国会立法者在随后几次针对 ADEA 的修订中,逐步扩大了 ADEA 的保护群体范围:在1978年将保护群体的年龄上限由65岁提高至70岁;而在1986年,立法者完全取消了年龄歧视保护群体的年龄上限。因此,按照该法案现在的规定,只要年龄超过40岁的个人均在法案的保护范围之内。

按照 ADEA 的规定,如果雇主在一个39岁的求职者和一个49岁的求职者之间选择雇用前者,原因是前者更年轻,那么除非雇主存在合法的抗辩理由,否则其行为违反 ADEA 的规定。也就是说,如果雇主基于年龄原因在保护群体之内的个人与保护群体之外的个人之间进行了差别对待,雇主涉嫌违法的情况是显而易见的。但是,同样是在保护群体之内,雇主在年纪较大的个人与年纪较小的个人之间进行了差别对待,这样的行为是否合法?比如,一个年龄41岁的求职者和一个年龄49岁的求职者来应聘工作,雇主选择雇用前者,原因是前者更年轻,此时雇主的行为是否涉嫌违反 ADEA 的规定?ADEA 本身对上述情况并未作出相应的规定。1996年,在"奥康纳与联合货币厂公司案"(O'Connor v. Consolidated Coin Caterers Corp.)中,联邦最高法院对同在保护群体范围内的基于年龄原因的差别对待的违法性问题进行了阐述。

"奥康纳与联合货币厂公司案"[1]

联邦最高法院斯卡利亚(Scalia)大法官出具了法庭意见书。

上诉人詹姆斯·奥康纳(James O'Connor)从1978年起在被上诉人联合货币厂(Consolidated Coin Caterers)公司工作,直至1990年8月10日,也即在上诉人满56岁之时,被公司解雇。上诉人向美国联邦地区法院提起诉讼,称其因为自己的年龄原因而遭到被上诉人的解雇,(被上诉人)这样的行为

---

[1] O'Connor v. Consolidated Coin Caterers Corp., 517 U.S. 308(1996).

违反了美国《就业年龄歧视法案》的相关规定。在经过了庭前证据开示之后,被上诉人提出简易判决动议,获联邦地区法院支持,随后上诉人提起上诉。美国联邦上诉法院第四巡回庭(The Court of Appeals for the Fourth Circuit)审理后认为,上诉人只有通过证明以下四个事项,才算完成了“麦克唐奈·道格拉斯”模式下证明歧视存在的初步证据的出示义务:(1)他属于ADEA保护的年龄群体;(2)他被解雇或者降职;(3)在他被解雇或者降职之时,他的工作表现符合雇主的合理期待;(4)在他被解雇或者降职之后,一个跟他具有相似资历但不在ADEA保护的年龄群体之内的人取代了他的位置。由于取代上诉人职位的那个人的年龄是40岁,上诉法院由此认为上诉人没有完成前述四个事项中的最后一项。由于上诉人未能完成“麦克唐奈·道格拉斯”模式下的证明事项,上诉法院维持了联邦地区法院的判决。我们依据上诉人的申请颁发了调卷令来审理此案。

我们在“麦克唐奈·道格拉斯公司与格林案”的判决中确立了依据美国《民权法案》第七章提起的就业歧视案件中双方当事人之间有关举证责任分担和证据程示顺序的规则。我们判定,在根据1964年美国《民权法案》第七章提起的种族歧视诉讼案件中,原告可以通过证明以下事项完成初步证据的程示:(1)他属于少数族裔成员;(2)他申请了雇主正在招录员工的职位,并且具备相应的资质;(3)尽管他具备相应的资质,他仍被雇主拒绝予以录用;(4)在他被拒绝以后,前述职位仍然空缺,并且雇主继续在招录与原告具有相似资历的员工。原告一旦完成上述事项的证明,证明责任转移至被告,由被告证明存在“拒绝录用原告的合法的、非歧视性的理由”。如果事实的审理者认为原告的初步证据足够可信,且被告保持了沉默,那么法院必须作出对原告有利的判决。

在审查基于ADEA提起的年龄歧视诉讼案件时,包括联邦上诉法院第四巡回庭在内的许多联邦法院都采取了与“麦克唐奈·道格拉斯”基本证明模式相类似的证明模式。我们之前未曾有机会确定将美国《民权法案》第七章下的诉讼规则应用至ADEA是否恰当,但由于双方当事人对此并没有提出异议,我们就此推定是恰当的。

基于上述推定,我们接下来需要确定的是,在基于ADEA提起的年龄歧视案件中,原告应当出示怎样的证据才算完成了歧视存在的初步证据的证明义务,并由此将举证责任转移给被告。初步证据的完成表明初步证据与非法歧视之间至少存在一定的逻辑联系。在ADEA诉讼中,初步证据的完成并不要求取代(原告)的人必须是40岁以下的人。ADEA禁止的歧视,是“因为个人的年龄”而实施的歧视,虽然该法案只禁止针对年龄在40岁以上个人的歧视。但必须说明的是,ADEA并不会因为雇员超过40岁而禁止对他们的歧视;法案禁止的是因为雇员的年龄而实施的歧视,虽然保护的范围限于40岁及以上的人。因此,同样是40岁以上的人,如果一个人因为他的年龄而被另一个人取代,同样是法案所禁止的。更具体地说,一个40岁的人被一个39岁的人所取代能够推导出来的年龄歧视,不比一个56岁的人被一个40岁的人所取代要多。我们认为,ADEA原告被一个不在法案保护范围内的个人取代这样的事实没有证明价值,因此,把它作为“麦克唐奈·道格拉斯”模式下的初步证据要求之一是不恰当的。

被上诉人认为,应当避免使用非常单薄的证据作为初步证据,比如,一个65岁的人取代一个68岁的人这样的证据。有些法院也支持被上诉人提出的上述观点。虽然被上诉人提出的观点理论上可能导致出现非常单薄的证据的情况,但从实际的角度来看,这种情况是非常罕见的,因为绝大多数提出年龄歧视诉讼的都是年纪较大的雇员。我们认为,问题的关键是要认识到“初步证据的目的旨在制造一个推断,即相关雇佣决定是基于非法的歧视标准”。在年龄歧视情形下,一个雇员被另一个年龄并不显著年轻的雇员取代,这样的事实并不能得出存在非法歧视的推断。ADEA禁止的是基于年龄的歧视,而不是基于保护群体成员资格的歧视。取代原告的是一个比原告显著年轻的人,比取代原告的是一个保护群体之外的人,更能说明年龄歧视的存在。我们推翻联邦上诉法院第四巡回庭的判决,案件按照本院的意见发回重审。

在上述案件的判决中联邦最高法院认为,同在保护群体范围内的一个年纪较轻的人取代了一个年纪较大的人,这样的行为仍然涉嫌违法,因而在

ADEA 下具有可诉性。法院强调,ADEA 禁止的是基于年龄的歧视,而不是基于保护群体成员资格的歧视。即便都是保护群体范围内成员,只要一个人因为年龄原因受到了歧视性的对待,那么就有可能涉嫌违法。

此外,实践中还有一种类型的基于年龄的差别对待,对象都是保护群体范围内的成员,但却是年纪较轻者遭受了雇主的不利对待。比如,雇主基于年龄原因,在一个 41 岁的求职者和一个 49 岁的求职者之间选择雇用后者。当出现这样的情况时,雇主的行为是否涉嫌违法呢?表面来分析,雇主的行为并不合法,因为 41 岁的求职者属于 ADEA 保护的群体范围之内,其遭受了不利的差别对待,并且差别对待与其年龄之间存在因果关系。但联邦最高法院通过下面的"通用动力陆地系统公司与克莱因案"(General Dynamics Land Systems,INC. v. Cline)明确表明,通过综合考虑 ADEA 的文本、结构、立法目的、立法史,以及该法案与其他联邦法律之间的关系,ADEA 旨在保护年纪较大者不受差别对待的权利,并不禁止雇主在年纪较大的员工和年纪较小的员工之间作出有利于年纪较大者的行为。

"通用动力陆地系统公司与克莱因案"[1]

联邦最高法院苏特(Souter)大法官出具了法庭意见书。

1967 年的美国《就业年龄歧视法案》禁止歧视年纪较大者而偏好年纪较轻者的行为。但本案呈现的问题是,法案是否同样禁止歧视年纪较轻者而偏好年纪较大者的行为。我们判定,法案并不禁止这样的行为。

一

1997 年上诉人通用动力公司(General Dynamics)与汽车工人联合会(United Auto Workers)之间达成集体谈判协议。根据该协议,公司将不再为之后退休的雇员提供健康医疗保险,除非在该协议达成时雇员已经满 50 岁。被上诉人(克莱因等)当时已经满 40 岁,因而在 ADEA 的保护范围之内,但未满 50 岁,因此,不在前述集体谈判协议承诺提供的健康医疗保险年龄范围

〔1〕 General Dynamics Land Systems,INC. v. Cline,540 U. S. 581(2004).

内。被上诉人均反对前述集体谈判协议中的相关的新条款。

被上诉人向平等就业机会委员会提出控告，诉称集体谈判协议违反了ADEA的规定，因为该协议“因为他们的年龄而在报酬、工作条件或工作权利等方面歧视了他们”。平等就业机会委员会认同了被上诉人的观点，要求上诉人通用动力公司和工会与克莱因等人通过非正式的方式达成协议。

由于当事人未能达成协议，之后，克莱因等提起了针对通用电力公司的诉讼。联邦地区法院认为案件涉及“反向年龄歧视”，但经过审理后认为，尚未有法院依据ADEA向此类案件的原告提供法律救济。依据联邦上诉法院第七巡回庭在“汉密尔顿与卡特彼勒公司案”（Hamilton v. Caterpillar Inc.）中的判决意见，联邦地区法院驳回了原告的诉讼请求，指出“ADEA并不保护年轻者”。

案件上诉后，联邦上诉法院第六巡回庭推翻了联邦地区法院的判决。但上诉法院法官之间分歧较大，多数意见认为ADEA中第623(a)(1)条禁止的歧视，范围包括“任何因为个人的年龄而遭受歧视”的情形。因此，从该法案的字面意思来看，年纪较轻的个人也应当在法案的保护范围之内，因为如果美国国会立法者意图不这样规定，那么他们在通过该法案时就应该明确地说明白。平等就业机会委员会制定的相关解释规则也支持第六巡回庭的上述解读。

联邦最高法院随后颁发了调卷令来审理此案以解决不同联邦上诉巡回法院之间的分歧。我们就此推翻联邦上诉法院关于本案的判决。

二

ADEA第623(a)(1)条禁止因为个人的年龄而实施的歧视行为，对该条款的一般性解读构成了下级法院处理本案的依据，这样的解读对年纪较轻者有利而对年纪较大者不利。从理论上来说，由于ADEA的上述条款中出现的“年龄”一词前面没有任何的修饰语，因此对该词进行两种宽泛的解释似乎也是可以的。但该词可能的宽泛解释却与法案禁止歧视的整体条款的自然解读不相一致。事实上，从美国国会解释法案含义的点滴线索中我们不难发现，法案禁止的歧视是针对年纪较大者的，相较而言，那些年纪较轻者往往获得了更有利的对待。美国国会立法者清楚基于年龄作出的雇佣决定有时候是合法的,而有时候却是不公正的,因而在1964年通过美国《民权法案》时并未将年龄纳入禁止歧视的范围。取而代之的,是要求劳工部部长就年龄歧视问题进行广泛调研;调研的结论是,年龄歧视是一个较严重的问题,但年龄歧视与种族歧视的性质完全不一样。劳工部部长指出,那些武断和偏见式的雇佣直觉使年纪较大的个人处于不利境地;但他同时也指出,存在一些涉及较大年龄者的合理关切,比如,增加的养老保险成本,以及在一些个案中涉及的年纪较大者的工作能力问题。

劳工部部长最终采取的立场是,针对年纪较大工人的恣意的歧视非常普遍,而且持续存在,足以有必要通过联邦立法予以规制。但他同时也意识到,依据通常经验,潜在的雇佣成本会随着雇员年纪的增加而增加。因此,雇员的年纪越大,雇主越是倾向于通过雇用年纪较轻的人予以取代。

随后在美国国会的参众两院举行了广泛的听证会。在听证会上的相关证词详细阐述了有关年龄影响工作能力的不合理的假设。听证会上的记录反映了一个普遍的事实,即一个人找到和保持工作的机会随着时间推移而变得更糟;正如在任何两个人之间,年轻者处于更有利的位置,而年长者则更容易被刻板印象所贬低。在有关听证会的大量记录中,我们没有发现任何涉及对年长者有利的歧视的抱怨,这个也是在意料之中的事。

在ADEA的引言部分,立法者阐述了法案的立法目的和立法的事实基础。在事实基础部分,立法者强调了“年纪较大的工人在寻找工作和再就业过程中”遭遇的种种困难。譬如,年纪较大的工人的失业率高等。总而言之,ADEA的立法目的和事实基础部分几乎是有关于年纪增长的后果,或者直接使用“年纪较大”的工人这样的措辞。ADEA前言部分的规定,以及该法案的立法史,毫无疑问地向我们表明,ADEA旨在保护年纪相对较大的工人,使其免受有利于年纪较轻的人的歧视。

三

在本案中,原审原告克莱因等以及作为法庭之友的美国平等就业委员会向法院提出了三项答辩意见,以支持其主张的ADEA既禁止歧视年纪较大者,也禁止歧视年纪较小者的观点。首先,他们认为法案当中规定的“年龄”一词的字面意思从其自然和通常的含义来理解是清楚的,并且从法案的整体性来看,其含义也是一以贯之的。其次,他们认为,即便法案当中出现的“年龄”一词不是其字面表达的含义,ADEA 的支持者亚伯勒(Yarborough)参议员在参议院发表的谈话也表明他们对该词的理解是正确的。最后,他们也认为应当遵从美国平等就业委员会对法案条款的解读。但是,我们认为(他们提出的)每一个观点均未能解决我们基于该法案的明确目的而得出的对歧视含义的自然解读。

四

我们认为,综合考虑 ADEA 的文本、结构、立法目的、立法史,以及该法案与其他联邦法律之间的关系,可以得出以下结论:法案并不阻止雇主在年纪较大的员工和年纪较小的员工之间作出有利于年纪较大者的行为。联邦上诉法院的判决就此被推翻。

联邦最高法院在上述判例中阐述的规则表明,同属年龄歧视保护范围内的个人,如果雇主的差别对待针对的是年纪较轻的人的,则其行为不构成非法的就业歧视。原因是,法院认为立法者的意图是保护年纪较大的人免于不利的差别对待。

综上所述,如果雇主基于年龄原因在保护群体(40 岁以上)和非保护群体(不满 40 岁)之间实施了针对保护群体的歧视性对待时,雇主的行为具有违法性,保护群体内的个人可以依据 ADEA 主张权利。但雇主基于年龄原因针对保护群体(40 岁以上)内的不同年龄的个人实施了歧视性对待时,如果受到不利差别对待的是年龄较小的个人,即便该个人属于保护群体范围内,也无法依据 ADEA 主张权利。

二、年龄歧视的证明

美国《民权法案》第七章下的差别对待和差别影响诉讼模式以及证明方式在基于年龄的就业歧视诉讼中同样适用。当然,年龄歧视的证明模式也有自身的一些特点。以下通过差别对待和差别影响分别进行分析。

1. 差别对待

在差别对待模式下，需要证明雇主具有歧视的故意。与美国《民权法案》第七章类似，在就业年龄歧视中，歧视的故意也可以通过直接或者间接的方式予以证明。雇主承认有关年龄歧视存在的自认行为，带有年龄偏见的评论等都可以作为具有歧视故意的直接证据。而以间接方式进行证明的，同样需要通过适用“麦克唐奈·道格拉斯”模式。

(1)有关年龄歧视的自认

在诉讼中，如果被告雇主主动承认自己出于年龄的考虑而实施了相关的差别性雇佣行为，那么，这种自认对于证明雇主具有歧视的故意无疑是十分有用的。在联邦上诉法院第一巡回法庭审理的“克莱门特·费布雷斯与挑战者加勒比公司案”(Clemente Febres v. Challenger Caribbean Corporation)中，法院明确指出，雇主公开承认年龄因素在自己的决策过程中发挥了一定作用，这样的证据对于证明雇主的年龄歧视动机是强有力的。[1]

但在现实中，雇主主动承认自己基于年龄原因实施针对雇员的不利对待行为的情况是十分罕见的。雇主的自认主要出现在雇主欲进行积极抗辩的情形之下。通常的积极抗辩情形包括年龄构成“真实职业资格”以及受到不利影响的原告不在法案调整范围之内等。例如，在联邦上诉法院第五巡回法庭审理的“尤色瑞与田美旅游公司案”(Usery v. Tamiami Trail Tours Inc.)中，被告巴士汽车公司的招聘政策公开拒绝录用年龄超过40岁的人担任城际汽车的驾驶员。[2] 被告在诉讼中承认自己的政策是出于年龄的考虑，但主张其政策是基于安全考虑，年龄构成相关职位的真实职业资格，因而具有合法性。法院最终支持了被告的主张。

(2)带有年龄偏见的评价或言论

雇主有关年龄偏见的评价或言论也可以作为证明存在歧视动机的证据。

---

〔1〕 214 F. 3d 57(1st Cir. ,2000).

〔2〕 531 F. 2d 224(5th Cir. ,1976).

但是行为人什么样的言论可以表明其有年龄歧视的动机,什么样的言论无法证明其具有年龄歧视的动机,这在实际案件中把握起来并非易事,不同的法院往往也有不同的结论。例如,在一个案件中,被告公司一个长期亏损部门的负责人被公司更高层级的管理层解雇,该部门负责人被批为"老的管理层""老的商业模式""无用的朽木"等。法院认为,前述评价或言论不能解释为行为人具有年龄歧视的动机。[1] 同样地,有些法院认为下面的这些评价或者言论也不足以认定具有年龄歧视的动机,比如,解雇了不愿意"拍马屁"的"老资格","我们不喜欢长着灰头发(的老年人)","老哥们关系网"等这样的负面评价;或者使用"聪明、智慧、有知识的年轻人"这样的正面评价来形容与年纪较大的雇员有竞争关系的年轻雇员等。然而,针对下面的这些评价或者言论,一些法院认为是可以作为证明存在年龄偏见的证据的,比如,将在职员工称为一群"老顽固",或者说公司需要一些"年轻的血液"等。

此外,联邦最高法院在"普莱斯 · 沃特豪斯与霍普金斯就业歧视案"中阐述的歧视性言论(stray comments)审查规则也适用于年龄歧视案件。"普莱斯 · 沃特豪斯与霍普金斯就业歧视案"中的歧视性言论审查规则要求考察相关歧视性言论针对的是否是原告所属的、受反歧视法律保护的群体;相关的歧视性言论在时间上是否与原告遭受不利对待的时间相接近;相关的歧视性言论是否出自有权作出案件中雇佣行为的个体;以及相关的歧视性言论是否与案件中的雇佣行为具有关联性等。[2] 在年龄歧视情境下,如果带有年龄偏见的评价或言论针对的是 40 岁以上的个人,在时间上与该个人遭受不利对待的时间相接近,出自有权作出案件中雇佣行为的个体,且与案件中的雇佣行为具有关联性,那么可以证明行为具有歧视的故意。

(3)不同年龄者待遇差异对比

通过对比不同年龄者的待遇差异从而证明存在年龄歧视是一种较为常见的方式。一个在录用、提职或解职方面遭受了不利对待的年纪较大的人可

---

〔1〕 Pottenger v. Potlatch Corporation, 329 F. 3d 740(9th Cir. ,2003).

〔2〕 Price Waterhouse v. Hopkins, 490 U. S. 228(1989).

以通过证明与一个处在相似条件下年纪较轻的人受到的待遇截然不同,从而证明自己所受的待遇是基于非法的年龄歧视。通过此种方式证明存在年龄歧视动机时,原告应当证明,除年龄因素之外,被比较的对象与自己“条件相似”。

(4)“麦克唐奈·道格拉斯”模式在年龄歧视中的运用

和美国《民权法案》第七章下的差别对待的证明模式相类似,在年龄歧视诉讼中,能够证明存在年龄偏见或歧视动机的直接证据是比较少见的。因此,原告通常需要通过使用间接证据达到证明存在歧视动机的目的。联邦最高法院在“瑞威与桑德森管道产品公司案”(Reeves v. Sanderson Plumbing Products, Inc.)的判决中明确指出,美国《民权法案》第七章下基于间接证据证明歧视动机的“麦克唐奈·道格拉斯”模式同样可适用于年龄歧视案件。[1]

在第三章中,我们详细分析了“麦克唐奈·道格拉斯”模式的“三步走”证明方式,即第一步,由原告提供初步证据证明就业歧视的存在;第二步,由雇主提供证据证明自己的行为是基于合法的、非歧视性的理由;第三步,由原告提供证据证明雇主为自己行为辩解的所谓的合法、非歧视性的理由只是掩饰非法歧视行为的借口。在年龄歧视下,仍然适用上述“三步走”证明方式。

第一步,由原告提供初步证据证明存在年龄歧视。原告应当出示的证明年龄歧视存在的初步证据通常由以下几个方面构成:

(a)原告属于受法案保护的年龄群体;

(b)原告具备相关职位的任职资格;

(c)原告遭受了不利对待,尽管其具备相应资历;

(d)一个具备相似或者更差资历的个人,因为年纪更轻,受到了有利的对待(譬如,被予以录用或者获得了原告被拒绝的工作利益等)。

在实践中,上述中的(b)和(d)项是出现争议比较多的地方。关于(b)项中原告具备的任职资格,大多数法院认为原告只需证明自己符合特定工作岗

---

[1] 530 U.S. 133(2000).

位的基本任职条件即可。基本任职条件也可以理解为是该工作岗位的最低任职条件。如果原告不能证明自己符合特定岗位的基本任职条件,法院会认为原告未能完成证明歧视存在的初步证据的出示义务。关于(d)项中的"年纪更轻"的含义,联邦最高法院在"奥康纳与联合货币厂公司案"的判决中表示:在年龄歧视情形下,一个雇员被另一个年龄并不显著年轻的雇员取代,这样的事实并不能得出存在非法歧视的推断。[1] 也即按照联邦最高法院的意见,"年纪更轻"应当表明原告和被比较者之间具有显著的年龄差。由于联邦最高法院没有给出到底多少的年龄差才算显著,绝大多数的下级法院会按照个案的具体情况来决定年龄差是否具有显著性。但也有少数法院设定了具体的数字,比如,联邦上诉法院第六巡回庭明确认为年龄差超过 6 岁的就具有显著性;联邦上诉法院第七巡回庭则认为年龄差超过 10 岁才具有显著性,但同时也允许年龄差未超过 10 岁的案件进入实质审查程序,如果有其他证据证明被告具有年龄歧视的动机。

第二步,由雇主提供证据证明自己的行为是基于合法的、非歧视性的理由。原告一旦完成了证明年龄歧视存在的初步证据的举证责任以后,被告雇主应当证明自己的行为是基于合法、非歧视性的理由,而不是出于对原告的歧视。在实践中,常见的被告表明自己的合法、非歧视性的理由包括:原告表现欠佳、缺乏基本技能、态度恶劣、不服从上级指示、行为不端、缺乏忠诚、缺乏履行工作职责的身体素质等。被告雇主的一些主观性的理由也可以作为证明自己的行为并非出于歧视动机的证据。[2] 此外,雇主基于经济或者商业运营的原因而进行的裁员或职位削减通常也可以作为雇主证明自己行为具有合法性和非歧视性的理由。

第三步,由原告提供证据证明雇主为自己行为辩解的所谓的合法、非歧视性的理由只是掩饰非法歧视行为的借口。一旦被告完成了第二步中的举证责任,那么,原告在第一步中通过初步证据建立的对被告存在歧视动机的

---

[1] 517 U. S. 308(1996).

[2] Hedrick v. Western Reserve Care System,355 F. 3d 444(6th Cir. ,2004).

推断就被推翻了。此时,原告需要进一步通过举证证明被告在第二步中所陈述的合法及非歧视性的理由实际上是被告实施歧视行为的借口。第三步是决定原告是否能够赢得诉讼的关键性一步,但也是对原告来说难度最大、最难跨越的一步。原告的根本性任务,是证明被告在第二步中提出的合法、非歧视性理由实际上不可信。比如,如果被告基于原告的工作表现欠佳而作出对原告不利的雇佣行为的,那么,原告可以通过举证证明自己的实际的工作表现,甚至获得了加薪或提职等来反驳被告的理由,从而证明被告的理由只是借口。

2. 差别影响

在涉及年龄歧视的案件中,关于原告是否可以基于 ADEA 主张差别影响,下级联邦法院在长时间内存在较大分歧。联邦上诉法院第二、第八和第九巡回庭认为原告可以基于 ADEA 主张差别影响,但联邦上诉法院第一、第五、第七、第十和第十一巡回庭则认为差别影响在 ADEA 下并不适用,剩下的第三和第六巡回庭对 ADEA 下差别影响的适用性表示怀疑但未有直接的相关判决。最终,联邦最高法院通过其审理的“史密斯与杰克逊市案”(Smith v. City of Jackson),明确判定原告可以依据 ADEA 提起差别影响诉讼。[1]在“史密斯案”中,作为被告的杰克逊市政府推行了一项旨在提高警官待遇的措施。根据该措施,年纪较大的警官获得的加薪的绝对数额较多,但相对原有的待遇,加薪的幅度没有年纪较轻的警官来的大。被告认为上述措施为年纪较轻的警官提供了有市场竞争力薪酬,对于警官队伍的发展是有利和必要的。由一群年纪较大的警官组成的原告就此提起诉讼,认为市政府的上述措施对其造成了差别影响。联邦地区法院审理后作出了有利于被告的简易判决。原告提起上诉。联邦上诉法院第五巡回庭维持了联邦地区法院的判决,认为在 ADEA 下并不存在差别影响这样的诉因。最终案件上诉至美国联邦最高法院。经过审理,联邦最高法院推翻了联邦上诉法院第五巡回庭的判决,认为差别影响作为 ADEA 下的诉因是可行的。

---

〔1〕 Smith v. City of Jackson, 544 U. S. 228(2005).

三、不构成年龄歧视的情形

ADEA 第 623(f)条具体规定了年龄歧视的例外情形,即当出现以下六种情形时,雇主基于年龄的歧视行为不被认为违反了 ADEA 的规定:

(1)如果年龄是正常经营特定业务所合理必需的真实职业资格;

(2)如果差异性的对待是基于年龄以外的其他合理因素;

(3)如果相关行为涉及的雇员是在外国的工作场所,且遵守 ADEA 的规定将导致该雇主或该雇主控制的公司违反该工作场所所在国的法律;

(4)如果相关行为旨在遵守真实资历制度条款,且该制度并非有意逃避 ADEA 的立法目的;

(5)如果相关行为旨在遵守真实的员工福利计划条款;

(6)如果相关行为是基于正当的理由解雇或以其他方式惩罚个人。

第六章　残疾人就业歧视

一、禁止残疾人歧视的法律渊源

美国1964年颁布的美国《民权法案》是到目前为止美国最为重要的禁止就业歧视的法律渊源，但该法案并未涉及针对残疾人的就业歧视问题。美国国会分别于1973年和1990年制定颁布了美国《康复法案》和《美国残疾人法案》，来规制就业中的残疾歧视。上述两部联邦法律均禁止雇主在就业领域基于残疾原因歧视雇员或求职者，但其在适用范围上有所差异。

1. 美国《康复法案》

1973年制定颁布的美国《康复法案》的适用范围比较狭窄，只禁止三类雇主针对雇员或求职者实施基于残疾的就业歧视：一是联邦政府机构（包括美国邮政）；二是接受联邦金融资助的单位；三是联邦合同承包商。具体来看，美国《康复法案》第501条禁止联邦政府机构歧视符合该法案规定的残疾人。[1] 该条的规定不仅禁止歧视残疾人，同时还要求联邦政府机构在招录雇员时应当采取积极措施（affirmative action）来雇用有残疾的个人，并为有需要的雇员或求职者提供必要的合理便利。美国《康复法案》第504条禁止接受联邦金融资助的单位实施针对残疾人的包括就业在内的歧

[1] 29 U. S. C. §791.

视行为。[1] 美国《康复法案》第503条禁止联邦合同承包商以及次承包商在标的额超过10,000美元的合同实施过程中歧视残疾人。[2] 该条还同时规定上述承包商以及次承包商应当采取积极措施来实施禁止在就业过程中歧视残疾人的法律法规。

2.《美国残疾人法案》

虽然美国《康复法案》的制定时间较早,但由于适用的雇主类型比较有限,因而对就业歧视的规制也比较有限。为了弥补美国《康复法案》在适用范围方面的不足,1990年美国国会制定颁布了《美国残疾人法案》(Americans with Disabilities Act,ADA),禁止在就业、公共服务等方面歧视残疾人。从整体上来看,在对专业术语的定义上,比如,什么是残疾人等,ADA沿袭了美国《康复法案》的规定,表明立法者意图使新法延续旧法的规定,使新法能较好地传承旧法。而在适用范围上,ADA完全参照了美国《民权法案》第七章中的规定,将禁止歧视的雇主范围由联邦政府机构、接受联邦金融资助的单位以及联邦合同承包商,扩大到包括私营企业以及非联邦政府雇员在内的范围更大的雇主、工会组织和职业中介机构。因此,相较于美国《康复法案》,ADA大大扩大了禁止歧视残疾人的雇主的范围。具体来看,根据ADA第一章的规定,本法适用于私人雇主、州政府与地方政府单位、职业介绍所以及工会组织等。[3] 通常来讲,"雇主"是指"一个从事商业活动并雇用15个以上员工的个人或是该个人的代理人"。[4] 但是,"雇主"这个词不包括联邦政府(Federal Government)、美国(United States)、印第安族以及私人会所。[5] 根据ADA的规定,该法案可适用于宗教法人,但特定宗教法人可以特别优待某一宗教信仰的个人,也可以要求所有的申请者与员工信奉该宗教组织的教义。[6]

---

〔1〕 29 U.S.C. §794.
〔2〕 29 U.S.C. §793.
〔3〕 42 U.S.C. § 12111(2).
〔4〕 42 U.S.C. § 12111(5).
〔5〕 42 U.S.C. § 12111(5)(B).
〔6〕 42 U.S.C. § 12113(d).

ADA是1990年由美国国会通过，并由时任美国总统乔治·布什(President George Bush)签署，正式成为美国联邦法律。2008年美国国会通过了ADA修正案(ADA Amendments Act, ADAAA)，并由时任美国总统乔治·沃克·布什(President Walker Bush)签署，于2009年1月1日正式生效。ADAAA的主要变化在于明确了ADA中一些重要概念的含义，比如，什么是"主要生活活动"(major life activities)，什么是"实质性限制"(substantially limits)等。这些概念由于ADA未有明确定义，因而之前通常由联邦法院或平等就业机会委员会进行解释。法院在相关判决中指出，ADAAA没有溯及力，因而仅适用于2009年1月1日该法生效日之后所发生的歧视行为，而2009年1月1日之前的歧视行为仍然适用ADA的规定。[1]

ADA在第一章就明确规定："任何受本法案涵盖的实体均不得在工作申请、聘用、升迁、解聘、员工报酬、工作培训，以及其他就业条款、条件、优惠等方面基于残疾歧视符合规定的个人。"[2]也就是说，法案保护那些虽然有残疾，但仍具备一定工作能力的个人在就业过程中免受歧视。在实践中，法院在审理针对残疾人的就业歧视案件时，首先需要面对的问题是，原告是不是符合规定的残疾人。

二、残疾人的含义

ADA保护符合规定的残疾人在就业过程中不受歧视。因此，如果个人不是残疾人，那么他或她就无法基于ADA主张权利。按照ADA的规定，"残疾"是指个人符合如下三种情形中的一种：(a)具有身体或精神损伤，并且该损伤实质性限制了一项或多项主要生活活动；(b)有上述损伤的记录；(c)被认为具有上述损伤。按照ADA的规定，对以上三个定义的解释应该从宽。[3]

---

〔1〕 E. g., Lytes v. D. C. Water & Sewer Auth., 572 F. 3d 936(D. C. Cir., 2009).

〔2〕 42 U. S. C. § 12112(a).

〔3〕 42 U. S. C. § 12102(1)-(3).

1. 实质性限制一项或多项主要生活活动的身体或精神损伤

不难看出,法案虽然提供了三种认定残疾人的定义,但在认定个人是否属于法案规定的残疾人时,(a)项无疑是关键之所在,(b)项和(c)项关于残疾的定义是在(a)项基础上进行的延展。

(1)身体或精神损伤

ADA 本身并未对什么是身体或精神损伤进行具体定义或详尽列举。联邦最高法院在其审理的相关案件中给出了原则性的指导意见,指出在认定某项损伤是否可以构成残疾时必须依据个案的实际情况,做到具体情况具体分析。[1]

平等就业机会委员会是负责推进就业平等、禁止就业歧视的美国联邦机构,在其制定颁布的解释性规则中对 ADA 规定的损伤进行了说明。按照平等就业机会委员会的解释性指导意见,身体损伤是指任何生理上的病症或状况、容貌变形,或者影响以下一项或多项身体系统的生理结构缺损:神经系统、肌肉骨骼系统、特殊感觉器官、呼吸系统(包括发声器官)、心血管系统、生殖系统、消化系统、生殖泌尿系统、血液淋巴系统、皮肤系统以及内分泌系统等。[2] 按照平等就业机会委员会的解释,精神损伤是指,任何精神或心理上的病症,包括智障、器质性脑病综合征、情绪与精神疾病以及特定学习障碍等。[3]

值得注意的是,ADA 明确规定下列情形不属于该法案定义的身体或精神损伤:同性恋、双性恋;易装癖、易性癖、恋童癖、露阴癖、窥阴癖,非由自物理损伤造成的性别认同障碍,或是其他性行为障碍;强迫性赌博,盗窃癖,或纵火狂;由于正在使用的非法药物造成的精神性药物使用紊乱等。[4] 平等就业机会委员会颁布的相关规则认为下列事项不属于身体或精神损伤:纯粹的个人生理特点,如体重、身高、眼睛的颜色,肌肉松紧度等不涉及身体异常的表征;通常的个人性格特征,如急躁、懒惰、判断力差等;与环境、文化、经济

[1] Albertsons, Inc. v. Kirkingburg, 527 U.S. 555 (1999).

[2] 29 C.F.R. § 1630.2(h)(1).

[3] 29 C.F.R. § 1630.2(h)(2).

[4] 42 U.S.C. § 12211.

因素相关的特征,如文盲、经济困境、服刑记录等。[1] 此外,平等就业机会委员会指导性规则认为暂时性身体状况不能被认定为构成 ADA 下的身体损伤。[2]

怀孕时孕妇是否具有"损伤"? 这是个较复杂的问题。一方面,怀孕后孕妇表现出来的生理特征与 ADA 定义的构成残疾的损伤有相似之处;另一方面,怀孕导致的身体变化通常是暂时的。依据平等就业机会委员会的指导性规则,怀孕本不构成 ADA 下定义的损伤。[3] 不过,平等就业机会委员会同时也认为,基于怀孕引起的身体伤害或由怀孕引起的并发症在一定情况下有可能构成符合 ADA 规定的损伤。[4] 但也有法院在相关案件的判决中认为怀孕以及由怀孕引起的并发症并不属于 ADA 下的身体损伤,原因是上述症状并没有实质性限制孕妇的主要生活活动,并且上述症状是暂时的,而不是长期的。[5]

另一个较有争议的问题是,肥胖是否构成 ADA 下的损伤? 通常来讲,一般性的肥胖症并不构成 ADA 下的损伤,但对病态肥胖(morbid obesity)是否构成 ADA 下的损伤存有争议。在早期的案件中,有法院认为,病态肥胖可以构成 ADA 下的损伤。[6] 在该案中,被告主张病态肥胖并不属于 ADA 下的损伤,因为一方面,肥胖的状态属于可逆转;另一方面,引起肥胖的至少部分原因是个人的自愿行为。但法院并没有接受上述主张。法院认为并不能从法案的规定中解读出在认定残疾是否存在时还需要考虑个人对残疾的发生是否有促成作用。[7] 但也有法院在后来的案件中认为肥胖不构成 ADA 下的损伤。[8] 法院认为,即使是病态性肥胖,只要肥胖的产生与生理因素没有

---

〔1〕 29 C. F. R. § 1630. 2.

〔2〕 29 C. F. R. § 1630. 2(j).

〔3〕 Id.

〔4〕 Id.

〔5〕 Serednyj v. Beverly Healthcare LLC, 656 F. 3d 540(7th Cir., 2011).

〔6〕 Cook v. Rhode Island Department of Mental Health, 10 F. 3d 17(1st Cir., 1993).

〔7〕 Id.

〔8〕 EEOC v. Watkins Motor Lines, Inc., 463 F. 3d 436(6th Cir., 2006).

关联，就不能认定为属于 ADA 下的损伤。[1]

在许多的案件审理中，对于个人是否存在身体损伤有时候判断并不难，但有时候却不容易。在下面两个案例中，法院分别讨论了特定身体状况是否构成残疾的问题。其中，“拿索郡学校委员会与阿莱伊案”（School Board of Nassau County v. Arline）的原告是一位肺结核病患者，具有一定的传染性风险，法院需要审查是否属于法案规定的损伤；“布莱登与阿博特案”（Bragdon v. Abbott）的原告是人类免疫缺陷病毒（Human Immunodeficiency Virus，HIV）感染者，但尚未出现临床症状，法院面临的主要争议是原告虽然感染了 HIV，但没有任何症状，此时感染的状态能否构成身体损伤？

“拿索郡学校委员会与阿莱伊案”[2]

案件简介：原告阿莱伊在拿索郡的小学已任教 13 年。1979 年她在两年内的第三次肺结核复发后，遭被告解雇。原告起诉被告校董会，认为学校因肺结核而解雇她违反了美国《康复法案》第 504 条的规定。上述条款禁止接受联邦资助的项目仅因为个人的残疾而歧视残疾人。联邦上诉法院在审理后认为美国《康复法案》第 504 条保护患有传染性疾病的人，并裁定将此案发回重审，以确定原告是否属于尽管有残疾但“仍然可以胜任工作”的残疾人。被告提起上诉至联邦最高法院。

案件争议焦点：针对因生理损害导致具有传染性的个体的歧视是否属于违反美国《康复法案》规定的行为？

法院判决及理由：法院审理后认为，针对因生理损害导致具有传染性的个体的歧视属于违反美国《康复法案》规定的行为。美国《康复法案》第 504 条将“残疾人”定义为“任何人（1）具有一项生理或心理上的损伤，并且该损伤实质性地限制了一项或者多项个人的主要生活活动；（2）有此类损伤的记录；（3）被认为有这种损伤”。原告在 1957 年因肺结核而住院治疗的事实可

---

〔1〕 EEOC v. Watkins Motor Lines, Inc., 463 F. 3d 436(6th Cir., 2006).

〔2〕 School Board of Nassau County v. Arline, 480 U. S. 273(1987).

以充分说明她有“损伤的记录”,因此,她应当被认定为是该法案规定的残疾人。被告校董会辩称,不考虑她损伤的记录,原告被解雇的原因是其病情的反复发作对他人构成了健康威胁,而不是因为她衰弱的身体机能。但是传染性并不独立于疾病造成的身体影响,从而被用来为歧视性对待提供理由。如此将违背美国《康复法案》第504条规定的立法初衷和根本目的,即确保有缺陷的个体不因他人的偏见或无知而被剥夺工作机会。有时候,个人基于对损伤的感知而产生的偏见,跟实际损伤造成的身体限制一样,具有伤害性。一些人可能对其他人造成健康威胁,但这不能成为把全部实际或可能有传染性疾病的人排除在美国《康复法案》保护范围之外的理由。联邦最高法院判决维持原判。

本案涉及残疾人的定义问题。1987年美国联邦最高法院在其审理的“拿索郡学校委员会与阿莱伊案”中首次对残疾的定义进行了讨论。“阿莱伊案”是依据美国《康复法案》审理的案子,但值得注意的是,美国《康复法案》关于残疾的定义与ADA是一致的。在“阿莱伊案”中,原告阿莱伊是一位小学老师,被学校解雇,原因是学校认为她所患的活动性肺结核对其他人的健康构成了威胁。学校认为,如果学校开除职员是基于职员身体的传染性,而不是身体状况本身,那么上述患有传染病的职员不受美国《康复法案》的保护。但联邦最高法院并未支持学校的说法。法院认为,将上述职员的身体损伤与损伤带来的传染性进行区分处理是不妥当的:案件中的原告身体具有的传染性以及她自身身体上的损伤都起因于同一原因,即肺结核病。如果允许雇主区分疾病对于他人的影响和疾病对于病人本身的影响,并基于上述二者之间的差异实施歧视行为,这是十分不公平的。

依照法院在“阿莱伊案”中的判决,传染性疾病可以被视为残疾。因此,不管是依据美国《康复法案》还是《美国残疾人法案》,一个患上免疫缺陷综合征(Acquired Immune Deficiency Syndrome, AIDS)的人毫无疑问也应当被认为是“残疾人”。现实的免疫缺陷综合征明显符合一种实质性限制主要生活活动的身体损伤。但是“阿莱伊案”仍留给我们一个尚未解答的问题:一个人是否可以仅仅因为有传染性就能被认定为残疾人。一个人经测试为HIV阳性,即携带了导致AIDS的病毒,这个人可以被认为是残疾人吗?"布莱登与阿博特案"是联邦最高法院审理的首个涉及《美国残疾人法案》关于残疾人定义的案件。在该案中,联邦最高法院对携带HIV是否为法案规定的残疾人问题进行了阐述。

"布莱登与阿博特案"〔1〕

联邦最高法院肯尼迪(Kennedy)大法官出具了法庭意见书。

史蒂文斯(Stevens)大法官、苏特(Souter)大法官、金斯伯格(Ginsburg)大法官和布雷耶(Breyer)大法官同意此法庭意见书。

本案的焦点是,1990年颁布的ADA是否保护感染人类免疫缺陷病毒(HIV)的人。我们颁发了提审令来审理本案。我们需要解决的第一个问题是,依据ADA,感染HIV但没有发展到有明显症状的阶段情形下,被感染是否应当被认定是法案规定的"残疾"。

一

被上诉人西德尼·阿博特(Sidney Abbott)从1986年起就感染了HIV。在我们所提到的事件发生时,她的感染还没有显现出最严重的症状。1994年9月16日她去上诉人布莱登位于缅因州班戈(Bangor)市的诊所看牙科门诊。她在病人登记挂号的表格上披露自己携带HIV。上诉人完成了牙齿的诊断检查,发现了一个蛀牙,但告知被上诉人自己的诊疗不为感染HIV的病人补牙。上诉人愿意为被上诉人在医院进行补牙,不会收取任何额外费,但被上诉人需要支付使用医院相关设施产生的费用。被上诉人拒绝这样的提议。

被上诉人依据ADA第302条之规定起诉了上诉人,指控后者实施了基于残疾的歧视。ADA第302条禁止任何经营公共服务设施的人实施基于残疾的歧视。按照法律规定,公共服务设施包括专业的健康护理提供机构。

---

〔1〕 Bragdon v. Abbott, 524 U.S. 624(1998).

二

我们认为，被上诉人感染 HIV 的状态符合法律规定的残疾的定义。法律规定了三种残疾的定义，被上诉人符合（A）部分关于残疾的定义，因此，我们无须再考虑（B）部分（有损伤记录的）或者是（C）部分（被认为是存在损伤）的定义。

我们对于（A）部分定义的分析主要分三个步骤进行。第一，我们需要分析被上诉人感染 HIV 是否属于身体损伤。第二，我们需要指出被上述人所依赖的生活活动（生殖和生育），以及确定上述生活活动是否属于 ADA 规定的重要生活活动。第三，把上述两大法定因素综合起来进行考虑，看前述身体损伤是否实质性地限制了重要生活活动。在解释法律的含义时，我们应当吸收先前的类似法律中相关概念被解释的含义，以及行政机构在执行法律过程中对相关法律作出的解释。

ADA 关于残疾的定义几乎全文照搬了 1973 年美国《康复法案》中关于残疾的定义。美国国会在立法时重复采用了一个已经存在的概念，暗示国会希望该术语的解释也与现有法规解释体系保持一致。在本案中，美国国会不仅建议采取这样的解释方式，而且直接在 ADA 中具体规定：除非本章另有规定，对本章进行解释时，不应当认为本章提供了一个低于 1973 年美国《康复法案》第五章规定的标准，或者联邦机构为执行该章规定制定的标准。上述规定要求我们在适用 ADA 时应当谨记，ADA 所提供的保护至少与美国《康复法案》及其相关规定提供的一样多。

（一）

按照 ADA 规定的残疾的定义，我们首先需要确定被上诉人的状况是否属于身体损伤。确定身体损伤的规定最初由美国卫生教育和福利部在 1977 年依据美国《康复法案》发布。上述规定现在继续生效，虽然部分执法权转交给了美国司法部。按照规定，身体上或者心理上的损伤是指：（A）生理损伤是指任何生理障碍或状况、面容损毁，或影响一个或一个以上如下身体系统的组织丧失：神经系统，肌肉骨骼，特殊的感觉器官，呼吸器官（包括言语器官），心血管，生殖、消化、泌尿系统，血液和淋巴结，皮肤和内分泌等。（B）心理损伤是指任何精神或心理紊乱,包括心理障碍、器质性脑综合征、情感或精神方面的疾病以及特定的学习障碍等。

在发布上述规定时,美国卫生教育和福利部对包含一张构成生理或心理损伤清单的做法表示反对,因为任何一张清单都有可能不够综合和广泛。但上述规定的评论注释版本却包含了一个清单,标明生理损伤的代表性的目录,例如,因整形矫正诱发的疾病,视力、语言能力和听力的损伤,大脑性麻痹(脑瘫)、癫痫、肌肉萎缩症、多发性硬化、癌症、心脏疾病、糖尿病、智力缺陷、情绪疾病,以及药物依赖(毒瘾)和酗酒等。

HIV感染没有被包含在上述构成生理损伤的身体失常目录中,部分原因是因为HIV直到1983年才被明确认定为是造成艾滋病的元凶。但HIV感染后的身体状况非常符合相关规定中关于身体失常的定义。这种疾病伴随着可预测的病变过程,但到目前为止,该病变过程仍无法被有效阻断。一个人一旦感染了HIV,病毒就会侵入血液和机体组织中的不同细胞。一些白细胞,如被称为T淋巴细胞或者CD4+细胞,尤其容易受到HIV的攻击。病毒会袭击CD4靶细胞表面的受体部位,并将其自身的膜与细胞膜融合。HIV是一种逆转录酶病毒,即它用一种酶将自身的遗传物质转换成靶细胞的遗传物质难以辨识的形式。病毒的遗传物质迁移到细胞核并与细胞染色体融为一体。一旦结合,病毒就可以用细胞所拥有的遗传系统来复制自身。然后病毒的其他复制副本会被释放到身体里,反过来再影响其他细胞。病毒最终会杀死已经感染的宿主细胞。CD4+细胞在协调免疫反应系统和减少造成身体抗击外来感染机能(免疫系统功能)恶化的因素的数量方面起到十分关键的作用。跟踪被感染的个体中CD4+细胞数量是应对患病过程的最精确的措施之一。

HIV感染的初期被称为是急性或者原发性病毒感染。在典型的情况下,这个时期会持续3个月,其间病毒集中浓缩在血液中。然而之后对于免疫系统的攻击却是十分迅速的。感染者会遭遇白细胞数量的急剧而严重的减少,这是没有潜伏期的。类似单核细胞增多症状会在感染后6天至6周的时间内产生,有时会伴随发烧、头痛、淋巴结肿大(淋巴腺病变)、肌肉疼痛(肌肉痛)、皮疹、嗜睡症、肠胃失调(胃肠功能紊乱)以及神经系统紊乱。一般而言,这些症状在14~21天之内会减弱。HIV的抗体会在3周之内出现在血液中,流通的HIV会在10周之内被侦查到。

在HIV感染初期相关症状消退之后,病情进入一个新的阶段,其被称为无临床症状期。然而这个词在某种程度上来看是一个误称,因为在临床上特定症状都是一直存在的,包括淋巴结病变、皮肤疾病、口腔病变和细菌感染等。尽管每个单独的个体都是不一样的,但在大多数情况下这段时期会持续7~11年。在此阶段,病毒主要集中在淋巴结的位置,虽然血液里出现低含量的病毒。人们曾一度认为病毒在这个时期变得不再活跃,但现在被认可的观点是,症状的相对缺乏归因于病毒从循环系统到淋巴结的迁移。迁移减少了病毒在身体其他部位的显现,同时减少了病毒带来的生理反应。但是,此时病毒在淋巴结部位"茁壮成长",而淋巴结部位作为身体免疫反应系统,正是感染其他CD4+细胞的理想环境。

当一个人体内的CD4+细胞数量降至血液中$200/mm^3$或者当CD4+细胞占他或她身体内的淋巴细胞的比重少于14%时,他或她被认为是患上了AIDS。在这个阶段,临床症状基本都与HIV感染相联系,比如卡氏肺孢子虫病(PCP),卡波西氏肉瘤,以及非霍奇金淋巴瘤等都有可能出现。另外,出现在此类疾病的所有阶段的一般性系统紊乱,比如,发烧、体重减轻、疲乏、损伤、恶心、和腹泻等状况会更加严重。在大多数情况下,一旦病人的CD4+细胞数量下降到$10cell/mm^3$,就濒临死亡。

考虑一旦感染病毒被感染者体内白细胞即遭损害,以及该病的严重性,我们认为从感染那一刻起,损伤就已经发生。正如之前所提到的,感染HIV会立刻在血液中出现异常情况,并且被感染者的白细胞数量在患病阶段持续下降,即便是病毒的攻击主要集中在淋巴结细胞时也不例外。由于上述原因,从被感染那一刻起,HIV感染就应当被认为是对被感染者的血液和淋巴系统造成持续伤害性影响的生理损伤。HIV感染在患病的各个阶段都满足法律法规规定的生理损伤。

（二）

除非上述生理损伤影响重要的生活活动,否则仍不符合法律规定的残疾的定义。被上诉人在案件审理的整个过程中始终认为HIV感染对她怀孕和生育孩子的能力产生了实质性的影响。考虑HIV的严重性和致命性,在患病过程中,它在很多方面产生的对重要生活活动的影响都应当引起我们的关注。被上诉人和众多法庭之友声称HIV对感染者的生活的几乎方方面面产生了深远影响。针对上述指称,我们认为将讨论的焦点限定在“生殖活动”是不是主要的生活活动是比较符合法律规定的。我们丝毫不怀疑,在不同的诉讼中,不同的当事人会主张不一样的遭受影响的主要生活活动。

我们认为,生殖是主要的生活活动。正如联邦上诉法院所认为的,“主要”这个单词的字面含义是指,相较而言是重要的;同时,该词表明决定某一生活活动是否属于,主要应取决于该活动本身是否作用重大。生殖属于主要的生活活动的范围之内。生殖以及围绕它的性活动本身对推进生命进程至关重要。

上诉人承认生殖的重要性,他认为国会在制定ADA时,意图将那些具有公共性、经济性或者日常性特征的生活活动纳入法案调整的范围。但上述观点过于严苛。法律中的相关条文并没有表明,那些没有公共性、经济性或者日常性特征的生活活动就可以被认为是如此之不重要,而被认为不满足“主要”一词的含义。“主要”一词含义的广泛性使试图以上述方式来解释该词显得并不得当。

我们之前已经指出,对ADA相关条文的解释必须与现有的实施美国《康复法案》相关规定相一致。美国《康复法案》中包含了一个具有代表性的定义主要生活活动的目录,比如,照顾自己、执行手工任务、走路、视力、听觉、言语、呼吸、学习和工作等,而不是笼而统之地阐明一个原则来决定哪些是或者哪些不是主要的生活活动。该法案包含的上述目录是解释性的,而不是穷尽的。

上诉人试图对主要生活活动的含义进行限制性解释,但这显然与上述法律规定不相符合。法律规定主要生活活动包括照顾自己和执行手工任务等活动,这表明将ADA规定的主要生活活动理解为需要带有公共性或经济性特征是画蛇添足。相反,美国《康复法案》及其相关法规支持将生殖纳入主要生活活动范畴,因为生殖实际上比工作和学习更重要。上诉人没有提出有效的论点来支持主要生活活动应为那些具有公共性、经济性或者日常性生活活动。总而言之,按照ADA的规定,生殖属于主要生活活动。

（三）

ADA关于残疾定义的(A)部分中最后一个要素是,被上诉人生理损伤对她主要生活活动是否造成实质性限制。在这个方面,美国《康复法案》没有为我们提供更多的指导意见。

我们从医学上的相关分析表明被上诉人的生理损害实质性地限制了她的主要生活活动,这可以从以下两个方面得到证实:首先,感染HIV的女性如果试图孕育一个孩子,那么她会给男性伴侣带来被HIV感染的重大风险。据在1994年统计的13个研究艾滋病的数据显示,有20%的男性由于他们的女性伴侣感染HIV,因而也呈现艾滋病病毒阳性反应,这也是大多数的研究发现的具有统计学意义的重大感染风险。其次,被感染的女性面临在怀孕期间感染她的孩子的风险,以及在孩子出生之后母婴围产期传播的风险。上诉人承认感染HIV的女性面临25%的将病毒传染给孩子的风险。在1994年发布的相关研究报告证实了上述统计数据的准确性。上诉人指出,有证据表明使用抗反转录病毒治疗方法可以降低围产期传播病毒的风险,大约可将其降至8%。但从法律的角度来说,一个8%的令人恐惧而致命的疾病病毒的传播概率实际上也表明其对生殖造成了实质性的限制。

ADA强调针对主要生活活动的实质性限制,而非彻底的无能状态。怀孕和分娩对于HIV感染者来说并不是完全不可能,但毫无疑问,对公共卫生构成危险。这样的行为满足ADA规定的实质性限制的定义。感染病毒的个人如打算生产也存在经济上和法律上的后果。采取抗反转录病毒治疗,人身附加险(补充保险),针对那些需要定期检查的孩子进行治疗的长期医疗护理,这些都需要额外的费用。在某些州的法律中,无论是否得到允许,都禁止感染HIV病毒者与他人进行性行为。

另外,ADA 关于残疾的定义并不取决于个人的选择。当损伤造成实质性限制时,即使这些困难和障碍并不是不能克服的,同样满足规定。诚然,从我们所引用的统计学的和其他的原因来分析,HIV 感染在生殖方面的限制可能是难以克服的。正如 ADA 所规定的那样,被上诉人 HIV 病毒感染是一种对主要生活活动造成实质性限制的身体损伤。

在上述案件中,原告阿博特在 1986 年感染了 HIV,1994 年原告去被告布莱登开设的牙医诊所填齿洞,但被告拒绝在医院之外的任何地方治疗原告。原告依据 ADA 以非法歧视提起诉讼。联邦地区法院就感染 HIV 是否构成 ADA 保护的残疾人作出了简易判决。联邦上诉法院维持了原判。被告上诉联邦最高法院。本案的争议焦点是,感染 HIV 的人是否受 ADA 的保护?联邦最高法院审理后认为,感染 HIV 的人受 ADA 保护。该法案将残疾定义为实质性限制了一项或多项主要生活活动的身体或精神损伤。在审理该案的过程中,首先,法院分析了感染 HIV 是否构成一项身体损伤。通常来讲,身体损伤是指任何影响主要身体系统的生理紊乱。HIV 侵入人体血液和组织的细胞,杀死白细胞并影响身体的免疫系统。尽管这种影响不会立刻显现,即使是初期感染也对免疫系统造成了损害。显然,从感染那一刻起,感染 HIV 病毒就已构成身体损伤。其次,法院需要考虑的是,根据 ADA,该损伤是否影响一项主要生活活动。在该案中,生育是受影响的生活活动。毋庸置疑,生育是一项主要生活活动。最后,法院必须考虑该损伤是否实质性限制了上述主要生活活动。在该案中,显然感染 HIV 的女性有感染其男性伴侣以及任何其生育的孩子的风险。尽管感染了 HIV 并非意味着不可能妊娠和生育,但会给公共健康造成极大的危险。因此,感染 HIV 构成 ADA 定义下的残疾,因为它是一项实质性限制生育的身体损伤。联邦最高法院判决维持原判。

联邦最高法院对该案的判决所依据的理由与美国相关行政机关作出的涉及 ADA 定义和适用范围的解释是一致的。但也有一些人对该案的判决有所顾虑。一些评论者批评法院将生育解释为 ADA 下的一种主要生活活动。

批评者担心法院将生育解释为一项主要生活活动会导致众多不孕不育或其他生殖系统紊乱的人提起相关诉讼,效果如同打开一扇泄洪之门。

(2)主要生活活动

按照规定,个人除在身体或精神方面存在符合要求的损伤以外,上述损伤还应当对个人的主要生活活动造成了实质性影响,才有可能被认定为法案定义的残疾人。因此,对主要生活活动含义的理解至关重要。但在 1990 年颁布的 ADA 文本中并没有对什么是主要生活活动的含义进行明确的定义。美国平等就业机会委员会在其制定的解释性规则中将主要生活活动界定为"常人没有或者几乎没有困难就可以完成的基本的生活活动"。[1] 平等就业机会委员会的规则给出了一些具体的构成主要生活活动的例子,譬如,照顾自己、洗澡、装扮、如厕、拿稳自己的碗、清除垃圾、睡眠、进食、喝水、坐立、行走、看、听、说、与他人交流、呼吸、生育、阅读、写字、思考以及工作等。[2] 应当注意到,上述列举并非穷尽。因此,在功能上类似或相近的生活活动,即使没有被列举,仍然有可能成为主要生活活动。

法院在相关案例的判决中对"主要生活活动"的含义进行了较狭义地解释。在"布莱登案"中,联邦最高法院认为"主要"一词表明相关的生活活动具有明显的相对重要性。[3] 在"威廉姆斯案"(Williams)中,联邦最高法院指出"主要生活活动"是那些在日常生活中具有关键重要性的活动。[4] 在另一些案件中,法院对特定活动是否可以构成主要生活活动进行了判断。譬如,在"布朗案"(Brown)中,法院认为认知能力是一种主要生活活动。[5] 在"雅克斯案"(Jacques)中,法院认为,与他人进行交流是作为人的基本需求,因而是一种主要生活活动。[6] 法院在一些案件中对哪些活动不属于主要生活活动作出了判断。已有判例表明,下列活动被认为是不符合 ADA 规定的

---

[1] 29 C. F. R. § 1630.2(i).

[2] Id.

[3] Bragdon v. Abbott,524 U. S. 624(1998).

[4] Toyota Motor Mfg. ,Ky. ,Inc. v. Williams,534 U. S. 184(2002).

[5] Brown v. Lester E. Cox Medical Centers,286 F. 3d 1040(8th Cir. ,2002).

[6] Jacques v. DiMarzio,Inc. ,200 F. Supp. 2d. 151,170(E. D. N. Y. 2002).

主要生活活动：意识、汽车机械工作、到商店购物、铲雪、刈草、造园、滑雪、高尔夫球运动、网球运动、钓鱼以及徒步旅行等。[1] 另外，有些生活活动是否可以认定为ADA规定的主要生活活动存在争议，包括集中思想、跑步、下蹲、屈身、使用楼梯、爬、举、搬运、旅行、驾驶等。[2]

值得注意的是，由于ADA未能提供明确的定义，法院在审理案件时经常面临困惑。[3] 鉴于此，2008年美国国会通过的ADA修正案，即ADAAA对"主要生活活动"的概念通过非穷尽列举的方式进行了定义。按照ADAAA的规定，"主要生活活动"包括照顾自己、用手做事、看、听、吃饭、睡觉、行走、站、举、弯腰、说话、呼吸、学习、阅读、集中注意力、思考、交流、与工作等。ADAAA同时规定，"主要生活活动"也包括"行使一个主要身体功能的活动"，包括但是不限于免疫系统功能、正常细胞生长、消化、排便、膀胱、神经、大脑、呼吸、循环、内分泌以及生殖功能等。[4] 可见，ADAAA对"主要生活活动"的定义是相当宽泛的，法院按照ADAAA的定义审理案件对原告来说是有利的。

(3)实质性限制

在认定某个个人是否属于法案规定的残疾人时，除了个人应当具有法案规定的身体或精神损伤，该损伤还应当实质性地限制了个人的主要生活活动。在前面的内容中，我们讨论了什么是身体或精神损伤以及什么是主要生活活动，现在我们讨论什么是实质性限制。

类似于前述重要概念，ADA本身未对什么是实质性限制进行定义或说明。平等就业机会委员会制定的解释性规则认为，在确定损伤对个人的影响是否足以使其成为法案规定的残疾人时，总的原则是，应当考虑该损伤对特

---

[1] See Barbara Lindemann and Paul Grossman (Editor), *Employment Discrimination Law* (4th Edition, 2007), BNA Books, pp. 831 – 835.

[2] Id.

[3] See Michael J. Zimmer et al., *Cases and Materials on Employment Discrimination* (8th Edition, 2012), Aspen Publishers, p. 499.

[4] 42 U. S. C. § 12102(2)(A)&(B).

定个人的影响,而不是简单地依据损伤的种类或诊断书。[1] 具体来说,平等就业机会委员会认为"实质性限制"是指:①个人不能进行一个普通人能够进行的主要生活活动;②相较普通人,个人进行主要生活活动的条件、方式或持续时间受到重大限制。[2] 显然,从上述规定来看,损害对主要生活活动影响的程度既不是轻微,也不是中等,而是重大。按照平等就业机会委员会颁布的解释性规则,在衡量损害对主要生活活动的影响是否为重大限制时,损害的性质和严重程度,损害的持续时间或者预计的持续时间,以及现有的或预计会有的长期影响都是需要考虑的因素。[3]

除了平等就业机会委员会的解释性规制,法院在相关案例的判决中也对什么是"实质性限制"进行了阐述。在"布莱登案"中,联邦最高法院认为,携带 HIV 病毒者会对怀孕和生产带来风险,包括将病毒传播的风险,因此,对生育这样的主要生活活动造成了实质性限制。在解释实质性限制时,法院指出,"实质性"表明对从事主要生活活动的能力造成显著影响,但并非彻底丧失从事该活动的能力。[4] 在"威廉姆斯案"中,联邦最高法院认为"实质性限制"是指"严重制约或阻止",并同时指出应当对 ADA 相关概念进行狭义的解释,包括对"实质性限制"含义的解释,以便对符合法案规定的残疾人提出更严苛的构成要求。[5] 其他法院的判例显示,虽然构成实质性限制的损害无须具有永久性特征,但是,一般来讲,具有暂时性、短期性和非慢性特征,不具有或者几乎不具有长期或永久性影响的损害通常不被认为是残疾。从时间跨度上来看,损害状态至少应当持续数月。[6]

下面两个简短的案例分别涉及工作作为主要生活活动受到实质性限制的评断标准以及只有单眼视力导致看事物不同是否构成对视力的实质性限

---

〔1〕 29 C. F. R. § 1630. 2(j) app. (2005).

〔2〕 29 C. F. R. § 1630. 2(j)(2)(i) – (ii). (2005).

〔3〕 29 C. F. R. § 1630. 2(j) app. (2005).

〔4〕 Bragdon v. Abbott, 524 U. S. 624(1998).

〔5〕 Toyota Motor Mfg., Ky., Inc. v. Williams, 534 U. S. 184(2002).

〔6〕 See e. g., Taylor v. Federal Express Corp., 429 F. 3d 461 (4th Cir., 2005); MacKenzie v. Denver, 414 F. 3d 1266(10th Cir., 2005); Rossbach v. City of Miami, 371 F. 3d 1354(11th Cir., 2005).

制问题。其中,在"萨顿案"(Sutton)中,法院需要解决的问题是,如果原告的损伤使其无法从事某一项工作,但其仍然能够从事其他工作,那么此时损伤对作为主要生活活动的工作是否造成了实质性限制?在"克里汀伯格案"(Kirkingburg)中,法院就只有单眼视力导致看事物与双眼视力不一样是否可以构成对视力的实质性限制进行了讨论。

"萨顿与联合航空公司案"[1]

本案的上诉人(原审原告)是两个患有严重近视的双胞胎姐妹,她们申请了被上诉人(原审被告)美国联合航空公司的民航飞行员职位。在面试中,她们被告知邀请她们面试是个失误,因为她们不符合最低视力要求。她们的面试被终止,并且都没有被录用。上诉人起诉美国联合航空公司,指控其基于她们的残疾而歧视她们,违反 ADA。联邦地区法院驳回了她们的起诉,理由是由于她们的视力损伤完全可以被矫正,故她们的任何主要生活活动都没有受到实际性限制,因而不属于 ADA 定义的残疾的范围。联邦上诉法院维持了原判。

如原告意图证明雇主的要求实质性限制了其工作这项主要生活活动,原告是否必须提出与有相当培训、技巧和能力的普通人相比,他无法获得广泛的一类职位,而非一个职位?

法院认为,如原告意图证明雇主的要求实质性限制了其工作这项主要生活活动,原告必须提出与有相当培训、技巧和能力的普通人相比,他无法从事广泛的一类职位,而非一个职位。法院审理后认为,如果原告主张其损伤实质性限制了工作这项主要生活活动,那么原告至少应当证明由于损伤的存在,其无法从事一类工作。否则,如果原告仅仅不能进行某个单独职位的工作,那么其损伤并没有对工作这项主要生活活动造成实质性限制。

本案的判决结果表明,如果个人的损伤仅仅使其无法从事某一个单一、

[1] Sutton v. United Air Lines, Inc. ,527 U. S. 471(1999).

特定的工作的话,那么,法院会认为上述损伤对工作这项主要生活活动的限制并非实质性的。申言之,对工作这项主要生活活动的实质性限制至少要求损伤使相关个人无法从事多于一种工作或特定类别的工作。此外,法院指出,在认定某人是否在工作这项主要生活活动中受到实质性限制时,须考虑的因素包括原告被拒绝的工作的数量和种类,这些工作所要求的资质和技能,以及这些工作是否处于原告能合理进入的地域范围内等。如果存在其他原告可以从事的同类职位,那么原告工作的这项主要生活活动就不能认为受到了实质性限制。

在下面的这个案件中,原告基于单眼视力主张获得 ADA 的保护。联邦上诉法院认为原告的单眼视力使其看东西的方式不同于正常视力者,因此,单眼视力构成对看东西这项主要生活活动的实质性限制。但联邦最高法院并不支持这样的判断。最高法院明确指出,单眼视力是否可以被认定为残疾应当依据个案的实际情况进行分析。在本案中,不能仅仅因为个人看物体的方式不同于其他人就能表明该个人看东西的能力受到了实质性限制。同时,法院认为,在 ADA 案件中,原告负有举证责任证明其身体损伤状况以及该状况如何实质性限制了一项主要生活活动。在本案中,原告未能完成相关证据的举证。因此,不能认定原告属于法案规定的残疾人。

“阿尔伯森斯公司与克里汀伯格案”〔1〕

本案中的原告克里汀伯格是一名卡车司机,患有弱视,一种无法矫正的视力问题,他的左眼视力仅为0.1。尽管他的视力不符合交通部商用卡车司机的标准,却阴差阳错地获得了相关许可证并被本案被告阿尔伯森斯公司雇佣。但在原告的错误视力评估被纠正以后,被告将其解雇,理由是原告视力未能满足交通部的视力标准。原告随后提起诉讼,指控被告将其解雇的行为违反 ADA 的规定,因为其是符合法案规定的残疾人。联邦地区法院审理后作出了有利于被告的简易判决,认为原告并不属于 ADA 规定的残疾人。在

---

〔1〕 Albertsons, Inc. v. Kirkingburg, 527 U. S. 516(1999).

案件上诉后,联邦上诉第九巡回法院推翻了地区法院的判决,认为原告克里汀伯格举出了不可辩驳的证据表明他是单眼视觉,原告看东西的方式显著不同于平常人看东西的方式,因而其视力损伤足以构成ADA定义的残疾。此后被告阿尔伯森斯公司再次提起上诉至联邦最高法院。联邦最高法院审理后推翻了上诉法院的判决,认为没有证据证明原告的视力丧失实质性限制了原告看东西这项主要生活活动,因此不属于法案规定的残疾。

原告具有单眼视力是否构成对看东西这项主要生活活动的实质性限制?

法院审理后认为,ADA要求原告基于个案的特殊情况提供证据证明身体状况具有实质限制性,从而构成法案规定的残疾。本案的焦点在于,单眼视觉是否单独实质性限制了原告的视力。联邦上诉第九巡回法院基于平等就业机会委员会的规定,将实质性限制定义为:与普通大众相比,一种对个人进行一项主要生活活动的条件、方式或持续期间产生明显限制的身体状况。上诉法院进一步认为,原告的视觉与绝大多数其他人看东西的方式不同,因为他事实上只能用一只眼睛看东西,因此,原告的损伤构成对主要生活活动的实质性限制。联邦最高法院认为,下级法院过于草率认定存在残疾。法律规定的实质性限制的含义应当理解为损伤对个人进行一项主要生活活动的能力造成了重大的限制,而不仅仅是不同或不能。具体到本案,原告只有单眼视力,造成了原告看东西不同于其他视力正常的个体,但从法律上来说,"不同于"并不等同于"实质性限制"。此外,下级法院认为在考虑是否构成残疾时不需要考虑个人弥补损伤的能力。联邦最高法院对此并不认同。最高法院认为按照ADA认定某人是否残疾必须考虑个人弥补或改善损伤的状况。至于这种弥补或改善是得益于外部器具或措施的帮助,或身体自身的机能的调解,都无关紧要。联邦最高法院认为下级法院没有注意到在认定是否构成残疾时必须依据个案,具体情况具体分析。在本案中,没有证据证明原告的视力丧失足够达到残疾的程度。联邦最高法院裁定撤销原判。

如前所述,联邦最高法院在其审理的相关案件中,对包括"实质性限制"在内的ADA重要概念采取了狭义解释的立场,因此,在相关个人是否属于符合法案规定的残疾人这个问题上,法院的审查标准是较严苛的。但作为立法者的美国国会对此有不同意见。国会认为法院对法案重要概念的解释过于狭隘,其结果是排除了许多国会原来打算要保护的人。作为回应,2008 年美国国会通过的 ADAAA 对 ADA 的相关条文进行了修正,对部分之前由美国法院和平等就业机会委员会进行解释的重要概念重新进行了解释和阐述。修正后的 ADAAA 明确规定,关于残疾定义的解释应在法案允许的最大范围内有利于个人受法案的广泛覆盖。[1] 在 ADAAA 中,美国国会申明将"实质性限制"解释成"严重制约"并不妥当;一项限制一种主要生活活动的损伤不需要限制其他生活活动,就可以视为残疾。[2] 此外,间歇性的或是缓解中的损伤,只要发作时会实质性限制一种主要生活活动,那么就应当认定构成残疾。[3]

ADAAA 进一步规定,对一项损伤是否实质性限制一种主要生活活动的判定不应该受到类似下列矫正措施产生的改良效果的影响,包括:(1)药物、医疗器材、设备、矫正器械、低视力器具(不包括一般眼镜或是隐形眼镜)、包括义肢与康复器具在内的修复器械、助听器、人工耳蜗管或其他植入性助听装置、助行装置或氧气治疗设备与耗材等;(2)残疾辅助技术使用;(3)合理便利或辅助装置或服务;(4)习得行为或适应性神经功能改变。[4] 值得注意的是,ADAAA 明确规定了在决定一项损伤是否实质性限制一种主要生活活动时,应当将普通眼镜或是隐形眼镜等矫正措施产生的改良效果考虑在内。[5]

在前述"萨顿案"中,法院需要解决的争议之一是,如果原告的损伤使其无法从事某一项工作,但其仍然能够从事其他工作,那么此时损伤对作为主要生活活动的工作是否造成了实质性限制。事实上,"萨顿案"的另外一个争议点是,在认定相关个人的一项主要生活活动是否受到实质性限制时,法

---

〔1〕 42 U. S. C. § 12102(4)(A).
〔2〕 42 U. S. C. § 12102(4)(C).
〔3〕 42 U. S. C. § 12102(4)(D).
〔4〕 42 U. S. C. § 12102(4)(E)(i).
〔5〕 42 U. S. C. § 12102(4)(E)(ii).

院是否必须考虑矫正措施产生的改良效果?在美国国会通过 ADAAA 后,应当说,立法者已经针对上述争议给出了明确的答案。

"萨顿与联合航空公司案"〔1〕

本案的上诉人是两个患有严重近视的双胞胎姐妹,她们申请了被上诉人美国联合航空公司的民航飞行员职位。在面试中,她们被告知邀请她们面试是个失误,因为她们不符合最低视力要求。她们的面试被终止,并且都没有被录用。上诉人起诉美国联合航空公司,指控其基于她们的残疾而歧视她们,违反了 ADA。联邦地区法院驳回了她们的起诉,理由是由于她们的视力损伤完全可以被矫正,故她们的任何主要生活活动都没有受到实际性限制,因而不属于 ADA 定义的残疾的范围。联邦上诉法院维持了原判。

在认定某人的一项主要生活活动是否受到实际性限制以满足 ADA 关于残疾的定义时,是否必须将矫正措施考虑在内?

联邦最高法院认为,根据 ADA 关于残疾的定义,在认定某人的一项主要生活活动是否受到实际性限制时,必须将任何矫正措施考虑在内。ADA 禁止歧视虽然有残疾但仍然具有工作能力的个人。根据该法案的规定,"残疾"的定义:(1)实质性限制了一项或多项主要生活活动的身体或精神损伤;(2)有上述损伤的记录;(3)被认为有上述损伤。法院首先需要考虑的问题是上诉人是否符合法律关于残疾的定义,即她们是否如所诉称的那样具有实质性限制一项或多项主要生活活动的身体损伤。在本案中,上诉人承认在采取了矫正措施后她们实际上没有残疾,因此,法院需要考虑的问题是,在残疾的认定时是否需考虑矫正措施。上诉人认为,在认定损伤是否具有实质性限制时不应当考虑矫正措施。而被上诉人美国联合航空则认为一项损伤如果被矫正则其没有实际限制一项主要生活活动;并且平等就业机会委员会制定的相关指南与 ADA 的明文规定相冲突。法院审理后认为被上诉人美国联合航空的观点是正确的。法院认为,从整体上来看,根据 ADA 的规定认定某人

---

〔1〕 Sutton v. United Air Lines, Inc. ,527 U. S. 471(1999).

的一项主要生活活动是否受到实质性限制时必须考虑矫正措施,以确定其属于 ADA 定义下的“残疾”。ADA 的三项规定支持上述结论。首先,“残疾”被定义为实质性限制某人一项或多项主要生活活动的身体或精神损伤。该定义要求此人的主要生活活动事实上被限制,而不是可能或理论上被限制。如此人可以采取矫正措施来减轻损伤,则不属于实质性限制了一项主要生活活动。其次,认定一个人是否属于残疾时必须依个案处理。平等就业机会委员会制定的指南要求评估个人未矫正时的状态,这样的规定与法律规定要求具体案件具体个案处理的精神相违背。最后,美国国会在制定颁布 ADA 时曾进行过相关的调研,该调研所查明的事实表明立法者无意将所有未矫正状态构成残疾的个人纳入该法案的保护范围。由于认定残疾必须考虑矫正措施,上诉人未能证明她们的一项主要生活活动受到了实质性限制。维持原判。

2. 有上述损伤的记录或者被认为具有上述损伤

如前文所述,符合 ADA 规定的残疾人应当具有实质性地限制了一项或多项主要生活活动的身体或精神损伤。这是该法案认定相关个人是否属于法案规定的残疾人的主要标准。但此外法案还提供了两种认定残疾人的判断标准,即“有上述损伤的记录”和“被认为具有上述损伤”。

“有上述损伤的记录”是指,相关个人曾经有过某些身体或精神损伤,但现在已经康复或者病情已经得到了有效缓解,或者曾经被错误地诊断为具有身体或精神损伤。法案之所以将这类人归入残疾人的定义,是为了防止针对虽有过损伤但已康复或有效缓解,或被错误诊断为具有损伤的个人在工作场所中可能遭受的歧视或偏见。但按照该法案规定,有记录的损伤也应当是具有实质性限制一项或多项主要生活活动的损伤。非具有实质性限制主要生活活动的损伤记录,不足以成为认定符合法案规定残疾人的依据。

“被认为具有上述损伤”是指,相关个人并不具有实质性限制一项或多项主要生活活动的身体或精神损伤,但雇主错误地认为该个人具有;或者相关个人虽具有身体或精神损伤,但该损伤并没有实质性限制该个人的主要生活活动,而雇主错误地认为该损伤实质性限制了个人的主要生活活动。不难看出,无论是哪种情况,雇主对相关个人的身体或精神就是否具有损伤以及损伤的程度等产生了错误印象。按照 ADA 的规定,如果相关个人可以证明,他或她由于事实上的或想象中的身体或精神损伤而遭受了该法案所禁止的行为的对待,那么,无论身体或精神损伤是否在事实上或想象中限制了个人的主要生活活动,他或她就符合"被认为具有上述损伤"。[1] 值得注意的是,按照 ADAAA 的规定,"被认为具有上述损伤"不适用于暂时性或轻微的身体或精神损伤;暂时性损伤是指实际上或预期持续时间不超过 6 个月的功能障碍。[2]

在下面的"萨顿与联合航空公司案"中,美国联邦最高法院分析了 ADA 中涉及被认为或被视为具有损伤的含义和判断标准。法院认为,在考察相关个人是否"被认为具有损伤"以符合法案规定的残疾人有两种直观的判断方式:(1)受法案调整的实体错误地认为个人具有实质性限制了个人某一方面或者多方面的主要生活活动的身体损伤;(2)受法案调整的实体错误地认为一项实际的但不具有限制性的损伤实质性限制了个人某一方面或者多方面的主要生活活动。

"萨顿与联合航空公司案"[3]

联邦最高法院奥康纳(O'Connor)大法官出具了法庭意见书。*

我们判定上诉人不具有事实上的残疾的状态,因而未能满足法案中第(A)款中关于残疾定义的规定,但我们的问询尚未结束。因为根据第(C)款的规定,个人即使没有事实上的残疾,但当"被认为"具有残疾时,仍然属于

---

[1] 42 U.S.C. § 12102(3)(A).

[2] 42 U.S.C. § 12102(3)(B).

[3] Sutton v. United Air Lines, Inc., 527 U.S. 471(1999).

* 在本案的审理过程中,法院对 ADA 关于歧视的"残疾"的三种定义方式分别进行了讨论,本部分节选的是第三部分,也即是否构成"被认为有损伤"的分析。——笔者注

ADA 规定的残疾人。第(C)款规定的残疾包括“被视为具有”。[1] 确定一个人是否具有符合这一法案规定的定义的残疾有两种直观的判断方式:(1)受法案调整的实体错误地认为个人具有实质性限制了个人某一方面或者多方面的主要生活活动的身体损伤;或者(2)受法案调整的实体错误地认为一项实际的但不具有限制性的损伤实质性限制了个人某一方面或者多方面的主要生活活动。在上述两种情况下,涉事实体必须对这个人存在误解:要么错误地认为个人具有实质性限制损伤而事实上个人并不具有,或者个人虽具有限制性损伤但该损伤并未实质性限制个人的主要生活活动。这些误解通常是由于不能真实反映个人能力的偏见性的假设造成的。

在本案中,上诉人有身体上的损伤是毋庸置疑的。上诉人并未主张被上诉人认为她们的身体损伤实质性限制了主要生活活动,即看东西。上诉人的主张是,被上诉人错误地认为她们身体上的损伤实质性限制了主要生活活动,即工作能力。为支持这一主张,上诉人宣称被告对视力有要求。依其陈述,这一主张是建立谬误和成见基础上的。此外,这一要求妨碍了她们成为国际航线飞行员,实质上限制了她们从事工作的能力,她们认为国际航线飞行员的工作属“一类行业”。作为回应,被上诉人辩解称,国际航线飞行员的职位并非一类行业,因此,上诉人提出她们被认为在工作能力这一主要生活活动上受到了实质性限制的诉讼请求不能成立。

单独地看,被上诉人对视力有要求并不能用来支持上诉人提出的被上诉人认为她们在作为主要生活活动的工作能力方面受到实质性限制的诉讼请求。根据 ADA 的规定,雇主可以倾向性地选择具有某些身体素质的员工,或者设置身体素质标准。ADA 所禁止的是,雇主基于一个真实或是假想出来的生理或心理损伤,认为该损伤实质性地限制了一个人的主要生活活动,并基于上述认识作出了就业决策。因此,雇主可以自行决定具有某些没有达到损伤程度的身体特征或身体状况(如身高、体型,或者唱歌的声音)的人比其

---

[1] §12102(2)(C),“实质性限制某一方面或者多方面的主要生活活动的身体或精神损伤”§12102(2)(A)。

他的人更合适从事特定工作;同理,某些人具有损害,只要该损害不属于实质性限制损害,雇主就可以自由决定这些人不是从事特定工作的理想人选。

在考虑上诉人在后来提交的修订过的起诉书后,我们认为上诉人提出的被上诉人认为她们的损伤实质性限制了她们的工作能力的诉讼请求没有依据。ADA 中没有对什么是"实质性限制"进行说明,但是"实质性"表明"相当大的"或"在很大程度上"[见《新韦氏国际词典》(第 3 版)2280(1976),"实质"被定义为"在很大程度上",而"很大程度"指"有相当大的数量,重要性或价值"并且"在很大程度上或基本上是特定的"]。美国平等就业机会委员会在其编纂的相关规定中将"实质性限制"这一概念界定为"没有能力履行"或"(能力)受到极大限制"。[1]

当主要生活活动是工作时,法律规定的"实质性限制"要求原告至少需要提出她们无法从事大部分的工作。考虑到这一必要条件,当指工作能力时,平等就业机会委员会有一个"实质性限制"的专门定义,即与经过一定培训、有技能和能力的普通人相比,从事一类工作或大部分工作的能力受到极大限制。仅不能从事某一特定工作不构成对工作能力的实质性限制。[2]

平等就业机会委员会进一步提出,法院在判断一个人是否在工作能力上受到实质性限制时可以考虑的几个因素,包括个体能够进入的地理区域,以及"在该地理区域内,个体不能从事的利用相似培训、知识、技能或能力的工作的数量和种类"。[3] 在工作能力上,受到实质性限制的,一个人须不能从事多种工作、一项专业的工作或一个特定的工作。如果利用个人技能(但可能不是其特有才智)的工作仍然可以获得,那么他就不被排除在大部分工作之外。

因为双方都认可"主要生活活动"这一概念包括工作,所以我们无须考虑引述的上述条款的正确性。但是,我们注意到,将工作包括在"主要生活活动"内可能存在概念上的困难,因为似乎"容易陷入循环的论证,譬如,如果

---

〔1〕 29 CFR § §1630.2(j)(1)(i),(ii)(1998).

〔2〕 §1630.2(j)(3)(i).

〔3〕 §1630.2(j)(3)(ii)(A),(B).

一个人由于损伤而不能与他人一起工作，那么这种不能与他人一起工作构成定义残疾的一部分，但我们真正需要考虑的问题是，个人被排除在工作之外是否是残疾的原因”。事实上，即便是平等就业机会委员会也非常勉强将工作包括在“主要生活活动”的定义中，并主张将工作视为剩余的生活活动，万不得已在“一个人在其他主要生活活动上没有受到实质性限制”时才予以考虑。

即使我们不去判定工作是否属于主要生活活动，也接受平等就业机会委员会规定中对“实质性限制”的解释是合理的，上诉人仍然没有充分说服我们她们的视力问题被认为是一项实质性限制她们工作能力的损伤。她们只提出被上诉人认为她们的视力问题阻碍了她们成为“国际航线飞行员”。因为国际航线飞行员的工作是一项单一的工作，所以上诉人关于被上诉人认为上诉人有实质性限制损伤的指控不能成立。如前所述，“无法从事一项单一、特殊的工作不构成对工作能力的实质性限制”。实际上，许多其他工作可以利用上诉人的技能，如短途飞行员、飞行教员等，他们可以申请从事这些工作。即使按照平等就业机会委员会解释性适用指南的规定，“因为轻微视力损伤，一个人若不能成为民航飞行员，但是能成为民航副驾驶员或货运飞行员，其在工作能力上没有受到实质性限制”。

上诉人还同时提出，如果许多客运航空公司都有类似的视力要求，那么应当认为她们在工作能力上受到了实质性限制。即使为了论证的方便，假设其他航空公司采用类似的视力要求代表一种对工作能力的实质性限制，上诉人的观点也存在瑕疵。如果一个雇主的身体素质标准被“归咎”可适用于所有类似雇主，相关个人不能仅仅基于这一“归咎”就得出被认为其损伤在工作能力上受到了实质性限制这样的结论。一项正当的职位要求，如身高要求，如果被很多雇主采用，不会仅因为它会在很大程度上限制一个人的就业机会而成为无效的要求。因为上诉人没有提出并证明被上诉人的视力要求反映了被上诉人认为上诉人受到了视力的实质性限制，我们认同上诉法院的判决，驳回上诉人要求认定被视为残疾的诉讼请求。

3. 不属于残疾人的情形

由于 ADA 规定下列情形既不属于身体损伤,也不属于精神损伤,因此具有该情状的个体不属于 ADA 定义的残疾人,包括:同性恋、双性恋;易装癖、易性癖、恋童癖、露阴癖、窥阴癖,非由自物理损伤造成的性别认同障碍,或是其他性行为障碍;强迫性赌博、盗窃癖,或纵火狂;基于使用现有非法药物造成的精神性药物使用紊乱等。[1] 按照平等就业机会委员会颁布的相关解释性规则,纯粹的个人生理特点,比如体重、身高、眼睛的颜色,及肌肉松紧度等不涉及身体异常的表征等不能作为认定残疾的依据;个人具有特定的性格特征,如急躁、懒惰、判断力差等,以及个人具有与环境、文化、经济因素相关的特征,如文盲、经济困境、服刑记录等,均不能认定上述个人为符合法案规定的残疾人。[2]

此外,ADA 明确规定,"正在"非法使用毒品的个人不属于法案规定的残疾人。法案强调了"正在"使用这个要求,因而下面三种情形下的个人仍然在法案的保护范围之内:(1)有关个人已经成功地完成了受监管的戒毒康复计划,不再非法使用毒品,或已通过其他方式成功康复,不再使用毒品;(2)正在参加受监管的戒毒康复计划且未在使用毒品;(3)被错误地认为在非法使用毒品,而事实上并未使用。可见,认定"正在"使用是关键之所在。但由于法案并未对"正在"的含义进行明确的界定,因而在实践中法院通常面临难题。[3] 在下面的案件中,法院对相关概念进行了分析与讨论。

"曾纳与厄尔巴索医疗保健系统公司案"[4]

本案的被告是厄尔巴索,原告曾纳是被告雇用的药剂师。后来原告曾纳吸食可卡因成瘾;但尽管如此,原告依然是一名合格的员工。一天早上下班后,曾纳注射了可卡因。当晚他返回工作岗位时头晕眼花且走路困难。他电话给自己的主管,并说明了因为可卡因的影响,自己无法报到上班。主管询

[1] 42 U. S. C. § 12211.

[2] 29 C. F. R. § 1630. 2.

[3] See Barbara Lindemann and Paul Grossman (Editor), *Employment Discrimination Law* (4th Edition, 2007), BNA Books, p. 977.

[4] Zenor v. El Paso Healthcare System, Ltd., 176 F. 3d 847 (5th Cir., 1999).

问他是否需要利用员工支持计划,即 ACCESS 项目。曾纳回复说自己需要上述支持计划。他联系了自己的医师并在戒毒中心待了 9 天。在戒毒中心时,他担心自己可能会丢掉工作。因此,曾纳联系了厄尔巴索的人力资源主管门多萨(Mendoza),人力资源主管向曾纳保证,在他完成康复项目期间不用担心他的工作。但随后曾纳被解雇了。于是曾纳依据 ADA 向法院提起了诉讼。法院批准了厄尔巴索的简易判决动议。曾纳不服初审判决并提起上诉。

本案的焦点是原告是否属于正在非法使用毒品个人,因而在 ADA 法案明确排除的保护范围之外。具体而言,在本案中,雇员被雇主告知受到解雇的当天,雇员仍在相当长的时间没有克制吸食毒品,那么,按照 ADA,该雇员是否属于"正在"非法使用吸毒者?

法院审理后认为,如果截至雇主通知雇员被解雇的当天,雇员在相当长的时间内未克制自己吸食毒品,那么依据 ADA 的规定该雇员属于"正在"吸食毒品者。法院认为本案的第一个争议焦点是在雇主采取了针对雇员的不利雇佣行动时,原告曾纳是否正在非法吸食毒品。按照 ADA 的规定,雇主有权解雇正在非法吸食毒品的员工。雇主作出解雇决定时,双方的雇佣关系正式结束。在本案中,原告曾纳被告知在其病假结束后会被解雇。被告厄尔巴索作出该决定是在实施其不在医院药房雇佣可卡因吸食者的公司政策。接下来,法院需要确定在原告曾纳被解雇时他是否属于正在非法使用毒品者。法院认为,依据 ADA 的规定,"正在"这一术语意思应当是,在足够近的期间内吸毒,以至于雇主可以合理地认为吸毒是持续进行的。因此,如果在雇主做出不利的雇佣决定前几星期或几个月的时间内,有关个人处于非法使用毒品的状态,那么上述个人可以被认为是"正在"非法吸食毒品者。此外,法院在审理案件时,还应考虑雇主是否可以合理得出以下结论,即雇员滥用药物妨碍了他履行基本工作职责。在本案中,原告曾纳吸食可卡因的次数多达每周 5 次,该状态持续了近 2 年。在被告知解雇的当日,原告曾纳已经五周没有吸食可卡因。由于原告不接触毒品的时间如此之短,雇主有合理的理由相信该雇员有毒品问题。在本案中,原告曾纳的职位是药剂师,该职位要求员工具有极其谨慎的品质,任何错误都会给病人造成严重后果。原告曾纳诉称,他自愿参加戒毒康复项目,因此,有权受到 ADA 中安全港条款的保护。然而,安全港条款并不适用参与毒品项目的所有人;相反,该条款仅适用于很长一段时间不沾染毒品的人。原告曾纳还提出,他主动汇报了自己的毒瘾且自愿参与戒毒康复项目,因此,应受到安全港的保护。诚然,有一些法院区分这类个体,但其他法院认为参与非法吸食毒品的雇员不能通过在雇主发现前参与康复项目而免于被解雇。被告厄尔巴索解雇原告的做法是合理且正当的,首先,这是因为原告曾纳不能履行工作岗位的基本职责,他不是法案规定的"合格个体";其次,考虑到可卡因成瘾人群的高复发率,因此,将其解雇是合理的。

此外,按照美国《康复法案》的规定,如果相关个人当前患有传染性疾病,且因该疾病会对其他人的身体健康和安全造成直接威胁;或相关个人因当前患有传染性疾病致使无法履行基本工作职能的,不在该法案保护的范围内。ADA 也明确规定雇主可以对其雇用的雇员加以一种"资格标准"要求,合法的"资格标准"要求可以作为歧视行为的积极抗辩。[1] 上述"资格标准"包括要求个人对工作场所中的其他人的健康或安全构成直接威胁。[2] "直接威胁"按照 ADA 的规定是指"不能通过合理便利措施予以消除的、对他人的健康或安全构成重大风险的威胁"。[3]

"拿索郡学校委员会与阿莱伊案"

原告阿莱伊在拿索郡(Nassau County)的小学已任教 13 年。但是当她在 2 年内第三次肺结核复发后,于 1979 年被学校解雇。原告起诉被告校董会,认为学校因肺结核而解雇她违反了美国《康复法案》第 504 条的规定。上述规定禁止接受联邦资助的项目仅因为个人的残疾而歧视残疾人。联邦上诉法院认为美国《康复法案》第 504 条的规定保护患有传染性疾病的人免受歧

〔1〕 42 U.S.C. § 12113(a).
〔2〕 42 U.S.C. § 12113(b).
〔3〕 42 U.S.C. § 12111(3).

视，于是裁定将此案发回重审，以确定原告是否属于虽有残疾但在其他方面可以胜任工作的残疾人。被告再次提起上诉。

一个患有传染性疾病的人是否属于虽有残疾但在其他方面可以胜任工作的残疾人，如果上述疾病具有极大的传染风险，且合理便利无法消除上述风险？

法院审理后认为，一个患有传染性疾病的人如果具有极大的传染风险，且合理便利无法消除上述风险，那么，她不属于虽有残疾但在其他方面可以胜任工作的残疾人。联邦最高法院认为，下级法院在审理案件时，必须按照案件的实际情况进行个案调查，要对相关传染病进行必要的医学评估，确定风险的性质、持续的时间、严重性以及疾病传播的可能性等。法院最终裁定发回重审，以确定原告被解雇时其病情是否具有传染性，以及被告是否能够为她提供合理便利。

ADA规定如果原告对工作场所中的其他人构成“直接威胁”，那么雇主可以就解雇该雇员行使积极抗辩权。该法案第101(3)条将“直接威胁”定义为存在“重大风险”。在“阿莱伊案”判决后，美国国会修改了美国《康复法案》，将对他人构成“直接威胁”的传染病患者排除在残疾人的定义之外。

三、合格的残疾人的含义

个人若想获得法案的保护免受就业歧视，首先该个人必须是符合法案规定的残疾人。但并不是所有符合法案规定的残疾人都在法案的保护范围内，这是因为，ADA只保护范围有限的残疾人，即合格的残疾人。所谓合格的残疾人，按照ADA的规定，是指在具备或者不具备合理便利条件下，可以完成特定工作岗位基本职能的残疾人。[1] 换言之，不管是ADA还是美国《康复法案》都把在具备或者不具备合理便利条件下无法完成特定岗位基本职能的残疾人排除在了法案的反歧视保护范围之外。

---

〔1〕 42 U.S.C. § 12111(8).

以下的“东南社区学院与戴维斯案”是在ADA颁布之前,依据美国《康复法案》审理的残疾人就业案件。法院指出,一个人是否属于合格的残疾人取决于在具有或者不具有合理便利下,她能否履行一个职位的基本职能。

“东南社区学院与戴维斯案”[1]

原告戴维斯患有严重的听力残疾。由于她的残疾,被告东南社区学院的护理专业拒绝了她的申请。因她只能通过唇读来辨义,被告认为她无法就读护理专业,因为医生的指导对病人的护理至关重要。原告提起诉讼,诉称她属于美国《康复法案》第504条规定的其他方面合格的残疾人,并受到了歧视。联邦地区法院审理后认为被告拒绝录取她的决定并非歧视。联邦上诉法院撤销了原判,认为被告应当重新考虑原告就读护理专业的申请,即便她有听力残疾。被告再次上诉,联邦最高法院签发了调卷令。

1973年美国《康复法案》第504条是否禁止职业学校为临床培训专业的录取设置身体要求?即本案中的原告是否属于“其他方面合格”的残疾人?

法院认为,1973年美国《康复法案》第504条并不禁止职业学校为临床培训专业的录取设置身体要求;本案中的原告不属于“其他方面合格”的残疾人。第504条禁止联邦资助项目完全由于残疾而把其他方面合格的残疾个人排除在外。“其他方面合格”的人是指尽管有残疾,她仍能够满足项目的要求。在该案中,在护理专业的临床阶段,不依赖唇读而理解语义对患者的安全是必需的。考虑原告听力残疾的严重性,只有一个护理指导人员对其单独关注才能确保患者的安全。美国《康复法案》第504条并不强制教育机构完全不考虑个人的残疾而让其参与培训项目,或者为残疾人员参与培训项目作出实质性项目修改。在本案中,被告不愿对其护理专业做出重大调整是合理的,不构成歧视残疾人员。故裁定撤销原判。

美国《康复法案》不禁止歧视所有残疾人员,但禁止歧视虽有残疾但仍

[1] Southeastern Community College v. Davis, 442 U. S. 397(1979).

然从事相关活动的所谓的合格的残疾人。一个人是否属于合格的残疾人取决于在具有或者不具有合理便利下,她能否履行一个职位的基本职能。本案是联邦最高法院第一次对“基本职能”和“合理便利”的含义作出的最有影响的解释。

不难看出,美国《康复法案》要求残疾人具备能够完成特定岗位基本工作职能的能力,而无论有或者没有合理便利。该法案不会要求一个雇主雇用完全失明的残疾人作为司机,因为,无论雇主提供何种便利,完全失明的残疾人无法履行作为司机的基本工作职能。因此,理解“基本职能”和“合理便利”的含义是确定合格的残疾人的关键之所在。

1. 基本职能的含义

ADA 本身并未对什么是工作岗位“基本职能”的含义进行说明,但该法案明确指出,在认定“基本职能”时,应考虑雇主对工作岗位的哪些职能是基本职能的判断;如果雇主在发布招聘广告或者对求职者进行面试之前就工作岗位准备了书面说明,那么,该书面说明应视为证明工作岗位基本职能的证据。[1] 在平等就业机会委员会制定的相关解释性规则中,“基本职能”被定义为残疾人已有的或是想要的岗位的基础性、根本性的工作责任与义务。[2] 从这个定义中不难看出,“基本职能”是那些构成特定工作岗位重要和必要的责任与义务。“基本职能”不包括特定工作岗位中次要或边际的责任与义务。[3] 在现实生活中,如果雇主发布了书面的岗位说明,次要或边际岗位职责通常以类似“雇主要求完成的其他事项”的形式出现。此外,平等就业机会委员会的规则还指出,衡量某项职能是否为“基本职能”时,还应当考虑该职责是否由雇主要求所有员工都需完成以及将该职责从某一工作内容中移除是否会实质性地改变工作的性质。[4] 综上所述,按照 ADA 的规定,雇主

---

〔1〕 42 U. S. C. § 12111(8).

〔2〕 29 C. F. R. § 1630. 2(n).

〔3〕 Id.

〔4〕 29 C. F. R. § 1630. 2(n)app. (2005).

可以拒绝录用在有或者没有合理便利下不能履行基本岗位职能的残疾人,但雇主不得拒绝录用在有或者没有合理便利下不能履行边际岗位职能的残疾人。

在下面这个简短的案例中,原告哈姆林(Hamlin)是一位消防队助理队长,由于罹患心脏病而导致残疾。经过一段时间的恢复后,原告回到了消防队,但因为无法从事一线救火任务而遭到解雇。原告认为自己作为消防队助理队长,救火并非他工作的一项基本职能,因此他属于ADA规定的合格的残疾人,按照规定被告应当为其提供合理便利。但被告认为救火是相关岗位的一项基本职能,由于原告无法从事救火任务,无法完成相关岗位的基本职能,因而不属于法案规定的合格的残疾人。法院就双方的应当承担的举证责任进行了阐述。

"哈姆林与弗林特镇宪章案"[1]

原告哈姆林是被告弗林特镇消防队的助理队长,于1992年9月患上了心脏病。在经历了5个月的完全残疾状态后,他回到工作岗位,但被告知应当避免像一线救火这样的剧烈活动。但新任的消防队长命令他进行救火作业,然后以原告的体力无法完成消防员的艰辛任务为由解雇了他。原告提起诉讼称他被非法解雇,因为他作为消防队助理队长,救火并非他工作的一项基本职能。在诉讼中,由于原告证明了他是在其他方面合格的残疾人,而被告却没有为其提供合理便利,联邦地区法院于是将举证责任转移到被告,要求被告证明救火属于原告工作的一项基本职能。最终,联邦地区法院判决被告向原告支付50万美元的赔偿金。被告提起上诉。

在依据ADA提起的就业歧视诉讼中,如果雇员按规定出示了表面证据证明某项职能非为相关工作基本职能之一,此时,举证责任是否转移到雇主,由雇主证明上述职能为从事其业务所必需?

法院审理后认为,在依据ADA提起的就业歧视诉讼中,如果雇员按规定

---

[1] Hamlin v. Charter Township of Flint, 165 F. 3d 426(6th Cir., 1999).

出示了表面证据证明某项职能非为相关工作基本职能之一,此时,举证责任就转移到雇主,由雇主证明上述职能为从事其业务所必需。法院认为,ADA禁止雇主在涉及就业的各个阶段歧视虽有残疾但仍有能力从事相关工作的合格的残疾人。这些就业阶段包括工作申请、录用、晋升、解雇、薪酬、职业培训,以及其他就业条件和权利等。如果雇主承认其基于残疾做出了不利(于雇员)的就业决策,雇员可以出示初步证据证明违反 ADA 的就业歧视的存在。雇员出示的初步证据须表明其虽有残疾,但仍属于其他方面合格的残疾人,无论是否有合理便利提供。如雇员认为某项任职资格并非岗位之基本部分,那么,此时举证责任就转移到雇主,由其证明该任职资格是开展业务之必需,如果将该任职资格去除将会给雇主带来不合理困难。在本案中,原告提供证据证明一线救火并非他所在岗位的一项基本职能。他举证表明消防队助理队长本质上是行政职位。即使在紧急情况下,他的角色也只是事故指挥官,即确保其他消防队员准确装备到位并在一线监督消防员的灭火工作。原告同时指出,由于救火不是他所在岗位的一项基本职能,并且为他的残疾提供合理便利不会给被告造成不合理困难,因此,他属于法案规定的虽然残疾但仍有能力工作的合格的残疾人。此后,审理本案的联邦地区法院将举证责任合理转移到被告身上,要求被告证明一线救火是原告职位的业务需求。按照法律规定,如果雇主未能提出证据进行积极抗辩,则其不能因雇员无法完成相关工作而解雇该雇员。在本案中,被告承认其因原告无法救火而解雇原告。而原告则证明了只要不是救火,他能够完成消防队助理队长的工作。联邦上诉法院认为地区法院将举证责任转移给被告要求其证明救火是原告职位的一项基本职能的做法是合理的。联邦上诉法院维持了下级法院的判决。

2. 合理便利的含义

“合理便利”包括“合理”和“便利”两个方面。按照平等就业机会委员会相关解释性规则的规定,“便利”是指,在工作场所中任何针对工作环境或者惯常行事方式的改变或变通,以使有残疾的个人能够享有平等的就业机会。[1] 在工作场所中的便利措施包括但不限于便于残疾人使用的通道、电梯、卫生间等工作场所设施，灵活的工作时间，阅读和翻译设备以及必要的培训等。而“合理”的意思是指，上述针对工作环境或者惯常行事方式的改变或变通不会给雇主造成过度重负。[2] 那么，什么是过度重负呢？按照 ADA 的规定，过度重负是指给具有残疾人的雇员提供便利会给雇主造成极大困难或者带来极大经济开支。[3] 提供便利措施是否给雇主造成过度负担需要考虑以下因素：(1)所需便利措施的性质和花费。(2)提供合理便利所需设施的全部财政资源；在上述设施工作的雇员的数量；便利措施对花费和财政资源的影响程度，或者相关便利措施对上述设施的运行可能产生的其他影响。(3)法案所涵盖的实体(雇主)的整体上的财政资源，法案所涵盖的实体(雇主)的整体规模以及员工数量；法案所涵盖的实体(雇主)的设施的数量、种类以及位置。(4)法案所涵盖的实体(雇主)的经营类别，包括其劳动力组成、结构和职能；以及法案所涵盖的实体(雇主)设施在地理上的分离程度，涉案的设施的行政和预算关系等。[4]

按照 ADA 的规定，“合理便利”包括：(1)使其他雇员使用的现有设施容易被残疾人所获得或利用；(2)为残疾人提供岗位调整，工作时间的调整或修改，将残疾人重新分配至空缺岗位，购买或修改有关设备或设施，适当调整或修改考试内容、培训材料或政策，以及为残疾人士提供合格的读者或翻译员等其他类似便利措施。[5] 此外，按照平等就业机会委员会相关解释性规则的规定，“合理便利”通常包括三大类：(1)为确保残疾人在工作申请阶段获得平等机会的便利措施；(2)为确保残疾人被录用后能够履行岗位基本职能的便利措施；(3)为确保残疾人被录用后能够享受与其他非残疾雇员平等的工作权利和福利的便利措施。[6]

---

[1] 29 C. F. R. § 1630. 2(o) app. (2005).

[2] See Mark Rothstein, et al. , *Employment Law* (3rd Edition), West Publishing Co. , pp. 466 – 467.

[3] 42 U. S. C. § 12111(10)(A).

[4] 42 U. S. C. § 12111(10)(B).

[5] 42 U. S. C. § 12111(9).

[6] 29 C. F. R. § 1630. 2(o) app. (2005).

在下面这个案例中,原告原先在被告的某个部门工作,由于受到身体伤害导致残疾。此后,无论雇主提供何种便利措施,原告均无法完成原有岗位的基本职能。但是在被告的其他部门,存在原告可以从事的岗位,而无论被告是否提供便利措施。被告认为,无论提供何种形式的便利措施,原告均不能完成他所在岗位的基本职能,所以原告不是 ADA 规定的合格的残疾人。但法院审理后认为,被告的上述观点与法案的规定不符。

“史密斯与米德兰·布雷克公司案”[1]

原告史密斯在被告米德兰·布雷克公司(以下简称米德兰公司)工作了 7 年,就职于电灯装配部门。他在工作期间接触了各种化学品,造成了肌肉损伤和手部慢性皮炎。原告身体损伤情况严重,以至于他的医生限制了他的工作活动,并责令他不得工作或者至少在一定期限内停止工作。米德兰公司没有其他工作可以提供给史密斯,最后因为无法为他的情况提供便利而解雇了他。

无论雇主提供任何便利,雇员无法完成现有岗位的基本职能;但雇员能完成雇主其他岗位的基本职能,无论雇主是否提供合理便利,在这种情况下,该雇员是否为符合法律规定的合格的残疾人?

法院审理后认为,雇员无法完成现有岗位的基本职能,无论雇主提供任何便利;但雇员能完成雇主其他岗位的基本职能,无论雇主是否提供合理便利,在这种情况下,该雇员属于符合法律规定的合格的残疾人。按照 ADA 的规定,“合格的残疾人”是指,“个人虽有残疾,但无论有或没有合理便利下均能完成现有岗位或其期望岗位基本职能的残疾人”。被告认为,无论提供什么水平的便利,原告均不能完成他所在岗位的基本职能,所以原告不是 ADA 规定的合格的残疾人。但法院认为,被告对法律的解读忽视了一个事实,即法律在定义合格的残疾人时,不仅包括现有岗位,同时也包括公司中存在的员工所期望的岗位。这个结论也与 ADA 中所列的“合理便利”的种类相对

---

[1] Smith v. Midland Brake, Inc., 180 F. 3d 1154(10th Cir., 1999).

应。ADA 列举了雇主应提供的合理便利的类型,包括调岗至空缺职位。这种调岗措施并非仅仅将残疾雇员置于参与空缺职位竞争的状态。如果没有合理便利可以将员工留在现有岗位,那么只要雇员能够胜任被调岗的职位,不给雇主增加过度重负,雇主就应当为上述雇员进行调岗。总而言之,为雇员的现有岗位提供合理便利是首选。否则,如果雇主可以采取合理措施,那么就应当为雇员进行调岗。

雇主调岗应注意以下几点:(1)雇主和雇员之间就合理便利问题应当开展积极的沟通;(2)调岗仅限雇主公司现有职位;(3)现有职位有空缺;(4)雇主无须违反其他促进其合法商业利益的重要根本性政策;(5)调岗无须给予雇员职位晋升;(6)雇主可就具体调岗岗位自由选择;(7)雇主只需将雇员调岗至其无论有无合理便利均能胜任的工作岗位;(8)如果调岗会给雇主带来过度重负,则雇主无须提供调岗。

法院认为,ADA 对雇主可以提供给雇员的调岗种类设置了一定的限制。比如,如果调岗要求岗位重组,且该重组导致岗位要求发生实质性变更,则雇主可不重新安排工作岗位。另外,雇主也可以所提出的便利会对企业经营活动造成“过度重负”为由,对其未提供合理便利进行抗辩。雇主需证明的是,考虑了有关情况,提供便利有极大的困难和财务支出。

此外,在实践中,比较常见的问题是,雇主提供的便利措施可能导致与雇主现有的资历制度发生抵触,此时,相关便利措施是否属于合理的便利措施?法院对这个问题进行了解答。在下面的“全美航空公司与巴内特案”(US Airways, Inc. v. Barnett)中,原告巴内特是一位在被告公司从事货物装卸工作的员工,他在工作过程中背部受伤,构成 ADA 下的残疾人。按照 ADA 的规定,被告应当为原告提供合理便利。因此,原告要求被告将其调岗至体力劳动较少的收发室。但与此同时,根据被告全美航空公司的公司制度,上述岗位定期向具有相关资历的员工开放申请。结果,有两位资历较老的公司员工申请该职位。法院所要审查的核心问题是,按照 ADA 的规定,当雇主需要向有残疾的员工提供便利措施,但该便利措施又与公司的资历制度相抵触,此时，是否应当认定相关便利措施具有合理性？

“全美航空公司与巴内特案”[1]

联邦最高法院布雷耶(Breyer)大法官出具了法庭意见书。

1990年的ADA禁止雇主歧视在有“合理便利”的情况下，能够完成基本工作职责的“残疾人”。本案由一个简易判决上诉而来，需要我们解决问题涉及如下一个争议点，即ADA是如何解决以下两者的潜在冲突的？(1)残疾员工具有的基于“合理便利”而被安排至一个特定职务的权利；(2)在雇主的资历制度下，其他资历较老的员工优先获得上述职位权利。

我们认为，在处理本案以及类似案件过程中，应当认定资历制度优先于残疾员工的合理便利。正如我们对法案的解释所揭示的，如果一项便利要求和资历制度存在冲突，那么，通常说明该便利是不“合理的”。因此，除非案件存在其他值得考虑的因素，仅仅在上述两者之间需要法院作出裁定的，雇主即被告应当有权获得有利的简易判决。原告依然可以提供特殊情况的证据，以证明在特定的案件中，“合理”是一个资历规则例外。原告能够出示特殊证据的，则雇主将不能获得有利的简易判决。

一

1990年，本案的原告即被上诉人巴内特，在上诉人全美航空公司从事货物装卸工作时背部受伤。他基于资历上的特权，调任到体力劳动较少的收发室。根据全美航空公司的资历制度，像其他的职位一样，上述岗位定期向具有相关资历的员工开放申请。1992年巴内特获悉至少有两个比他资历更老的员工有意争取这份收发室的工作。他要求全美航空公司破例让他留任，原因是对他由残疾导致的工作上的限制提供便利。全美航空公司允许巴内特继续在收发室工作5个月，在此期间公司考虑如何处理这件事。但最终全美航空公司决定不破例，巴内特因此失业了。

随后巴内特依据ADA提起了诉讼，他的诉求之一是，他是一个能够完成

---

[1] US Airways, Inc. v. Barnett, 535 U. S. 391(2002).

收发室工作基本工作职能的“残疾人”;他要求的这份工作相当于为残疾人提供的“合理便利”;他认为全美航空公司拒绝给予他这份工作是对他的非法歧视。

联邦地区法院作出了有利于被告的简易判决,但是联邦上诉法院推翻了该判决。全美航空公司向联邦最高法院请求移送诉状,诉请法院裁定如下问题:尽管另一个员工根据雇主合法施行的资历制度有权获得该职位,但 ADA 要求雇主为残疾员工提供“合理便利”,雇主是否应当将上述职位分配给残疾员工?

二

为了回答上述问题,我们应考虑以下法律条文。第一,ADA 规定雇主不能“歧视合格的残疾员工”[42 U. S. C. §12112(a)]。第二,ADA 规定“合格”的人包括“不论有没有合理便利,能够完成相关职位基本任务的残疾人”[§12111(8)]。第三,ADA 规定的“歧视”情形包括雇主“不给已知有生理或者精神缺陷的合格员工提供合理便利,除非雇主可以证明这种便利会给它的经营活动造成过度重负”[§12112(b)(5)(A)]。第四,ADA 规定“‘合理便利’应包括对相关人员的工作岗位进行调岗”[§12111(9)(B)]。

在本案中,关于适用资历制度,双方当事人用完全不同的方法解释该法律条文。全美航空公司认为,一个会违反资历制度的便利,其“不合理”是不言自明的。而巴内特则持完全相反的观点,认为违反资历制度绝对无法证明便利请求“不合理”。巴内特承认违反资历规定可能表明该便利会给雇主造成“过度重负”,但这应在个案中由雇主来具体予以证明。

(一)

全美航空公司主张,在解决资历制度和便利要求之间存在矛盾的问题上,资历制度应当总是要优先于便利要求。全美航空公司的上述主张是基于它对 ADA 规制工作场合有关“优待”措施的解读。只要便利要求违反了工作中的残疾中立规则,如资历规定,那么这种便利就会给残疾员工提供其他员工没有的待遇。然而,全美航空公司认为 ADA 只为残疾人寻求“平等”待遇,而不要求雇主提供优待。因此,该法案并不要求雇主违反残疾中立规定,同意为残疾员工提供优待的请求。

以上观点尽管从字面上看是合理且有逻辑的,但却没有意识到,为了达到法案的基本的平等机会的立法目的,有时候采取优待措施也是必要的。ADA 要求雇主为残疾人提供“合理便利”,这实际上就是一种优待,这些优待能让残疾人同样获得其他没有残疾的人能够自动获得的工作机会。根据定义,任何特殊“便利”措施要求雇主区别对待残疾员工,这本质上即是优待。即便雇主的优待政策违反雇主残疾中立规则,但优待政策本身并未脱离法案的管辖范围。

如果不这样解释,该法案规定的“合理便利”就无法实现立法者原本希冀的立法目的。中立的办公室分配规定会自动禁止为残疾员工提供合理便利使其能在一楼工作。中立的“工休”规定会自动禁止为残疾员工提供合理便利使其获得额外休息时间,从而可以进行一些活动,如就诊活动。中立的办公用具预算规定会自动禁止为残疾员工提供合理的便利来购买不同的办公桌椅。许多雇主都可以制定中立的规则,但这些规则所指向的恰恰是残疾员工急需的举措。法律举例的举措包括“调整工作”、“兼职或变通的工作时间”、“购置或改装设备或仪器”以及“其他类似便利”等。但是,在给出上述举措的同时,立法者完全没有暗示工作场所的中立规定可以自动地成为豁免的理由。

综上所述,“合理便利”要求的本质,立法者的实际举例,以及法案对于中立规定豁免效力的沉默态度,所有这些综合表明 ADA 不提供任何这样的自动豁免。便利会造成“优待”,譬如,允许残疾员工违反其他员工都必须遵守的规定,这一简单事实本身不能自动证明该便利是不合理的。因此,全美航空公司的上述观点和斯凯利亚大法官的立场,我们无法赞同。

（二）

巴内特指出,法律规定的“合理便利”,仅指“有效便利”,让法庭考虑便利请求是否和残疾人具体的需要相符,别无他意。根据该观点,违反资历规则与便利的有效性无关,因此也就与其“合理性”没有关系。违反资历规则最多能帮助证明“给经营活动造成过度重负”。巴内特又称其他任何观点都会使“合理便利”和“过度重负”实际上互为镜像,造成法律规定的冗余。而且他说任何其他这种观点都会造成实际举证责任困境。

巴内特认为,之所以产生实际举证责任困境,是因为法律规定雇主负有“过度重负”的证明责任,而证明“合理便利”的责任落在了原告身上,即这里的雇员。这种分配看似合理,因为雇主证明存在经营重负比雇员证明其不存在更加寻常容易。但是,假设雇员为了证明一项“便利”请求是“合理”的,必须对“违反资历规则”进行抗辩。尽管法律要求雇主“证明”存在重负,这难道不会实际上迫使雇员证明不存在过度重负吗?但是根据法律的规定,证明过度重负的举证责任应当在雇主身上。

基于上述理由,巴内特对“合理”的法律解释无法令我们信服。首先,从语义角度来看,英语中“合理”的通常含义并不包含“有效”的意思。是“便利”一词,而非“合理”一词,传达对有效性的需求。一个无效的“改装”或“调整”不能弥补残疾人的缺陷。从“合理便利”的普通英语含义也不能得出它是“过度重负”的简单多余镜像。ADA 指的是“对经营活动的过度重负”。[1]然而,一个有效便利要求可能会不合理,不是因其对经营活动的影响,而在于对其他同事的影响,比如,由于该要求会导致其他雇员的解雇、调职,或者员工福利的改变。然而从公司经营的角度来看,雇主可能觉得无关痛痒。

从 ADA 的根本立法宗旨来看,巴内特对法律的解读也存在偏颇。ADA 的立法宗旨是希望减少甚至消除刻板的思维过程、轻率的行动,以及不友好的反应,这些往往阻碍残疾人全面参与国民生活,包括就业。这些目标要求在工作场所中的雇主和同事们消除偏见,对残疾人雇员作出合理积极的反应。有时候法律要求人们对促使残疾人进入工作场所进行积极作为。但法律并不要求超出合理限度的行为。

另外,“合理”的平常文义解释也不会造成巴内特所说的“举证责任”方面的困境。许多下级法院已在实践中调和了“合理便利”和“过度重负”这两个词语,驳回了全美航空公司和巴内特的相对较为绝对的观点。

---

〔1〕 42 U. S. C. § 12112(b)(5)(A).

下级法院认为,原告(雇员)若想击败被告(雇主)的简易判决动议,只需证明"便利"表面上看起来合理,即在通常情形下或在类似案件中是合理的。例如,在"瑞德诉里佩吉面包店案"[Reed v. LePage Bakeries, Inc. ,244 F. 3d 254,259(CAI 2001)]中,原告通过证明"至少从表面上看"雇主可以提供便利完成合理性举证;在"博尔科夫斯基诉山谷中心学校区案"[Borkowski v. Valley Central School Dist. ,63 F. 3d 131,138(CA2 1995)]中,原告通过证明"似乎合理的便利"完成"举证责任";在"巴斯诉格尔布案"[Barth v. Gelb,2 F. 3d 1180,1187(CADC 1993)]中,法院解释了美国《康复法案》相关条文,认为原告只需要证明他寻求一种"在类似案件中合理的便利"。一旦原告完成该举证,被告(雇主)就必须证明存在特殊情况(尤其在具体案件中),使其承担了过度的重负。

不是每个法院都使用了相同的措词,但法院都给出了相似的结果。我们认为,法案的实际含义和通常的简易判决所体现的原则是一致的,既有效回避了巴内特所提出的举证责任困境,同时又调和了两个法律用语,即"合理便利"和"过度重负"之间的应有之义。

三

在本案中,我们应当关注的焦点是,资历制度和原告证明"便利"表面上看起来是合理的需要(通常或者在类似案件中),这两者之间的关系究竟应该怎么来梳理。我们必须假设原告(雇员),是法律规定的"残疾人",他请求的"合理便利"是收发室的一个职位。同时,我们假设正常情况下,这种请求按照法律规定是合理的,除非,这个便利会因违反资历制度的规定而变得不合理。那么,违反资历制度会导致该请求不合理吗?

我们认为,在通常情况下,上述问题的答案是肯定的。法律没有要求每个案子都需要证明应当适用资历制度,因为在以往类似案件中,有争议的工作分配优先于资历制度规定并不合理。因此,在通常情况下适用便利是不合理的。

(一)

我们的结论是,从以往案件来看,有以下几个因素表明便利要求不合理。

类似判例法支持这个结论,因为判例法承认资历制度对员工和管理层关系具有非常重要的作用(法院列举了数个根据美国《康复法案》第12章判决的结果,而且ADA认为集体谈判协议里的资历制度优先于便利要求,更何况不是只有集体谈判体系才能带来有关资历制度的优点,并产生违反资历制度而导致的问题)。

首先,典型的资历制度通过创造并达到员工对公正平等对待的期望,提供了重要的员工福利。这些福利包括“工作保障和基于客观标准,稳定且可预测的晋升机会”,包括“一点正当程序”来限制“人事决定中的不公平”。而且,这些福利鼓励员工投资他们所在的公司,在职业生涯早期接受较少的收益,以便在日后获得更大的收益。

现在最重要的是,要求某个雇主表明,在资历制度之外存在其他影响职工福祉的安排,这很可能会使员工对持续、统一的待遇的期望破灭——而资历制度的优点正是在于他们对日后待遇的期望。这是因为,资历制度之外的其他安排会导致一个复杂的、基于个案的、由管理层决定的“便利”措施取代更加统一客观的资历制度。这种管理决定,不可避免地带有自由裁量的成分,会带来对员工来说最重要的事——失业;这会发生在法院审理的各种案件中,而且还会经常发生。我们认为,在ADA中没有任何地方表明美国国会立法者试图破坏资历制度。因此,我们得出结论,雇主证明便利措施违反资历制度本身已经足够说明该便利不具有合理性。

（二）

当然,尽管有资历制度的存在,原告(员工)仍然可以证明由于特殊情况的存在使“便利”要求在特定事实面前是“合理”的。因为特殊情况可能会改变上面所提的员工的重要期望。例如,原告可以证明,雇主保留了单方修改资历制度的权利,而且常常使用这个权利,从而降低了员工对该制度会被遵守的期望。这样一来,如果为了安排一个有残疾的员工入职,而导致一个员工离职,也不会有什么影响。原告也可以证明,资历制度事实上已经有了例外,因此,再多一个例外也无关紧要。我们并不试图穷尽举例,表明原告需要提交的证明;我们想说的是,原告必须承担举证责任,证明在具体的案件中存在特殊情况，使资历制度的例外是合理的。并且为了证明这一点，在具体案件中，原告必须解释雇主资历政策的例外构成“合理便利”，尽管在平常案件中是不合理的。

四

在本案中，全美航空公司需要我们解答的问题是，在雇主已经建立的资历制度下，一名员工按照资历可以获得一份特定工作，ADA 是否要求雇主将该职位分配给需要便利措施的残疾员工？我们的回答是，在通常情形下，ADA 没有这样的要求。因此，如果雇主可以证明这一分配会导致违反资历制度，那么雇主即可申请动议获得有利的简易判决，除非有其他特殊情况存在。为此，原告必须提供更多证据，即特定案件中的特殊情形。

按照 ADA 的规定，雇主有义务为具有残疾的雇员提供合理的便利。提供合理便利的目的是使上述残疾员工能够在一个相对舒适的环境下工作。但问题是，雇主提供便利措施为残疾员工营造舒适工作环境的程度如何把握？雇主提供的便利措施使有残疾的员工能够在合理舒适的环境下工作，此时，是否应当认为雇主已经履行了法律规定的义务？在下面的“范德·桑德与威斯康星州管理部门案”中，法院给出了肯定的答案。

“范德·桑德与威斯康星州管理部门案”[1]

原告范德·桑德是一名截瘫患者，在被告处工作。原告偶尔会因为残疾产生压迫性溃疡，需要待在家里。在办公室时，她可以使用附近卫生间里的水槽，该水槽被调低了，以方便她的使用。但在办公室附近的小厨房里的水槽却没有被调低。被告为原告提供了许多便利设施，包括购买特殊的可调节的家具，调整她的上班时间表以满足她较多次数的医疗预约，更改新办公楼衣帽间的设计图，等等。然而，原告仍然要求被告满足她的以下要求：(1) 允许原告全职在家办公，并在其压迫性溃疡严重发作时给她提供电脑；(2) 调

[1] Vande Zande v. State of Wisconsin Department of Administration, 44 F. 3d 538 (7th Cir., 1995).

低小厨房里的水槽。原告随后换了工作并对被告提起了诉讼。法院作出了有利于被告的简易判决。原告提出上诉。

雇主采取必要措施使残疾员工能够在一个合理舒适的环境下工作，是否应当认定雇主履行了提供合理便利的义务？

法院审理后认为，雇主采取必要措施使残疾员工能够在一个合理舒适的环境下工作，则应当认定雇主履行了提供合理便利的义务。在本案中，应当认定被告为原告范德·桑德提供了合理的便利。雇主，尤其是政府机构雇主，有义务降低运营成本，不必允许雇员在家办公，尤其是当允许雇员在家办公会影响团队精神以及工作效率的情况下。在原告没有要求被告准许其在家办公的情况下，被告主动减少了她的工作负担，因而使原告可以利用已经积累的病休时间工作，从而不影响收入。原告可以用卫生间里的水槽洗咖啡杯等物品，所以被告可以不用花钱降低厨房的水槽。法院认为，雇主没有义务花钱为残疾员工和非残疾员工创造完全相同的工作条件和工作环境。最终，法院裁定维持原判。

从本案的审理和判决中不难看出，美国法院在保护残疾人获得平等的就业权利和职业待遇的同时，实际上法院也会顾及雇主的处境。按照法律要求，雇主有义务为符合法律规定的合格的残疾人在工作中提供合理便利措施。但这样的便利措施的根本目的，是使有残疾的员工能够较好地履行工作职责。法律并不要求雇主为有残疾的员工提供“额外”的便利措施。如果在便利措施下，有残疾的员工能够在一个合理舒适的环境下进行工作，那么，雇主应当被认为已经履行了提供合理便利的义务。

按照 ADA 的规定，如果提供便利措施会给雇主带来过重负担，那么此时便利措施不具有合理性，雇主也就没有提供该便利的义务。在通常情况下，过重负担总是与雇主为便利措施付出的经济成本相关联。但此外，如果便利措施对雇主的经营活动造成不当影响，也应当认定为给雇主造成过重负担。

“德克斯勒与蒂施案”[1]

原告德克斯勒患有软骨发育不全侏儒症(一种发育障碍),身高仅4英尺5英寸(约合134.64厘米)。他应聘了美国邮局配送员职位。被告拒绝录用原告,因为原告无法胜任这份工作,且为原告的残疾提供便利需要调整被告整体的运营流程。原告主张自己作为一个残疾人遭到了被告的歧视性待遇。原告认为一个便携台阶工具、一个站台或岗位调整都可以让他够到最上层的分类槽或信箱,从而完成工作。

如果便利不当影响了雇主经营活动,上述便利是否给雇主造成过度重负?

法院审理后认为,如果便利措施不当影响了雇主经营活动,则应当认为上述合理便利给雇主造成了过重负担。在确定相关便利措施是否给雇主造成过重负担时,美国平等就业机会委员会的规则建议考虑以下因素:(1)雇用单位整体规模大小、职员数量以及设备状况;(2)雇用单位的业务类型;(3)便利措施的性质和成本。在本案中,雇用单位的业务类型、便利措施的性质和成本都有所涉及。具体来看,使用工具或站台并不是合理的便利措施,因为这样的措施存在安全风险且导致效率低下。法院认为,如果雇主采取的便利措施会过分降低业务运行的效率到一个不可接受的程度,那么雇主没有义务采取该便利措施。综上所述,本案中为原告提供便利会过度影响被告的业务运营。在残疾歧视案件中,雇主须证明采取便利措施会造成过重负担。一旦雇主证明成立,则原告丧失受法律保护的合格残疾人的身份。雇主就不再负有为其残疾提供便利的义务,也就可以合法地基于其残疾而不予录用。

雇主虽然有义务提供合理便利,但如果提供合理便利会导致对法律法规的明显违反,那么,雇主的义务就应当被免除。在下面的“德斯皮尔斯与密尔沃基郡案”中,原告的工作职责之一是开车,但因为醉酒驾驶被吊销驾照。被

[1] Dexler v. Tisch, 660 F. Supp. 1418 (D. Conn. 1987).

告将其降职。原告认为其被降职是由于自身残疾所致,构成歧视。但法院审理后并不认同。

“德斯皮尔斯与密尔沃基郡案”〔1〕

原告德斯皮尔斯在被告密尔沃基郡的维修部门工作,工作职责包括开车运输零部件,因此,该职位要求雇员有驾驶证。法院查明,原告德斯皮尔斯是一名酗酒者;各方对酗酒是一项残疾没有异议。原告德斯皮尔斯在第四次酒后驾车后被定罪,他的驾驶证被吊销了。由于他没有了驾驶证,被告密尔沃基郡将他降调到一个不需要开车且工资较低的职位。随后原告德斯皮尔斯提起诉讼,诉称他是因残疾而被降职。初审法院作出了有利于被告密尔沃基郡的简易判决;原告德斯皮尔斯不服提起上诉。

本案的争议焦点是,为残疾员工提供合理便利是否要求雇主忽略违法行为?

法院审理后认为,雇主虽有提供合理便利的义务,但法律不要求雇主忽略违法行为。在本案中,双方都认可酗酒属于是《美国残疾人法案》和美国《康复法案》定义下的残疾,但原告德斯皮尔斯并非因其酗酒而被降职。原告德斯皮尔斯被降职的原因是他的驾驶证被吊销,无法完成相关工作的基本职能。并且,与许多不开车的酗酒者不同,原告德斯皮尔斯不是被酗酒迫使酒后驾车,是原告德斯皮尔斯自己作出决定酒后驾车。事实上,原告德斯皮尔斯有时候不喝酒,因为如果他一直处于醉酒状态,他应该早就被解雇了。因此,酗酒并不能迫使原告违法,而合理便利不要求雇主忽略残疾雇员的违法行为。上诉法院最终判决维持原判。

关于酒精和药物滥用的问题,许多上诉巡回法院都遵从“德斯皮尔斯与密尔沃基郡案”中确立的审查方法。有些法院甚至走得更远,认为雇主因酗酒或药物滥用而解雇或惩戒一名残疾员工并不构成非法歧视。原因是,尽管酗酒和药物滥用属于残疾,但雇员受精酒或药物影响下作出的不当行为从雇

---

〔1〕 Despears v. Milwaukee County, 63 F. 3d 635(7th Cir. ,1995).

员的角度来说并非出于被迫。

在残疾歧视案件中,原被告双方应当各自承担怎样的举证责任,这是一个比较重要的问题。在下面的"基尔与斯莱克特公司案"中,法院就涉及残疾歧视案件中原被告双方的举证责任分配问题进行了阐述。具体来看,残疾歧视案件中原被告双方举证责任分配仍然依循了联邦最高法院在"麦克唐奈·道格拉斯公司与格林案"中确立的证明规则,[1]也即原告首先需要承担初步证明残疾歧视存在的举证责任;在原告完成初步证明残疾歧视存在之后,举证责任转移至被告雇主,由雇主出示证据证明其行为存在合法的、非歧视性的理由;之后,举证责任再次转移至原告,由原告证明被告所谓的非歧视的理由实际上只是其实施歧视行为的借口。

"基尔与斯莱克特公司"[2]

原告基尔是被告斯莱克特公司的一名票据文员,天生失聪。他多次要求被告为其购买通信设备,以便用于私人和工作通话。被告斯莱克特公司以履行工作职责不需要通信设备为由拒绝了他的要求。原告基尔向罗伯特·弗莱(Robert Fry)(斯莱克特公司的共有人)写了一封信,再次提出该要求,并复印了该信。朱莉·弗莱(Julie Fry)(另一位共有人)找到基尔,询问他为什么使用复印机。基尔说他要求购买通信设备。当朱莉·弗莱拒绝原告的要求时,原告基尔大声呵斥了她并猛关自己的抽屉。之后,朱莉·弗莱问基尔是否意识到他当着其他员工的面朝她大吵大叫。基尔说自己未意识到,并向朱莉·弗莱道歉。而后原告遭到解雇,原因是他不尊重和服从公司上级。之后基尔以雇主的报复性解雇、歧视性解雇和未按照 ADA 提供便利措施为由向法院提起诉讼。联邦地区法院审理后认为,基尔没有证明斯莱克特公司有歧视的意图;斯莱克特公司没有不为基尔提供便利;从基尔的信和被解雇之

---

[1] McDonnell Douglas Corp. v. Green 411 U. S. 792(1973).

[2] Kiel v. Select Artificials, Inc. ,169 F. 3d 1131(8th Cir. ,1998).

间的时间间隔来看,无法证明被告斯莱克特公司具有报复的意图。联邦地区法院作出了对被告有利的简易判决。原告基尔不服,向联邦上诉第八巡回法院提起上诉。

本案的争议焦点是在涉及残疾歧视的案件中,在原被告之间应当怎样分配举证责任?尤其是,原告是否有责任证明按照ADA的规定其为残疾人,能够履行工作的基本职能,且受到了不利的就业对待,从而表明非法歧视的存在?

法院审理后认为,在证明非法歧视的存在方面,原告负有举证责任。在歧视性解雇案件中,原告有责任证明依照ADA,其构成残疾,能够履行工作的基本职能,且其受到了不利的就业对待,从而证明非法歧视的存在。法院指出,原告首先必须出示证明就业歧视存在的初步证据。然后,举证责任转移到雇主一方,雇主须明确说明自己的行为有正当的、非歧视的理由,以反驳原告提出的非法歧视的指控。如果雇主完成了自己的举证责任,则原告须证明雇主提出的非歧视原因仅仅是托词而已。在本案中,原告基尔有责任证明自己是ADA项下残疾人,能够履行工作的基本职能,受到了来自雇主的不利的就业对待,从而证明非法歧视的存在。原告可以出示证据表明一个相似处境的非残疾员工受雇取代残疾员工。在本案中,原告基尔通过出示初步证据证明了非法就业歧视的存在。此后,举证责任转移到被告斯莱克特公司,由被告公司证明解雇原告基尔有合理的、非歧视的理由。在本案中,被告斯莱克特公司辩称,解雇原告基尔是因为他不尊重、不服从上级,从而违反了公司的相关政策。法院认为,被告公司基于上述原因作出解雇的决定是具有正当性的。可以认为,被告完成了证明其行为非出于歧视原因的举证责任。此时,举证责任再次转移,原告基尔须证明被告斯莱克特公司提出的所谓解雇的正当理由仅为托词而已。这需要原告证明,那些参与雇主决策过程的人所展现的行为或语言,反映出他们所具有的歧视的态度,而正是这个态度足以表明作出解雇的决定是由歧视的意图所激发和促成的。在本案中,原告基尔未提出诸如此类的重要证据以证明歧视动机的存在。因此,针对原告提出的非法歧视性解雇的诉求,联邦地区法院支持被告斯莱克特公司的简易判决是恰当的。

除了歧视性解雇,原告还提出了报复性解雇的诉求。联邦上诉法院审理后认为,在报复性解雇之诉中,下级法院作出支持被告斯莱克特公司的简易判决也是恰当的。上诉法院认为,在报复性解雇诉求中,类似非法歧视性解雇,原告必须出示初步证据证明报复性解雇的存在。原告需要证明:其行为是受保护的,其遭受了不利的对待,且该不利的对待与其受保护的行为之间具有因果关系。在报复性解雇之诉中,若要表明案件存在事实性争议,那么原告仅仅证明其受保护的行为和其受到的不利对待之间存在时间上的关联性还不够。在本案中,一个关键的事实在于,原告基尔被解雇不是因为他要求购买 TDD 设备,而是因为他的要求没有被批准后表现出来的对上司的不尊重、不服从。此外,无证据显示被告斯莱克特公司有歧视的历史记录可推断出斯莱克特公司一方存在歧视的意图。因此,关于报复性解雇的简易判决也是恰当的。

四、对合格的残疾人的具体保护

如果相关个人属于 ADA 规定的合格的残疾人,那么,受法案涵盖的实体有不得对其实施歧视行为的法定义务。ADA 第 102 条第(a)款明确规定:任何受法案涵盖的实体不得基于残疾原因对符合法案规定的残疾人在招录、雇用、晋升、辞退、报酬、岗位培训以及其他涉及工作的条件和待遇等方面实施歧视行为。[1] ADA 的上述禁止歧视的原则性规定与美国《康复法案》相关章节中的规定一脉相承。[2] 而在平等就业机会委员会颁布的针对 ADA 第 102 条第(a)款含义的解释性规定中,更是明确禁止在雇佣关系的所有方面基于残疾原因对符合法案规定的残疾人实施歧视,具体包括:(1)在招聘、广告发布和工作申请程序方面;(2)在录用、提拔、晋升、职称、降职、调岗、裁员、解雇、返岗以及重新聘用方面;(3)在工资或任何其他形式的报酬和报酬

---

〔1〕 42 U.S.C. § 12112(a).

〔2〕 See Barbara Lindemann and Paul Grossman (Editor), *Employment Discrimination Law* (4th Edition, 2007), BNA Books, p. 871.

变动方面;(4)在岗位分配、工作分类、组织结构、职位描述、工作进程和资历排列方面;(5)在事假、病假或其他休假方面;(6)在根据就业而获得的其他福利方面(无论该福利是否由受法案涵盖的实体管理);(7)工作培训的选择与经济支持,包括学徒机会、专业聚会、会议及其他相关活动,以及为参与培训而缺勤的选择机会;(8)在参与由受法案涵盖的实体资助的包括社会和娱乐项目在内的活动方面;(9)其他任何涉及工作的条件或权利。[1] 此外,按照 ADA 第 102 条第(b)款的规定,未能向符合法案定义的合格残疾人提供合理便利也是一种歧视行为。[2] 不难看出,ADA 在较广范围内禁止受法案涵盖的实体基于残疾实施针对合格残疾人的就业歧视行为。

在实践中,受法案涵盖的实体被禁止基于残疾实施针对合格残疾人的就业歧视行为通常包括以下几个方面:差别对待、差别影响、不提供合理便利、基于残疾的骚扰、通过合同或其他关系实施歧视、歧视性的就业能力测试标准、歧视与残疾人有特定关系的人、不适当的医学检查和询问以及对行使法案赋予权利的个体进行报复。

1. 差别对待

差别对待(disparate treatment)最初是由美国联邦最高法院在其审理的涉及美国《民权法案》第七章禁止的就业歧视案件时提出的一种歧视行为理论。简单地讲,差别对待行为也即雇主具有歧视的故意的行为。按照法院的解释,差别对待同样适用 ADA 禁止的残疾歧视。在 ADA 背景下,差别对待可以理解为雇主基于残疾原因,在具有残疾的雇员或职位申请者与不具有残疾的个体之间进行了不同的对待。ADA 第 102 条第(b)(1)款禁止雇主基于残疾原因对雇员或职位申请者进行限制、隔离或分类,以至于对他们的工作机会或地位产生不利影响。[3] 按照平等就业机会委员会的解释性规则,上述条款的内容旨在落实 ADA 的根本性立法宗旨,即受法案涵盖的实体应当在每一个活生生的具体个案中去判断合格残疾人所具有的工作能力,而不是

---

[1] 29 C. F. R. § 1630.4 app. (2005).

[2] 42 U. S. C. § 12112(b).

[3] 42 U. S. C. § 12112(b)(1).

基于谣言、刻板印象或偏见去臆测残疾人群什么能做、什么不能做。[1] 例如,如果雇主基于职位申请者患有多发性硬化症而假定他或她不能或不愿意出差,从而拒绝录用该申请者,那么雇主的行为涉嫌违反 ADA。同样,如果雇主假定有残疾的员工对特定的工作岗位不感兴趣或无力从事,从而为他们设立另外的工作晋升或提职通道,那么,雇主的行为同样涉嫌违法。在上面的例子中,雇主均试图基于雇员或职位申请者的残疾而对其进行分类、隔离或限制,这是对 ADA 根本性立法宗旨的违背。ADA 以及平等就业机会委员会的解释性规则都明确表明应当让有残疾的员工或职位申请者在一个融合的环境中工作,包括在非隔离的工作场所进行工作。[2] 在司法实践中,将残疾员工调离或者拒绝调离至特定岗位均有可能被视为对上述员工工作机会或地位产生不利影响的限制、隔离或分类。在"杜巴与富兰克林第 84 公共校区案"(Duda v. Board of Education of Franklin Park Public School District No. 84)中,残疾雇员被调离至一个只有他独自一人的岗位,并且还被告知不得与其他员工说话,法院认为上述情形构成 ADA 第 102 条第(b)(1)款规定的隔离行为。[3] 在"麦克格林尼翰与圣丹尼斯学校案"(McGrenehan v. St. Denis School)中,法院认为对残疾员工的调岗即使在报酬和福利方面没有发生变化,但造成其他涉及工作的条件或权利方面的减损,那么上述调岗仍然可能构成对有关员工造成不利影响的行为。[4] 另外,法院在一些案件中认为,改变或者拒绝改变残疾员工的工作时间或工作内容可能构成违反 ADA 第 102 条第(b)(1)款的规定。

值得注意的是,ADA 并不禁止雇主选择雇用最具有履职能力的求职者,哪怕在求职者当中有残疾的求职者。法律只是禁止仅仅因为个人的残疾而出于偏见、刻板印象等对上述残疾个人在工作领域进行限制、隔离或分类,从而对其工作机会或地位方面产生不利影响。ADA 要求雇主必须在不对其造

---

〔1〕 29 C. F. R. § 1630. 5 app. (2005).

〔2〕 Id.

〔3〕 Duda v. Board of Education of Franklin Park Public School District No. 84, 133 F. 3d 1054(7th Cir. ,1998).

〔4〕 McGrenehan v. St. Denis School, 979 F. Supp. 323(E. D. Pa. 1997).

成过重负担的合理便利措施之下,客观评价、衡量残疾员工或求职者的工作能力。除要求雇主提供合理的便利措施外,ADA 并不要求雇主为残疾个体提供任何比非残疾个体更为优惠待遇,也不要求雇主优先录用或者选调有残疾的个体。[1] 法院在许多案件的审理中贯彻了上述原则。例如,在"海德里克与西部储备保健系统案"(Hedrick v. Western Reserve Care Sys.)中,法院认为"ADA 并未指令雇主为残疾雇员提供优惠待遇"。[2] 在"戴尔顿与五十铃汽车公司案"(Dalton v. Subaru-Isuzu Auto. Inc.)中,法院指出,"ADA 是一部非歧视法律,而非提供强制优惠的法律;强制优惠与 ADA 的非歧视立法宗旨相违背,也会给雇主以及其他雇员造成不合理的负担"。[3] 在"特雷尔与美国航空案"(Terrell v. USAir)中,法院明确表示"我们不能接受这样的观点,即美国国会在制定 ADA 这部法案时意图给有残疾的员工提供优惠待遇"。[4]

2. 差别影响

差别对待,如前所述,是具有歧视的故意的行为。与之相对应的差别影响是指行为人虽然主观上没有歧视的故意,但其行为在结果上造成了歧视的效果。按照 ADA 第 102 条第(b)(6)款的规定,基于残疾的歧视包括使用资格标准、就业测试或其他的选择标准,排除或者试图排除一个残疾个体或一类残疾人群的行为,除非受法案涵盖的实体能够证明,上述标准、测试或其他选择标准与所涉职位相关并符合业务需要。[5] 按照平等就业机会委员会解释性规则的规定,ADA 第 102 条第(b)(6)款的主要目的是,确保有残疾的个体不会被剥夺工作机会,除非他们确实无法履行工作职责。[6]

在禁止基于残疾的就业歧视方面,ADA 使用的立法语言在很大程度上

---

[1] See Barbara Lindemann and Paul Grossman (Editor), *Employment Discrimination Law* (4th Edition, 2007), BNA Books, p. 872.

[2] Hedrick v. Western Reserve Care System, 355 F. 3d 444 (6th Cir., 2004).

[3] Dalton v. Subaru-Isuzu Auto., Inc., 141 F. 3d 667 (7th Cir., 1998).

[4] Terrell v. USAir, 132 F. 3d 621, 627 (11th Cir., 1998).

[5] 42 U. S. C. § 12112(b)(6).

[6] 29 C. F. R. § 1630. 10 app. (2005).

参照了美国《民权法案》第七章的规定。与此同时,法院在审理ADA相关案件时,也极大地吸取了涉及美国《民权法案》第七章的就业歧视案件的经验与法理。[1] 联邦最高法院在其审理的"格里格斯与杜克能源公司案"中强调美国《民权法案》第七章不仅禁止故意的就业歧视行为,也禁止那些表面上中立但造成歧视效果的行为,由此确立了差别影响歧视。[2] 因此,在残疾歧视中,如果受法案涵盖的实体采取的资格标准、就业测试或其他的选择标准在实施的效果上排除或者试图排除残疾人,那么即使上述措施表面上看起来平等、中立,仍然属于法律禁止的歧视行为。

3. 不提供合理便利

对于受法案涵盖的实体来说,ADA既不要求其给予有残疾的个人优惠待遇,也不要求其采取积极措施(affirmative action)雇用有残疾的个人,但ADA却明确要求受法案涵盖的实体为符合法案规定的残疾人提供合理便利。[3] 因此,不提供或者未能提供合理便利也是ADA所禁止的行为。在实践中,法院认为基于未能提供合理便利而提起的诉讼中,原告无须证明雇主有歧视的故意。[4] 与此同时,按照法律规定,如果雇主能够证明其善意地履行了提供合理便利的义务,那么,在未给原告造成实际损失的情况下,雇主可免于承担实际损害赔偿或者惩罚性损害赔偿。[5] 雇主没有义务为残疾雇员提供其希望的特定便利措施,但平等就业机会委员会的解释性规则也指出,雇主应当考虑雇员对便利措施的优先选择。如果可以为残疾雇员提供的便利措施存在多种选项,那么,雇主可以决定选择具体使用哪一种。在"梅斯与普林斯皮案"(Mays v. Principi)中,法院明确指出,雇主在提供合理便利时,没有义务完全从雇员的角度择取雇员最想要、最理想的便利措施,雇主可以

---

〔1〕 See Joel Wm. Friedman, *Employment Discrimination: Examples and Explanations*, Aspen Publisher, 2010, p. 290.

〔2〕 Griggs v. Duke Power Company, 499 U. S. 187(1971).

〔3〕 42 U. S. C. § 12112(b)(5).

〔4〕 Higgins v. New Balance Athletic Shoe, Inc., 194 F. 3d 252(1st Cir., 1999).

〔5〕 42 U. S. C. § 12188.

仅从成本和效益方面来选择最为合理的便利措施。[1] 在"霍斯金斯与奥克兰郡治安部门案"(Hoskins v. Oakland County Sheriff's Department)中,法院表示,如果雇主已经提供了一个合理的便利措施,那么,雇员就不能要求雇主再提供其他类似的特定便利措施。[2] 除非有证据表明雇主拒绝雇员的提议而自行决定便利措施的种类是出于歧视的动机,否则,只要便利措施是合理且有效的,那么,雇主提供便利措施的义务就被认为已经履行。在"基尔与斯莱克特公司案"中,法院指出,在具有有效性的若干种便利措施之间,雇主有权选择成本较低的或者易于提供的便利措施。[3] 在"伍德与格林案"(Wood v. Green)中,法院表明雇主曾经提供过额外的便利措施的证据不能用来证明上述便利措施现在仍然需要,或者说现在仍然是合理的。[4] 但是,如果雇主在过去曾经提供过特定便利措施,这是否表明该便利措施未给雇主造成过重负担? 这是法院在审理案件时会考虑的因素。[5] 在雇主有义务提供合理便利措施之前,雇员应当出示一定的证据表明所需的便利措施可以使该雇员完成他或她所在工作的基本职能。雇主没有义务提供无用的或者无效的便利措施。[6] 按照联邦最高法院的意见,无用的或者无效的"便利措施"本质上不属于便利措施,因为它无法协助残疾的个体突破自身的身体障碍以完成基本的工作职能。[7] 雇主也没有义务提供与雇员的残疾不相关便利措施,雇员有义务证明在所需的便利措施和其受限制的主要生活活动之间存在因果关系。[8] 一旦确定了合理便利的类型,雇主应当以善意的方式来落实该便利措施。在一些案件中,法院表明雇主可能需要对不合理地拖延落实合理便利措施承担法律责任。[9] 雇主不能强迫雇员接受其所提供的便利措施,但

---

〔1〕 Mays v. Principi, 301 F. 3d 866(7th Cir., 2002).

〔2〕 Hoskins v. Oakland County Sheriff's Department, 227 F. 3d 719(6th Cir., 2000).

〔3〕 Kiel v. Select Artificial, Inc., 169 F. 3d 1131(8th Cir., 1999).

〔4〕 Wood v. Green, 323 F. 3d 1309(11th Cir., 2003).

〔5〕 Wong v. Regents of University of California, 192 F. 3d 807(9th Cir., 1999).

〔6〕 Stafne v. Unicare Homes, 266 F. 3d 771(8th Cir., 2001).

〔7〕 US Airways, Inc. v. Barnett, 535 U. S. 391(2002).

〔8〕 Wood v. Crown Redi-Mix, Inc., 339 F. 3d 682(8th Cir., 2003).

〔9〕 Loulseged v. Akzo Nobel Inc., 178 F. 3d 731(5th Cir., 1999).

是,如果雇员拒绝接受雇主提供的合理便利措施,不影响认定雇主已经履行了提供合理便利措施的法定义务。从另一方面来看,如果雇员拒绝接受雇主提供的合理便利措施,那么,该雇员可能不再是 ADA 规定的合格的残疾人。[1]

4. 基于残疾的骚扰

ADA 本身并无涉及基于残疾骚扰问题的规定,但法院在一系列案件的审理和判决中认为,ADA 禁止在工作场所中基于残疾的骚扰行为。例如,在"福克斯与通用公司案"(Fox v. GMC)中,联邦上诉第四巡回法院认为基于残疾的骚扰在 ADA 下具有可诉性。[2] 同样,在"兰曼与堪萨斯约翰郡案"(Lanman v. Johnson County Kansas)中,联邦上诉第十巡回法院认为基于残疾的骚扰构成敌意工作环境,被 ADA 禁止。[3] 类似职场中的性骚扰,在基于残疾的骚扰中,雇员应当证明她或他遭受了与残疾相关的,具有敌意性的、冒犯性的或者具有威胁性的语言或行为,程度足够严重,以至于改变了个人的工作条件,制造了一个敌意的工作环境。按照法院阐述的规则,骚扰行为应当具有一定的严重性,才会使其具有可诉性。一般性的涉及残疾的玩笑或评论不足以成为骚扰的诉因。骚扰行为实质上对相关雇员正常履行工作职责造成了干扰。

在实践中,法院会考虑一系列因素来评判行为人的行为是否构成 ADA 下的骚扰行为。这些因素包括:行为人行为的性质和严重程度,行为的发生频率,行为的持续时间,行为对雇员履行工作职责造成的影响程度等。法院要对上述因素进行全盘和综合的考察以决定是否存在基于残疾的骚扰。

5. 通过合同或其他关系实施歧视

ADA 第 102 条第(b)(2)款明确禁止通过合同或者其他安排或关系将符合该法案规定的有残疾的求职者或雇员置于其禁止的就业歧视之下。[4] 按

---

〔1〕 29 C. F. R. § 1630.9(d).

〔2〕 Fox v. GMC, 247 F. 3d 169(4th Cir., 2001).

〔3〕 Lanman v. Johnson County, Kansas, 393 F. 3d 1151(10th Cir., 2004).

〔4〕 42 U. S. C. § 12112(b)(2).

照 ADA 的规定,合同或其他关系包括与职业介绍机构的关系、与工会的关系、与提供额外福利机构的关系,以及与提供职业培训和学徒项目的机构的关系等。[1]

本条款规定的主要目的在于,禁止雇主通过合同或者其他安排,间接地实施 ADA 明确禁止的歧视行为。例如,某一雇主作为受 ADA 法案涵盖的实体不愿意雇用有残疾的雇员,如果上述雇主通过与职业介绍所签订合同,约定后者不得向其介绍或者推荐有残疾的求职者,那么雇主的这种行为涉嫌违法,是被 ADA 禁止的。同时,雇主通过合同关系设立代理人后,代理人的行为视为雇主的行为,代理人应当承担一切雇主应当承担的不得实施歧视行为的法定义务。[2] 此外,雇主不得利用其与医师的关系实施歧视行为。在"好乐特与查塔努加市案"(Holiday v. City of Chattanooga)中,法院明确指出,雇主不得基于医师未经证实的和草率的医学意见作为决定某个个人是否具有履职能力的依据。[3] 在"美国平等就业委员会与得克萨斯巴士公司案"(EEOC v. Texas Bus Line)中,法院裁定如果一个雇主与一个进行医学检查的医师之间的关系导致拒绝录用受法案保护的求职者,并且这种拒绝具有歧视性的话,雇主应当承担相应的责任。[4]

6. 歧视性的就业能力测试及标准

按照 ADA 第 102 条第(b)(7)款的规定,在选择和管理与就业有关的考试中,针对感官、肢体或语言技能有损伤的残疾求职者或雇员,考试的测试结果应当准确反映他们所具有的技能、资质或任何其他上述考试试图考查的方面,而不是反映他们在感官、肢体或语言技能上的损伤,除非求职者或雇员受损伤的技能或资质是考试考查的对象。如果未能按照法案要求选择和管理上述考试的,则可能构成非法的就业歧视。[5] 按照平等就业机会委员会的解释性规定,在针对感官、肢体或语言技能有损伤的残疾求职者或雇员的就

---

[1] 42 U.S.C. § 12112(b)(2).

[2] 29 C.F.R. § 1630.6 app.(2005).

[3] Holiday v. City of Chattanooga, 206 F.3d 637(6th Cir., 2000).

[4] EEOC v. Texas Bus Line, 923 F. Supp. 965(S.D. Tex. 1996).

[5] 42 U.S.C. § 12112(b)(7).

业测试中,要确保不会涉及使用感官、肢体或语言技能,或通过其他方式使有损伤的求职者或雇员处于不利地位。[1] 也就是说,在设计相关的就业能力测试时,雇主应当考虑特定工作岗位所需的技能或资质,而不是基于求职者或雇员具有的不相关的损伤来评价其是否有能力从事该工作。

在测试的形式方面,如果有必要,雇主应当为有残疾的求职者或雇员提供合理的便利措施或者不同于一般测试的替代测试方式。法院以及平等就业机会委员会认可的替代测试方式包括:放大字体的试卷,盲文试卷以及通过阅读器或手语翻译进行的测试等取代传统书面测试的方式。另外,也可以为有残疾的求职者或雇员提供额外的测试时间。按照平等就业机会委员会的解释性规则,除上述测试便利或变通措施外,测试的场地本身也应当为有残疾的求职者或雇员提供无障碍进入设施。[2] 值得注意的是,在测试的形式方面,雇主只有在事先获知参加测试的人员有残疾并且在感官、肢体或语言技能方面有损伤的前提下,才有提供必要便利或变通的义务。雇主没有义务为其不知晓的残疾情况提供便利措施。[3] 另外,雇主也没有义务为残疾求职者或雇员提供后者希望的便利方式。也就是说,如果便利方式有若干种,选择的权力不在残疾求职者或雇员,而在雇主。

ADA 第 102 条第(b)(7)款的规定实际上是要求雇主在选择和管理测试时,应当确保该测试能够有效地考查求职者或者雇员履行工作岗位的知识或能力,而不是反映他们在感官、肢体或语言技能方面的损伤。但是,如果相关工作岗位要求具备特定的技能,而该技能又恰好是残疾求职者或者雇员受损的技能,此时,雇主不再有义务为上述人员提供替代测试方式。在"伯克与弗吉尼亚案"(Burke v. Virginia)中,原告患有发展性的表达和接收语言障碍,而他申请的惩教人员工作岗位又要求职员具有阅读和理解书面材料的能力。法院在审理后认为,雇主没有提供替代性测试的义务,因为测试所考查的技

---

〔1〕 29 C. F. R. § 1630. 11.

〔2〕 29 C. F. R. § 1630. 11 app. (2005).

〔3〕 29 C. F. R. § 1630. 2(o) app. (2005).

能为履行岗位基本职能所必需。[1] 此外,按照平等就业机会委员会的解释性规则,雇主有义务为有残疾的求职者或者雇员参加测试提供合理便利,但这并不意味着雇主应当降低其合理的录用标准。如果为有残疾的求职者或者雇员提供测试方面的便利措施过于昂贵,雇主可以放弃部分测试内容。

7. 歧视与残疾人有特定关系或联系者

按照 ADA 第 102 条第(b)(4)款的规定,ADA 禁止对那些与有残疾的,或有残疾记录的,或被认为有残疾的人具有特定关系或联系者实施歧视行为。[2] ADA 对上述人群的保护较为特别,在美国《民权法案》第七章以及其他禁止歧视的法案中均没有类似的规定。按照 ADA 的规定,雇主不得基于求职者的配偶或者子女有残疾而拒绝予以录用,也不得基于雇员需要照顾有残疾的家人而将其开除。但 ADA 本身并未对什么是特定关系或联系的具体含义作出规定。按照平等就业机会委员会的解释性规则,特定关系或联系不限于家庭关系。[3]

ADA 禁止歧视与残疾人有特定关系或联系的人,目的在于防止和消除对上述人群带有偏见的行为。在实践中,常见的基于 ADA 第 102 条第(b)(4)款规定提起的指控有三种,包括:(1)与费用相关,也即雇主被指控其实施歧视行为是基于雇员与残疾人的关系导致增加雇主的费用开支,例如,雇主需要承担更多的健康保险等;(2)与不能专注工作相关,也即雇主被指控其实施歧视行为是基于担心雇员与残疾人的关系导致其不能专心工作,例如,雇员需要照顾相关残疾人等;(3)与可能也有残疾相关,也即雇主被指控实施歧视行为是基于雇主担心由于雇员与残疾人有特定的关系,该雇员也可能成为残疾人,例如,基于传染性或者某种病变导致的残疾等。[4] 无论是哪种形式的指控,作为原告的雇员都应当证明其所遭受的不利对待和其与残疾人的特定关系或联系之间存在因果关系。

---

[1] Burke v. Virginia,938 F. Supp. 320(E. D. Va. 1996).

[2] 42 U. S. C. § 12112(b)(4).

[3] 29 C. F. R. § 1630. 8 app. (2005).

[4] See Joel Wm. Friedman, *Employment Discrimination: Examples and Explanations*, Aspen Publisher,2010,p. 292.

值得注意的是,在这里,ADA禁止的是针对没有残疾的求职者或者雇员的歧视行为。也正因为如此,该法案并不要求雇主为上述求职者或者雇员提供合理便利;雇主提供合理便利的义务只针对具有残疾的求职者或者雇员。因此,雇主没有义务为一个需要照顾有残疾的妻子的雇员更改其工作时间表;[1]也没有义务为因有残疾而需要额外陪护孩子的雇员提供合理便利措施。[2]

8. 不当的医学检查和询问

在过去,雇主往往在职位申请和面试阶段就询问求职者的生理或心理情况。许多雇主一旦获知求职者存在残疾,就将上述求职者予以排除,完全不考虑求职者是否具有履行相关工作岗位的能力。为了防止这种情况发生,ADA第102条第(d)(2)款规定:除非法案另有规定,受法案涵盖的实体在雇用求职者之前,不得对其进行医学检查,或者询问求职者是否具有残疾以及残疾的性质或严重程度等问题。[3] 该法案也同时规定,在雇用求职者之前,受法案涵盖的实体可以询问求职者是否具有履行相关工作职责能力。[4] 按照平等就业机会委员会的指导性意见,在雇主向求职者发出雇用的要约之前,雇主不仅不能直接询问求职者是否患有残疾,也不能询问与残疾相关的问题。[5] 与残疾相关的问题是指,那些有可能引出、探出或套出涉及残疾信息的问题。例如,按照平等就业机会委员会的指导性意见,雇主不得询问求职者"你是否有AIDS?"这样的问题;也不能询问"你是否接受过精神疾病的治疗?"或者"你是否享受过工人伤残赔偿?"等这样的问题。[6] 但是,与履行工作职责能力相关的问题,例如,"你能否完成此工作的工作职责?"或者"你是否可以按照要求出勤?"等,雇主完全可以合法地询问。不管是平等就业机

---

〔1〕 29 C. F. R. § 1630. 8 app. (2005).

〔2〕 Sawinski v. Bill Currie Ford, Inc., 881 F. Supp. 1571(M. D. Fla. 1995).

〔3〕 42 U. S. C. § 12112(d)(2)(A).

〔4〕 42 U. S. C. § 12112(d)(2)(B).

〔5〕 See EEOC: *ADA Enforcement Guidance*: *Pre-employment Disability-Related Questions and Medical Examinations*, 3 EEOC COMPL. MAN. 902.

〔6〕 Id.

会委员会颁布的解释性规定,还是指导性意见,对法院来说,虽然对案件的判决没有强制约束力,但是,以往的经验表明,法院会在很大程度上遵从平等就业机会委员会的规定。另外,按照法院判决,如果雇主违反 ADA 的规定询问了被禁止询问的问题,但是没有造成求职者实际损害,那么求职者没有请求赔偿的权利。[1]

ADA 禁止雇主在录用、选择阶段对求职者进行医学检查或询问残疾情况。但雇主一旦作出了录用决定,该法案允许雇主对拟录用人员进行入职医学体检或检查。上述检查通常是在雇主发出雇用的邀约之后,拟录用人员正式开始工作之前进行。法案对入职医学检查的要求是:首先,上述医学检查应当面向所有的拟录用人员;其次,所获得的检查结果应当分开收集与存放;最后,雇主对上述医学检查结果负有保密义务,除用于法案允许的用途之外,不得披露、使用医学检查结果。[2] 此外,按照平等就业机会委员会的解释性规定,在雇主发出雇用要约后进行的医学检查或询问无须与工作岗位或者雇主的运营业务有关;雇主可以依据自己的意愿进行检查或询问。[3] 当然,雇主对上述检查的结果负有保密义务,不得随意披露,更不得基于上述检查结果将符合该法案规定的残疾人剔除在录用人员之外。如果雇主经过医学检查发现拟录用人员并不具备履行某一特定工作岗位的职责并试图将其排除,那么,雇主必须证明其所使用的医学检查标准本身与工作岗位相关且为其业务运营所必需。即便雇主可以完成上述事项的证明责任,要想通过医学检查排除有残疾的拟录用人员,雇主还必须证明不存在合理措施可以协助上述拟录用人员完成特定岗位的基本工作职责。[4]

按照 ADA 的规定,雇主不得对现有的雇员提出进行医学检查的要求或者询问雇员是否具有残疾,以及残疾的性质或严重程度等问题,除非雇主能够证明上述医学检查或问询与工作岗位相关且为其业务运营所必需。[5] 平

---

〔1〕 Griffin v. Steeltek, Inc., 261 F. 3d 1026(10th Cir., 2001).

〔2〕 42 U. S. C. § 12112(d)(3).

〔3〕 29 C. F. R. § 1630.14(b) app. (2005).

〔4〕 Id.

〔5〕 42 U. S. C. § 12112(d)(4).

等就业机会委员会发布的指导性意见对什么是“与工作岗位相关且为其业务运营所必需”的医学检查或问询进行了定义。按照平等就业机会委员会的意见，“与工作岗位相关且为其业务运营所必需”的检查或问询是指，基于客观的证据，雇主有合理的理由相信雇员所具有的身体状况会损害该雇员履行工作岗位基本职责的能力；或者雇员所具有的身体状况会使其构成直接威胁。[1] “直接威胁”是指，无法通过合理便利措施消除或者减缓的，可以造成实质性损害的重大风险。[2] 值得注意的是，即使医学检查或问询与工作岗位相关且为其业务运营所必需，雇主仍然对检查或问询的结果负有保密义务。[3]

9. 对行使法案赋予权利的个体进行报复

与美国《民权法案》第七章以及美国《就业年龄歧视法案》类似，ADA 也单独规定了禁止报复的条款。按照 ADA 的规定，如果个人对本章所规定的非法行为或做法进行反抗，或该个人提出指控，进行作证，提供协助或参与依据本章的规定进行的调查、诉讼或听证程序的，禁止任何人对上述个人实施歧视行为。[4] 法院在审理涉及 ADA 报复的歧视案件时，采用了与美国《民权法案》第七章报复案件一样的分析方法。但通常认为，ADA 禁止报复的保护范围比美国《民权法案》第七章以及美国《就业年龄歧视法案》规定的要广。[5]

上述几种比较典型的针对具有工作能力的残疾人的行为均构成非法的歧视行为。但在实践中，有时候案件事实呈现较为复杂的一面。比如，在下面介绍的两个案件中，法院需要解决雇主在不同的残疾人之间进行区别对待是否违法，以及先前被认定残疾的人在身体状况好转后回到工作岗位，雇主

---

〔1〕 See Enforcement Guidance: *Disability-Related Inquiries and Medical Examinations of Employees under the Americans with Disabilities Act(ADA)*, 3 EEOCCOMPL. MAN. 902.

〔2〕 42 U. S. C. § 12111(3).

〔3〕 42 U. S. C. § 12112(d)(4)(c).

〔4〕 42 U. S. C. § 12112(d)(4).

〔5〕 See Barbara Lindemann and Paul Grossman (Editor), *Employment Discrimination Law* (4th Edition, 2007), BNA Books, p. 943.

是否有义务为其提供合理便利等问题。

在下面的"福特与谢林－普洛公司案"(Ford v. Schering-Plough Corp.)中,法院需要解决的问题是,针对具有不同形式或程度的残疾的个人之间,雇主是否需要进行同等对待?也就是说,如果不同的员工有不同形式或程度的残疾,那么,法律是否要求雇主提供同等的对待?法院给出了否定性的答案。按照 ADA 的规定,残疾人被定义为具有身体或精神损伤,并且该损伤实质性限制了一项或多项主要生活活动的个人。由于不同的残疾人具有的损伤不一而同,如果要求雇主一视同仁,法院认为并不合理。

"福特与谢林－普洛公司案"

原告福特自 1975 年在被告谢林处工作,直到 1992 年因精神障碍成为残疾人。按照被告的福利制度,因身体残疾无法工作的员工可以获得相关残疾福利直至 65 岁。然而,对于精神损伤,如果不需要住院治疗,则福利在残疾两年后终止。原告无法工作且没有资格取得相关福利,因此根据 ADA 向法院提起了诉讼。她诉称被告的福利计划歧视精神障碍者。联邦地区法院以原告的诉讼请求没有法律依据为由予以驳回。原告提起上诉。

对不同损伤的残疾人提供不一样的福利是否违反 ADA 的规定?

法院认为,对不同损伤的残疾人提供不一样的福利并不违反 ADA 的规定。在本案中,法院首先需要解决的一个问题是,按照 ADA 的规定,原告福特是否有资格提起诉讼。被告认为原告不具有提起诉讼的资格,理由是原告完全无法工作,即使被告为其残疾提供合理便利的情况下。被告的这种看法虽然并非不合理,但是会导致排除前雇员提起的所有诉讼。由于法律条文本身并不十分清晰,将 ADA 第一章的规定解释为允许前残疾雇员就残疾福利问题起诉前雇主更为合理。至于本案中原告提出的诉讼请求,法院认为 ADA 并没有要求雇主对所有类型的残疾都给予相等的对待。1973 年美国《康复法案》裁判的案例以及 ADA 的立法历史都为该观点提供了极大支持。此外,美国国会参议院在 1996 年否决了一项修正案,该修正案要求对精神和身体疾病提供相同保险责任。这也从侧面表明,立法者并不意图 ADA 对不同的残疾类型提供相同的对待。上诉法院裁定维持原判。

在下面的"克利夫兰与政策管理系统公司案"(Cleveland v. Policy Management Systems Corp.)中,法院面临的问题是,如果雇员领取了残疾福利,这是否导致其无法提出 ADA 诉求? 在这个问题上下级法院出现了分歧。联邦最高法院在本案中的判决表明,原告的不同诉求虽然存在明显矛盾,但原告只要证明诉求发生在不同的时间点,仍然可以获得法律保护。

"克利夫兰与政策管理系统公司案"[1]

原告克利夫兰因遭受中风而造成了注意力、记忆力和语言能力的损害。她因此失去了工作,并基于自己的"残疾"和"无法工作"向有关部门申请了残疾人社会保障福利。但在她获得相关福利之后,她的身体状况有所好转,于是她回到了原来的工作岗位。之后社会保障部门不再发放相关残疾保障福利。当原告再次被解雇的3个月后,她就社会保障部门拒绝其社会福利申请复议,称其因自己的残疾遭被告政策管理系统公司解雇。原告同时提起ADA 诉讼,诉称被告政策管理系统公司没有为她的残疾提供合理便利而将其解雇。

在 ADA 诉讼案件中,如原告曾成功申请残疾人社会保障中的完全残疾保障福利,那么要使简易判决无效,原告是否必须充分解释其不同诉求之间的任何明显矛盾之处,从而使一名理性的法官推理出原告在有或没有合理便利的情况下可以完成特定工作岗位的基本职能?

在本案中,提起 ADA 诉讼的原告已经申请并领取过残疾人社会保障福利。在之前的一个类似案件的判决中,法院支持了雇主提出的简易判决动议,也即驳回了雇员的诉讼请求。理由是,雇员在向社会保障部门申领完全残疾保障福利时,已经表明自己完全不具备工作能力;雇员这样的行为使我们足以推定,虽然这种推定可以通过相反的证据予以反驳,其通过合理便利

[1] Cleveland v. Policy Management Systems Corp., 119 S. Ct. 1597(1999).

措施可以完成工作的基本职能是不可能的。之前法院的判决实际上认为原告的两个诉求,即申领完全残疾保障福利和要求ADA提供禁止残疾歧视保护,会导致直接的冲突。尽管两部法律的语言从表面来看确有冲突,但原告两个诉求并没有本质上的冲突。相反,许多情况下其两个诉求都是可以共存的。ADA定义的“合格个人”包括在有“合理便利”情况下能够完成工作基本职能的残疾人。而社会保障部门认定一个人的残疾是否符合发放残疾人社会保障福利标准时,合理便利不在其考虑范围内。此外,社会保障部门有时候向可以工作或正在工作的人发放残疾人社会保障福利。最后,如果个人只是申请了残疾人社会保障福利,而尚未领取,我们的法律体制通常允许这种理论上存在矛盾的诉求。因此,适用一个特殊法律推定来否决同时申请残疾人社会保障福利和ADA的保护是没有根据的。当然,有时候在一些案件中这种诉求也确实存在矛盾。如ADA原告曾经申请残疾人社会保障福利的完全残疾险别,则其必须提供充分解释。在本案中,由于残疾人社会保障福利的发放和ADA诉讼中的证词存在明显冲突,这就要求原告克利夫兰对矛盾陈述提供说明。判决发回重审。

第七章　就业歧视的法律救济

“无救济则无权利”,如果提起就业歧视诉讼的原告的诉讼请求获得了法院的支持,那么,原告理所当然地应当获得相应的法律救济。在第一章中,我们已经了解了美国禁止就业歧视的法律渊源是比较多样的。但在法律救济方面,不同的反歧视法律却有诸多相似之处,且主要都参照了美国《民权法案》的规定。美国《民权法案》第七章第706(g)条规定了一个获得胜诉的就业歧视案件原告可以获得的救济方式:“如果法院判定被告已经故意实施了或者正在故意实施非法的雇佣行为,法院可以命令被告禁止从事上述非法的雇佣行为,以及命令采取法院认为适当的积极措施,包括但不限于具有或者不具有欠付工资的复职或者予以雇用,以及任何其他法院认为适当的衡平法上的救济措施。”[1]当然,不同的反歧视法律规定的法律救济也存在细微的差异。比如,美国《民权法案》第七章、《美国法典》第1981节以及《美国残疾人法案》均规定原告可以获得补偿性损害赔偿,但美国《就业年龄歧视法案》未规定这样的救济方式。再如,美国《民权法案》第七章对原告可以获得的补偿性损害赔偿的数额设定了上限,但《美国法典》第1981节却没有这样的限制。

本章主要围绕美国《民权法案》第七章的法律救济展开讨论。从大的类

---

〔1〕 42 U.S.C. § 2000e-5(g)(1)(2000).

别上来看,美国《民权法案》第七章为符合条件的就业歧视案件原告提供了四类救济措施,包括行为上的救济措施、金钱上的救济措施、律师费以及诉讼开支补偿。行为上的救济措施包括:责令被告禁止从事或在将来从事被确认为违法的歧视行为,责令被告为具体的就业歧视受害者提供尽可能“恢复原状”的救济措施以及责令被告为抽象的就业歧视受害者提供必要的救济措施等。金钱上的救济措施包括:欠付工资、预付工资、补偿性损害赔偿、惩罚性损害赔偿等。从性质上来看,涉及就业歧视的法律救济有些属于衡平法上的救济(equitable relief),如欠付工资等;而有些则属于法定救济(legal relief),如补偿性损害赔偿等。

无论是哪种类别或者哪种性质的救济,禁止就业歧视法律设立的救济措施旨在达成两个目的:一是消除现有的歧视行为以及防止在将来发生歧视行为;二是在尽可能可行的情况下,为歧视受害者提供完整的救济使其遭侵害的权利恢复至犹如没有歧视发生之时。在下面的“阿尔伯马尔纸业公司与莫迪案”中,美国联邦最高法院对就业歧视法律救济原则等相关问题进行了阐述。

“阿尔伯马尔纸业公司与莫迪案”[1]

联邦最高法院斯图尔特(Stewart)大法官出具了法庭意见书。

一

联邦地区法院判定雇主的资历制度(seniority system)违反了美国《民权法案》第七章的规定。雇主以“过去歧视的影响”为由将黑人雇员固定在低层次工作,但上述理由早已被证明不成立。联邦地区法院判令雇主施行适用于整个公司的资历制度,但拒绝判令雇主支付欠付工资。

二

尽管至少原告中的部分成员由于雇主的歧视性的资历制度而明显地遭受了工资损失,但联邦地区法院仍然拒绝判令向任何原告支付欠付工资。法

---

〔1〕 Albemarle Paper Co. v. Moody, 422 U. S. 405(1975).

院拒绝判令支付欠付工资是基于两个理由：第一，未有证据表明雇主蓄意不遵守美国《民权法案》的规定；第二，由于要求被告支付欠付工资的主张在早先的陈述和之后的庭审过程中存在不一致，判令被告支付欠付工资会侵害被告权益。在案件上诉后，联邦上诉法院推翻了联邦地区法院的判决，认为只有在特殊情况下才能拒绝判令支付欠付工资。再次上诉后，上诉人认为联邦上诉法院推翻下级法院的判决是错误的，因为在判令或者拒绝判令支付欠付工资方面，联邦地区法院具有几乎不受约束的自由裁量权。

支付欠付工资不是自动的或者是强制的救济措施，如同所有其他美国《民权法案》规定的救济方式，欠付工资属于法院“可以”判令的救济措施。具体的救济措施应当由个案的实际案情来决定，一种适用于某一特定案件的救济措施并不一定适用于其他案件。毫无疑问，救济措施的适用由一审法院也就是联邦地区法院裁量决定，这是由联邦司法系统的特点决定的。但是，我们必须强调，联邦地区法院的自由裁量应当取决于法院的判决，而不是法院的倾向；而法院的判决则必须基于合理的法律原则。判令支付欠付工资是国会授予法院的权力，作为国会应对历史上全国范围内存在的就业歧视的复杂立法设计的一部分。法院在行使上述权力时必须与法案中的国会立法意图保持一致。法院的上述自由裁量本质上具有衡平法属性，但这并不意味着其不受上诉法院的合理审查。

由此，应当依据美国《民权法案》第七章的立法宗旨来衡量联邦地区法院判决的正当性。犹如联邦最高法院在“格里格斯与杜克能源公司案”中所阐述的，美国《民权法案》第七章的主要目的是预防性的，旨在保障平等的就业机会以及消除歧视性的障碍，这种障碍在过去曾为白人雇员提供了优于其他雇员的待遇。欠付工资作为一种法律救济措施显然与法案的上述目的具有关联性。如果禁制令是雇主唯一需要面对的，那么雇主几乎没有动力不去从事那些合法性存疑的行为。因此，对支付欠付工资的合理预期，可以促使雇主以及劳工组织对自己的雇佣行为进行自我衡量和检验，从而在最广泛的范围内消除歧视留在这个国家历史上的不幸和不光彩的痕迹。

此外，美国《民权法案》第七章的立法宗旨也包括使那些由于非法就业歧视而遭受损害的人能够获得完整的赔偿。这也是为什么美国国会赋予法院全面的衡平法上的权力的原因。我们知道，历史上衡平法的目的在于确保完整正义。当受联邦法律保护的权利遭受侵害时，法院从一开始就有权调整救济措施以确保当事人可以获得必要的救济。美国《民权法案》第七章所包含的法律救济针对的是由种族或者其他反少数群体因素产生的具有一定经济特征的歧视行为。基于此，"完整正义"和"必要救济"这两个词的含义应该是很明确的。以种族歧视为例，联邦地区法院不仅有权力，也有义务制作判决，在最可能的范围内消除过去歧视的影响以及阻止在将来发生类似的歧视。

当遭受的法律上伤害具有经济特征时，总的原则是，法律给予的救济应当和遭受的伤害相一致。受伤害的一方应当在尽可能的范围内被置于犹如伤害没有发生的位置。

本案中，联邦地区法院拒绝给予欠付工资的理由应当结合上面我们所强调的标准进行审查。联邦地区法院的第一个理由是，被告阿尔伯马尔公司并非蓄意违反美国《民权法案》第七章的规定。我们认为这个理由作为拒绝判令支付欠付工资的依据并不充分。按照衡平法原则，一个雇主如果具有故意，即他知道自己的行为违法或者具有高度的合法性疑问但仍然维持这样的行为，那么他在御前大臣(衡平法院)面前没有任何的抗辩理由。在美国《民权法案》第七章下，雇主在行为时缺乏蓄意会打开衡平法院的大门，但未必使雇主受到好处。如果只有在雇主具有蓄意的情形下才能判决支付欠付工资，这样的救济无疑更具有惩罚雇主道德沦丧的意味，而非弥补雇员遭受的损失。这显然与美国《民权法案》第七章"完全救济"的立法宗旨不相一致，因为雇员遭受的损失不会因为雇主在行为时没有蓄意而减少。联邦最高法院在"格里格斯与杜克能源公司案"中明确指出，美国《民权法案》第七章的规定并不仅仅关注雇主是否"具有良好的动机或者没有歧视的动机"，因为国会在通过该法案时旨在消除雇主行为造成的后果，而绝非雇主行为的动机而已。把雇主具有蓄意作为支付欠付工资的条件会在美国《民权法案》第七章下的禁制令和欠付工资这两种救济措施之间造成适用上的巨大裂痕。

联邦地区法院拒绝给予欠付工资的另外一个理由是,被上诉人最初完全放弃了对欠付工资的诉讼利益,第一次主张欠付工资也是在诉讼开始的5年之后。地区法院认为在这种情况下支持该主张会对上诉人造成损害。我们认为,美国《民权法案》第七章并没有规定,原告在提起诉讼寻求禁制令救济之后,或者在上述诉讼开始之后,原告就不得主张欠付工资。另外,根据相关的联邦民事诉讼规则,法院最终判决给当事方的救济,是当事方有权获得的救济,哪怕当事方在诉讼阶段并未提出这样的救济。当然,按照法律的规定,如果一方当事人的诉讼行为不当地、严重地损害了另一方当事人的权益,那么,前者可能就不再有权获得救济。

一、行为上的救济措施

行为上的救济措施,顾名思义,就是法院可以通过法庭命令的方式要求被告为或者不为某项行为。行为上的救济主要包括禁制令(injunction)和肯定性救济(affirmative relief)。其中,禁制令又可以分为消极的禁制令(negative injunction)和积极的禁制令(affirmative injunction)。前者是法院发布法庭命令,禁止被告从事某项行为,如不得发布歧视性广告、不得基于性别原因同工不同酬等;后者是法院发布法庭命令,要求被告从事某项行为,如雇用原告、恢复职务、进行提职等。肯定性救济,是指法院通过法庭命令的方式要求雇主采取特定行为推进平等就业机会,消除过去歧视行为产生的不良影响。在肯定性救济中,救济的对象不是实际的就业歧视受害者,而是在过去由于种族或者性别原因而曾遭受歧视待遇的上述群体成员。例如,某一雇主在过去曾有过针对少数族裔的就业歧视,那么法院可以责令该雇主采取特定措施在将来的招录过程中为少数族裔成员提供额外的就业机会,以消除过去的歧视行为带来的不良影响。

通常认为,立法者授予法院较为宽泛的权力使其可以决定适用法院认为合适的救济方式。虽然法院有完全的裁量权来决定是否准予或者拒绝发布禁制令,但应当注意到,法院的裁量权仍须受美国《民权法案》立法目的的制约。美国《民权法案》的立法目的,包括消除歧视以实现平等的就业机会,以及充分救济就业歧视的受害者,在尽可能可行的情况下,将受害者恢复至犹如没有歧视发生之时。联邦最高法院指出,通过颁布法庭命令尽可能地消除过去歧视行为的影响,阻止类似歧视行为在将来发生,不仅是法院的权力,也是法院的义务。[1] 因此,如果审理就业歧视案件的法院未能为符合条件的原告提供法律救济,法院应当给出充分的理由,并且这些理由不得与相关法律的立法精神相冲突。除美国《民权法案》第七章外,美国《就业年龄歧视法案》以及《美国残疾人法案》均有行为救济的规定。从美国的司法实践来看,行为上的救济通常可以归纳为三种,包括责令被告禁止从事或在将来从事被确认为违法的歧视行为,责令被告为具体的就业歧视受害者提供尽可能"恢复原状"的救济措施以及责令被告为抽象的就业歧视受害者提供必要的救济措施。

(一)责令被告禁止从事或在将来从事被确认为违法的歧视行为

法院通过审理,一旦认定被告的行为构成违法的就业歧视,那么,对原告最直接的救济是禁止被告从事或在将来从事相关行为。法院通过颁布禁制令的方式来达到上述目的。这样的禁制令被称为消极的禁制令。

禁制令的范围由案件中涉嫌违法的行为决定。在通常的情况下,禁制令的范围仅限于禁止被认定为违法的特定行为。从已有判例来看,在认定被告的行为违法后,法院责令被告禁止从事的行为包括:禁止被告的身高、体重要求;[2]禁止被告依据测试成绩作为提职依据;[3]禁止被告的教育背景要求;[4]禁止被告的非法裙带关系行为;[5]禁止被告的年龄限制行为等。[6]在另外一些案件中,法院发布禁制令禁止被告歧视或者将来报复原告,以及

---

〔1〕 Albemarle Paper Co. v. Moody, 422 U. S. 405(1975).

〔2〕 例如,United States v. Virginia, 620 F. 2d 1018(4th Cir., 1980); Mieth v. Dothard 418 F. Supp. 1169 等。

〔3〕 Vulcan Pioneers v. New Jersey Dept. of Civ. Service, 625 F. Supp. 527(D. N. J. 1985).

〔4〕 Carpenter v. Stephen F. Austin State University, 706 F. 2d 608(5th Cir., 1983).

〔5〕 Thomas v. Washington County School Board, 915 F. 2d 922(4th Cir., 1990).

〔6〕 State Police for Automatic Retirement Association v. Difava, Superintendent of the Department of State Police, 317 F. 3d 6(1st Cir., 2003).

和原告同属一个保护群体的成员。[1] 如果有证据证明,雇主在过去经常性地实施歧视行为,那么对这样的雇主来说,法院原则上会颁布禁制令,除非雇主能够清楚证明违法行为不可能再发生。在比较极端的情况下,法院也会颁布禁制令禁止有关当事方进行合法的行为,如果上述合法行为可能触发违法的歧视行为。例如,在联邦上诉第六巡回法院审理的一个案件中,由于案件涉嫌职场性骚扰,下级法院颁布了禁制令禁止行为人和任何女性员工一起离开工作场所。上诉法院支持了下级法院的禁制令。上诉法院认为,禁制令的范围应当包括合法行为,如果该合法行为与非法行为紧密相关的话。[2]

但在下面情形下,法院通常会拒绝颁布禁制令:如果雇主有证据证明其被指控的歧视行为实际上在法院判决前早已停止;提起诉讼的原告,或者被指控实施歧视行为的雇主雇用的员工已经离职,且没有被重新雇用的可能;雇主有证据证明法院没有必要颁布禁制令的其他情形,比如,公司已经解散或者雇主已经修改了涉嫌就业歧视的招录标准等。值得注意的是,无论是被告停止了歧视性行为还是主动采取了纠正性行为都不会自动导致禁制令的不适用。换言之,即使雇主的非法行为已经不再继续,法院仍然有权颁布禁制令,尤其是当法院为了给原告提供完整的救济以及防止非法行为再次发生之时。

此外,如果法院颁布禁制令会不当妨碍被告正当的商业运营活动,或者会损害无辜第三方的利益或对其造成沉重负担时,法院也会拒绝颁布禁制令。在联邦上诉第十一巡回法院审理的一个案件中,法院拒绝颁布禁止航空公司实施产假政策的禁制令,因为这样的禁制令会妨碍航空公司的综合空乘人员排版系统的运行。在联邦上诉第五巡回法院审理的一个案件中,法院判定作为无辜第三方的机构无须为执行涉及美国《民权法案》第七章下违法行为的判决支付任何费用。[3]

---

[1] See, e. g., EEOC v. Frank's Nursery & Crafts, Inc., 177 F. 3d 448(6th Cir., 1999); EEOC v. Ilona of Hungary, Inc., 108 F. 3d 1569(7th Cir., 1996).

[2] EEOC v. Wilson Metal Casket Co., 24 F. 3d 836(6th Cir., 1994).

[3] Walls v. Mississippi Department of Public Welfare, 730 F. 2d 306(5th Cir., 1984).

(二)责令被告为具体的就业歧视受害者提供尽可能"恢复原状"的救济措施

具体的就业歧视受害者(identifiable victims)是指,在具体的就业歧视案件中实际遭受歧视对待的雇员或求职者。与具体的就业歧视受害者相对的是抽象的就业歧视受害者,后者是指,那些并非在具体的就业歧视案件中遭受了实际的歧视性对待,而是由于其归属于特定种族或性别人群,且上述人群在过去曾遭受歧视性待遇,因此现在或将来可能遭受歧视性对待的雇员或求职者。

美国联邦最高法院在"阿尔伯马尔纸业公司与莫迪案"(Albemarle Paper Co. v. Moody)中明确提出了就业歧视案件法律救济的原则之一是"全面救济",即要使歧视受害者恢复至犹如歧视行为没有发生。因此,针对具体的就业歧视受害者,法院通常会颁布禁制令,要求被告采取特定行为使歧视受害者尽可能地"恢复原状"。这样的禁止令被称为积极的禁制令。

从已有的判例来看,法院判令被告采取积极作为来救济具体的就业歧视受害者的情形包括:予以录用、[1]复职、[2]提职、[3]予以转岗、[4]资历追溯、[5]授予职称、[6]恢复待遇、[7]薪资调整、[8]删除或修改个人档案中的负面记录[9]以及举荐推荐信等。[10] 此外,如果被告制定了造成歧视行为发生的涉及招录、考核、提职、培训、反骚扰、休假、推荐等的内部规定、政策、程序,法院也会责令被告对相关的内部规定、政策、程序进行修改,以防止歧视行为

[1] Easley v. Anheuser-Busch, 758 F. 2d 251(8th Cir., 1985).

[2] Morgan v. Arkansas Gazette, 897 F. 2d 945(8th Cir., 1990).

[3] Malarkey v. Texaco, Inc., 983 F. 2d 1204(2nd Cir., 2003).

[4] Harrison v. Dole, 643 F. Supp. 794(D. D. C. 1986).

[5] Sands v. Runyon, 28 F. 3d 1323(2nd Cir., 1994).

[6] Brown v. Trustees of Boson University, 891 F. 2d 337(1st Cir., 1989).

[7] Banks v. Travelers Cos., 180 F. 3d 358(2nd Cir., 1999).

[8] Rudebusch v. Hughes, 313 F. 3d 506(9th Cir., 2002).

[9] Bruso v. United Airlines, Inc., 239 F. 3d 848(7th Cir., 2001).

[10] EEOC v. HBE Corp., 135 F. 3d 543(8th Cir., 1998).

在将来继续发生。[1] 在涉及残疾歧视的案件中,判令被告为原告提供合理便利也是比较常见的救济措施。此外,在一个涉及就业性别歧视的案件中,法院判令被告应当为原告提供合伙人身份。[2]

但积极的禁制令在适用时也有限制。这样的限制主要出现在要求被告对原告予以录用或者复职之时。假设被告基于歧视原因未能录用原告,或者基于歧视原因开除了原告,法院判定被告的行为构成非法歧视,但如果雇主已经在特定岗位安排了新的雇员,法院是否可以通过积极的禁制令要求雇主"挤掉"上述雇员而对原告予以录用或者复职?此时,原则上法院不得判令"挤掉"新的雇员。美国联邦最高法院在"斯托茨案"中明确指出,对就业歧视案件受害者的救济并不包括挤掉先前已经占有特定岗位的雇员。[3] 在这种情况下,可行的做法是,法院判决雇主在下一个空缺职位出现时雇用原告,同时判决在等待期间向原告支付欠付工资或者预付工资。有判例显示,如果在下一个空缺职位出现时,被告仍然将此职位留给其他个人的,此时法院可以判令被告必须雇用原告,哪怕需要将其他个人挤掉。[4]

此外,虽然在众多就业歧视案件中,复职是法院较为常见的给予原告的救济措施,但如果复职会破坏工作环境,造成不必要的摩擦或不和谐的工作关系,那么,法院不会判令复职。原被告双方在诉讼过程中产生敌意是不可避免的,如果这种敌意的程度尚在可以控制和接受的范围内,那么复职无疑没有任何障碍。但是,如果在诉讼中产生了过度的敌意,以至于不可避免地破坏和谐的工作气氛和环境,复职作为救济措施就不再恰当。法院将不得不通过其他方式,譬如,判令被告支付经济补偿等,来救济原告。除双方在诉讼中的敌意使复职不再合适外,已有的案例显示,如果具有下列情形的,法院也不再判令被告恢复原告的职位:非歧视事由也会导致与原告的雇佣关系终止的;被告公司内部发生了重大变化导致复职不现实的;在混合动机案件中,被

---

[1] See Thomas R. Haggard, *Understanding Employment Discrimination* (Second Edition), LexisNexis Matthew Bender, p. 213.

[2] Hopkins v. Price Waterhouse, 920 F. 2d 967 (D. C. Cir., 1990).

[3] Fire Fighters Local 1784 v. Stotts, 467 U. S. 561 (1984).

[4] Spagnuolo v. Whirlpool Corp., 717 F. 2d 114 (4th Cir., 1983).

告证明抛开歧视因素,原告仍然不会被雇用、提职的;原告并不具备履行特定岗位工作职责的;给予原告的救济会导致原告获得比没有歧视更好的待遇的等。[1] 在另外的一些案件中,法院也将原告顺利获得其他工作机会作为判断是否给予原告复职法律救济的相关因素之一。[2]

(三)责令被告为抽象的就业歧视受害者提供必要的救济措施

与具体的就业歧视受害者相对的是抽象的就业歧视受害者,后者是指那些并非在具体的就业歧视案件中遭受了实际的歧视性对待,而是由于其归属于特定种族或性别人群,且上述人群在过去曾遭受歧视性待遇,因此现在或将来可能遭受歧视性对待的雇员或求职者。为抽象的就业歧视受害者提供的救济措施就是肯定性救济。如前所述,肯定性救济的目的在于消除过去歧视行为产生的不良影响。

与肯定性救济相关联但又不同的一个概念是肯定性行动(affirmative action),后者通常又被称为暂行特别措施、纠偏行动、反向歧视等,是雇主主动采取特别措施,为那些历史上曾经遭受特别严重不平等待遇的群体提供额外保护,以实现补偿性正义和实质性平等。肯定性行动中的特别措施包括在招录过程中的特别关照,特别的培训措施以及在雇用决定中明确考虑种族、宗源国、性别因素等。[3] 有时候,雇主也会通过自我设定一定比例的少数族裔或特定性别的员工配额来推进肯定性行动。[4] 肯定性救济与肯定性行动的不同之处在于,前者是由法院通过法庭命令的方式要求雇主采取特定措施,而后者则是雇主自愿采取的特定措施。"自愿"表明雇主不是必须采取肯定性行动,虽然在实践中雇主采取肯定性行动的一个很大动因是争取联邦

[1] See Barbara Lindemann and Paul Grossman (Editor), *Employment Discrimination Law* (4th Edition, 2007), BNA Books, pp. 2721 – 2722.

[2] Roush v. KFC National Management Co., 10 F. 3d 392(6th Cir., 1993).

[3] See Mark Rothstein et al., *Employment Law*(3rd Edition), West Publishing Co., p. 279.

[4] See Harold S. et al., *Employment Discrimination Law And Practice*, West Group, Second Edition, 2004, p. 380.

合同。[1] 由于肯定性行动本质上是一种故意歧视行为,因此存在诸多争议。[2]

肯定性救济在美国也非常具有争议,是就业歧视法律制度中最有争议的问题之一。[3] 批评者认为,肯定性救济的对象不是实际的就业歧视受害者,这与联邦最高法院之前确立的"全面救济"和"恢复原状"的救济原则并不一致。并且,肯定性救济措施存在伤害无辜第三方的可能,因此,法院在适用该救济措施时应当十分审慎。支持者则认为,肯定性救济对于消除针对少数族裔或女性长期以来受到的系统性歧视十分必要。围绕肯定性救济的争议也出现在美国联邦最高法院中。在其审理的相关案件中,联邦最高法院对肯定性救济的看法出现了前后不一致的情形。在1984年的"斯托茨案"中,[4] 市政府通过签订同意书的方式来增加消防部门中非裔美国人雇员的比例。但后来由于预算问题需要裁员,联邦地区法院发出了禁制令,禁止市政府按照资历制度进行裁员,以防止非裔美国人雇员被解雇。联邦最高法院审理后则认为,案件中经由市政府的同意书获得雇用的非裔美国人并不是歧视的受害者,因此,下级法院无权修改上述同意书,以免与雇主的资历制度产生冲突。换言之,联邦最高法院认为,在本案中,由于非裔美国人雇员不是歧视的受害者,因此无法获得优待。但仅仅两年之后,在1986年的"本地(28)钣金工人与平等就业机会委员会案"(Sheet Metal Workers Local 28 v. EEOC)中,[5] 联邦最高法院支持了针对非歧视受害者的肯定性救济措施,因为该案中的被告存在长期的、严重的歧视行为。经过本案的审理,联邦最高法院明确指出,肯定性救济作为就业歧视的法律救济并非只适用于存在具体歧视受害者的情形。在适当情况下,法院可以判决给予非歧视受害者以优待,作为违反美国

---

〔1〕 See Mark Rothstein et al. ,*Employment Law*(3rd Edition), West Publishing Co. ,p. 279.

〔2〕 参见李薇薇主编:《禁止就业歧视:国际标准和国内实践》,法律出版社2006年版,第49~50页。

〔3〕 See Thomas R. Haggard, *Understanding Employment Discrimination* (Second Edition), Lexis Nexis Matthew Bender, p. 213.

〔4〕 467 U. S. 561(1984).

〔5〕 478 U. S. 421(1986).

《民权法案》第七章的救济手段。虽然法院没有通过列举的方式具体说明什么是“适当情况”,但法院明确指出上述救济措施可以适用于“存在持续或者恶劣的歧视行为”或者“驱散长期歧视产生的残余影响”。[1] 在一年以后的“美国与天堂案”(United States v. Paradise)中,下级法院判令被告施行少数族裔与非少数族裔雇员1∶1的提职安排,尽管上述少数族裔并非实际歧视受害者。联邦最高法院再次维持了下级法院的上述判决。[2]

综合联邦最高法院在各个案件中的判决,如果肯定性救济措施符合以下条件时,通常会获得法院的肯定:首先,针对非歧视受害者的救济措施是对被告过去长期以来的歧视行为及其不良影响的必要纠正;其次,该救济措施并非简单地为了追求或维持所谓的“种族平衡”,而是作为“合规基准”来推行;再次,该救济措施具有临时性特点,当特定目的达到后,救济措施便不再施行;最后,该救济措施并未对其他种族人群的利益产生不必要的影响。[3]

二、金钱上的救济措施

美国《民权法案》第七章对就业歧视受害者的金钱上的救济措施包括欠付工资(back pay)、预付工资(front pay)、补偿性损害赔偿(compensatory damages)以及惩罚性损害赔偿(punitive damages)等四种。在1964年美国《民权法案》刚刚通过之时,该法案为就业歧视受害者主要提供复职等衡平法上法律救济,与一般的侵权案件相比,就业歧视案件原告可以获得的金钱上的救济较为有限。[4] 1991年美国国会对美国《民权法案》进行了修改,增加了原告可以获得的金钱上的救济的种类,把补偿性损害赔偿和惩罚性损害赔偿纳入救济措施之中。但修改后的美国《民权法案》对补偿性损害赔偿和惩罚性损害赔偿作了两点限制:一是上述救济措施只适用于被证明存在歧视的故意的就业歧视案件;二是法案为原告可以获得的补偿性损害赔偿和惩罚

---

〔1〕 478 U. S. 421, at 475 – 476.

〔2〕 489 U. S. 149(1987).

〔3〕 See Barbara Lindemann and Paul Grossman (Editor), *Employment Discrimination Law* (4th Edition, 2007), BNA Books, p. 2731.

〔4〕 See Mark Rothstein et al., *Employment Law* (3rd Edition), West Publishing Co., pp. 342 – 343.

性损害赔偿的额度设立了上限。尽管如此,1991 年的美国《民权法案》扩大了原告可以获得的金钱救济的种类,对维护原告的合法权益、鼓励原告挑战非法的就业歧视具有积极的意义。

(一)欠付工资

欠付工资是指,由司法机关或者准司法机关作出裁定,确认雇员有权获得应得但未实际收到的工资或福利。[1] 美国《民权法案》第七章第 706 条第(g)款规定了原告可以获得欠付工资。在很长一段时间内,欠付工资是就业歧视案件原告可以获得的主要的金钱救济措施。欠付工资适用广泛,除基于美国《民权法案》第七章提起的诉讼外,欠付工资还可适用于根据美国《就业年龄歧视法案》、美国《薪资平等法案》及美国《康复法案》等法案提起的诉讼。

联邦最高法院通过"阿尔伯马尔纸业公司与莫迪案"确立了欠付工资在就业歧视案件法律救济措施中的核心地位。在"阿尔伯马尔纸业公司与莫迪案"之前,法院几乎可以不受拘束地拒绝当事人提出的支付欠薪工资的诉讼请求。但在"阿尔伯马尔纸业公司与莫迪案"的判决中,联邦最高法院明确了对就业歧视受害者推定适用欠付工资的规则。法院认为,虽然美国《民权法案》第七章第 706 条本身没有规定欠付工资是自动的或者强制性的救济措施,但欠付工资是达成美国《民权法案》主要立法宗旨不可或缺的组成部分,该立法宗旨包括消除歧视以及使歧视受害者获得完整的救济。[2] 因此,法院只有在极端情况下才能拒绝给予欠付工资。在"阿尔伯马尔纸业公司与莫迪案"之后,如果就业歧视案件的原告能够证明歧视行为的存在,并且歧视行为造成了损失,那么,审理就业歧视案件的法院几乎没有拒绝原告要求支付欠薪工资的自由裁量权。

1. 欠付工资的构成

欠付工资不仅包括通常意义上的工资和薪金,无论是按月计酬还是按小

---

〔1〕 参见薛波主编:《元照英美法词典》,法律出版社 2003 年版,第 126 页。

〔2〕 Albemarle Paper Co. v. Moody, 422 U. S. 405(1975), at 421.

时计酬,也包括其他由于歧视行为而导致损失的其他福利。具体来看,欠付工资的构成包括:

(1)工资和薪金

工资和薪金是欠付工资的基本构成。在美国,工资和薪金有不同的计算周期,有的按月计算,有的按小时计算,但都不影响其作为基本的欠付工资的组成部分。除基本工资外,这里的工资和薪金应当作广义解释,即还包括超时工作薪酬、换班补贴、佣金、小费、生活增加费、效绩工资及升职加薪等。在要求支付工资或薪金时,获得胜诉的原告负有举证责任,证明自己遭受的损失。在实践中,原告无须精确计算损失的工资或薪金,法院应当按照案件的实际情况,给出一个最终的赔偿额。

(2)附加福利

附加福利是雇主给雇员的常规工资以外的非工资福利,包括保险、股票、利润分享、病假、带薪休假等。在美国,雇员可以获得的附加福利多种多样,如果雇员因为遭受就业歧视而未能享受这些附加福利的,可以请求法院判决支付。例如,在一个涉及性别歧视的案件中,雇主航空公司为中途下飞机休息的女性员工提供双人房间而对男性员工只提供单人房间,法院判令雇主应当为男性员工补齐双人房和单人房之间的差价。[1] 和主张工资和薪金的举证责任一样,雇员应当举证证明遭受的实际的福利损失。

(3)利息

联邦最高法院以及联邦上诉法院均在各自审理的相关案件中明确指出利息是欠付工资的组成部分,是实现美国《民权法案》"完整救济"宗旨的重要手段。欠付工资中的利息通常由两部分组成:一部分是争议产生之后至案件判决之前产生的利息(pre-judgment interest);另一部分是判决之后至实际支付欠付工资之前产生的利息(post-judgment interest)。对于应当支付的利息的利率计算方式,目前法院尚未取得一致意见,有的以所在州的利率计算利息,有的则以联邦利率计算利息。

---

〔1〕 Laffey v. Northwest Airlines, Inc. ,642 F. 2d 578(D. C. Cir. ,1980).

(4)为减轻损失支付的合理开支

法院允许原告主张为减轻就业歧视造成的损失而支付的合理开支作为欠付工资的一部分。例如,在一起案件中,法院支持了原告提出的在遭受就业歧视以后为寻找过渡性工作时支出的涉及搬家和交通有关的费用。[1] 再如,在另外的一起案件中,法院支持了原告提出的在遭受就业歧视后为了寻找新的工作而支出的2500美元的费用,以及为提前从退休账户支取退休金而支付的11,675美元税款等。[2]

2. 欠付工资的计算期间

欠付工资的计算期间决定欠付工资的赔偿范围。作为美国《民权法案》救济非法就业歧视的主要措施,欠付工资的赔偿范围总体上来说应当等于"假如歧视没有发生原告在原有职位可以获得工资",这与联邦最高法院在"阿尔伯马尔纸业公司与莫迪案"中确立的"完整救济"原则相一致。[3] 因此,需要确定欠付工资的开始时间以及结束时间。

(1)欠付工资的起算时间

欠付工资从被告的歧视行为造成了原告实际的经济损失之日起算。值得注意的是,有时候欠付工资的开始时间与被告的非法歧视行为时间相一致,比如,被告基于歧视原因决定不予录用、不予提职或者即刻解职等;但有时被告的非法行为与原告遭受实际损失之间存在一定的时间间隔,比如,被告基于歧视原因决定开除被告,但是在一个月后执行的,此时欠付工资的起算时间不再是被告非法行为的发生时间,而应是实际遭受损失的时间。在确定原告是否遭受实际损失时,除看被告的歧视行为外,实践中法院还会审查原告是否"事实上准备好,有意愿、有能力履行特定岗位的工作职责,但由于被告的歧视行为而无法履行"。[4]

此外,欠付工资的开始时间还受美国《民权法案》第七章第706(g)(1)

[1] Williams v. Albemarle Board of Education, 5 FEP 814(M. D. N. C.).
[2] Luciano v. Olsten Corp., 912 F. Supp. 663(United States District Court, E. D. New York, 1996).
[3] 422 U. S. 405(1975), at 417 – 418.
[4] Wooldridge v. Marlene Industry Corp., 875 F. 2d 540(6th Cir., 1989).

条的限制。按照上述条款的规定,欠付工资的起算时间不得超过原告在平等就业机会委员会提出申诉之日前两年。[1] 因此,原则上原告无权主张其在平等就业机会委员会提出就业歧视申诉之日两年以外的欠付工资。例外是,如果有证据证明被告涉嫌制度性歧视(pattern or practice of discrimination),且处于持续违反法案规定的,那么,原告可以主张的欠付工资不再受两年期限的限制。[2]

(2)欠付工资的结束时间

欠付工资的作用在于补偿原告由于被告的歧视行为而遭受的实际经济损失。因此,一旦原告不再遭受实际的经济损失,欠付工资也就不再计算。在美国,通常以法院作出判决或者陪审团做出裁决作为原告"止损"的时间点,原告能获得的欠付工资也在此时结束。相较欠付工资的开始时间,确定欠付工资的结束时间有时候会比较复杂。这是因为,除法院判决或者陪审团裁决外,还存在一些其他的事件可以导致欠付工资计算时间的终止。这些事件主要包括以下五种情形,但无论基于何种事件导致了欠付工资的终止,被告也即雇主负有证明该事件成立的举证责任。

(a)原告获得新的工作。原告虽然遭受了歧视,但随后获得了相似的或者更好的职位,那么原告在获得这样的职位时,欠付工资终止计算。从法院审理的案件来看,在上述工作变动过程中,如果原告虽然获得了新的工作,但报酬低于原有工作的,原告有权获得前后工作的工资差额;[3] 如果原告没有遭受实际的经济损失或者原告新获得的工作的工资高于原有工作的,法院不再支持欠付工资的诉讼请求。[4]

比较复杂一点的情况是,如果原告从新的工作岗位离职,此时欠付工资是否应当继续计算?从法院的判例来看,如果原告在新的工作岗位自愿离

[1] 42 U. S. C. § 2000e - 5(g)(1)(2000).

[2] 42 U. S. C. § 2000e - 6(e)(2000).

[3] Smith v. American Service Co. of Atlanta, Inc., 796 F. 2d 1430(11th Cir., 1986).

[4] Hammond v. Northland Counseling Center, Inc., 218 F. 3d 886(8th Cir., 2000); Franzoni v. Hartmarx Corp., 89 FEP 934(7th Cir., 2002).

职,[1]或者是被新的雇主合法解雇的,[2]此时被告无须支付额外的欠付工资,因为法院认为,在上述情况下原告没有通过合理的努力来保住新的工作。

(b)原告未采取合理措施减少损失。在遭受就业歧视后,原告有义务通过积极作为,采取合理措施来减轻招致的损失。这通常可以通过寻找相似的工作岗位来完成。如果原告未能采取合理措施减少损失的,欠付工资将终止计算。法院的判例表明,证明原告未能采取合理措施减轻损失的举证责任在被告。[3] 在实践中,有些联邦上诉法院要求被告要同时证明:第一,原告未能履行合理的勤勉义务来寻找其他的工作机会;第二,如果原告尽了勤勉义务则完全有合理的机会找到与原岗位类似的工作。[4] 另外一些联邦上诉法院则认为,原告的不作为将导致欠付工资的终止,雇主无须证明存在适合原告的职位。因此,只要被告可以证明原告没有采取合理的措施来寻找其他工作就足矣,是否存在这样的工作机会则在所不问。[5]

对于大多数的法院来说,如果原告放弃寻找新的工作机会或者未能以合理的勤勉寻找新的工作机会,欠付工资都将终止计算。"合理勤勉"要求原告采取了积极主动的寻找新的工作机会的行为,而不仅仅是被动地浏览出现在报纸上的招聘广告。此外,有法院强调应当结合原告本人的性格以及当地的就业市场来考察原告是否"合理勤勉"。[6]

考虑没有两份工作是完全相同的,因此,法院只要求原告寻找与原来的工作岗位"实质性相同"的工作作为减轻损失的措施。在通常情况下,原告无须接受与原来工作相比较"显著不如"的工作。但是,如果经过一段合理时间的努力,原告仍然未能找到"实质性相同"的工作,原告此时应当降低自己要求,接受在当时情况下可以获得的最佳的工作机会。按照法院在相关判例中的解释,"实质性相同"的工作是指,具有相似的提职机会、报酬、岗位职

---

〔1〕 Sennello v. Reserve Life Insurance Co. ,667 F. Supp. 1498(S. D. Fla. 1987).

〔2〕 Brady v. Thurston Motor Lines Inc. ,753 F. 2d 1269(4th Cir. ,1985).

〔3〕 Normand v. Research Institute of America, Inc. ,927 F. 2d 857(5th Cir. ,1991).

〔4〕 Conetta v. National Hair Care Centers Inc. ,236 F. 3d 67(1st Cir. ,2001).

〔5〕 这些法院包括联邦上诉第四、第五、第八及第十一巡回法院。

〔6〕 Booker v. Taylor Milk Co. ,64 F. 3d 860(3rd Cir. ,1995).

责、工作环境和地位的工作。[1] 如果满足上述要求的,即便是两份属于完全不同领域的工作,仍然有可能被法院认定为“实质性相同”。例如,在一个案件中,原告原来从事的工作为上门餐饮服务主管,而后从事的工作则是代课老师,法院认为上述工作属于“实质性相同”的工作。[2]

(c)原告拒绝接受被告提出的无条件的复职提议。如果原告拒绝被告提出的无条件的复职提议,可能导致欠付工资的终止。对上述提议的拒绝也可以认为是原告未能采取合理的方式来减少损失的发生。一个雇主提出的有效的复职提议应当满足两个条件:首先,提议复职的职位即便不是和先前的职位相同,也至少应当足够的相似;其次,该提议应当是无条件的,也即原告无须承诺或者接受任何额外的条件,包括但不限于放弃或者减少诉讼请求,或者向被告提供任何有价值的东西。例如,在一个案件中,法院判定被告提出的以原告撤回起诉为前提的复职不是一个无条件的复职提议,原告有权予以拒绝。[3] 在另外一个案件中,法院判定被告提出的以原告放弃在平等就业机会委员会的申诉为前提的复职提议不构成无条件复职提议。[4]

在下面的“福特汽车公司与平等就业机会委员会案”(Ford Motor Co. v. EEOC)中,联邦最高法院仔细地分析了原告在什么样的情况下可以拒绝被告提出的复职提议及相关的问题。联邦最高法院认为,原告没有义务接受不合理的或者附有条件的复职提议。但原告不合理地拒绝被告提出的无条件复职提议的,可以视为未能采取合理措施减少损失的发生,从而导致欠付工资的终止支付。原告不合理地拒绝被告前述提议还将导致无法获得法院的复职判决或者以预付工作作为替代的法律救济。

“福特汽车公司与平等就业机会委员会案”[5]

联邦最高法院奥康纳(O'connor)大法官出具了法院意见书。

---

[1] Weaver v. Casa Gallardo Inc. ,922 F. 2d 1515(11th Cir. ,1991).

[2] Suggs v. Servicemaster Education Food Management,72 F. 3d 1228(6th Cir. ,1996).

[3] Odima v. Westin Tucson Hotel,53 F. 3d 1484(9th Cir. ,1995).

[4] Bruno v. W. B. Saunders Co. ,882 F. 2d 760(3rd Cir. ,1989).

[5] Ford Motor Co. v. EEOC,458 U. S. 219(1982).

本案需要解决的一个问题是,根据1964年美国《民权法案》第706(g)条的规定,在招录过程中因涉嫌实施就业歧视行为而被起诉的雇主能否简单地通过向歧视受害者无条件提供之前被拒绝的工作岗位,就可以终止欠付工资支付责任;还是说,除上述措施以外,雇主还必须同时向歧视受害者提供可以回溯至所指控的歧视发生之日的资历级别……

一

1971年的6月和7月,名为朱迪·加迪斯(Judy Gaddis)、丽贝卡·斯塔尔(Rebecca Starr)和瑞特·史密斯(Zettie Smith)(均为女性)的人员向福特汽车公司在北弗吉尼亚州夏洛特的零部件仓库申请一个仓库搬运(picker-packer)的岗位。三人之中,加迪斯和斯塔尔之前在通用汽车公司的仓库工作过,后被裁员;而史密斯对于这个岗位也有着相似的工作经验。然而,最终福特汽车公司却歧视性地在这个岗位上雇用了三位男性。

1973年1月通用汽车公司召回了加迪斯和斯塔尔,让她们重新回到原来的岗位工作。1973年的7月,当加迪斯和斯塔尔还在通用汽车公司工作的时候,福特汽车公司有一个空余的职位。于是,福特汽车公司就上述职位向加迪斯发出了邀约,但该邀约并不提供可以回溯至1971年她申请职位之时的资历级别。但是,福特汽车公司的邀约也没有要求加迪斯放弃其根据美国《民权法案》第七章可以提起的针对福特的权利要求。加迪斯没有接受这份工作要约,一方面,她不想成为福特仓库里唯一的女性工作人员;另一方面,她也不想失去她在通用汽车公司已经获得的资历级别。此后,福特汽车公司也将上述无条件雇用邀约发给斯塔尔,斯塔尔也以同样的原因予以拒绝。1974年斯塔尔和加迪斯再次被通用汽车公司裁员……

1975年平等就业机会委员会在美国联邦地区法院提起针对福特汽车公司的诉讼,指控后者拒绝招录女性的行为违反了美国《民权法案》第七章的规定,要求法院发布禁制令以及向歧视受害者支付欠付工资。联邦地区法院支持了平等就业机会委员会的诉讼请求,在案件上诉后,审理此案的联邦上诉法院维持了原判,并认为,福特汽车公司1973年发出的雇用邀约由于未能提供可回溯的资历级别,因而是"不完全的和不可接受的",斯塔尔和加迪斯有权获得从1971年到1977年的欠付工资。福特汽车公司之后向本院递交了调卷重审请求,主张其向斯塔尔和加迪斯发出无条件工作邀约应当可以免除进一步支付欠付工资的责任。本院发出了审查本案的调卷令。

在本案中,在涉及欠付工资支付责任的判断标准方面,福特汽车公司和平等就业机会委员会提出了不同的主张。福特汽车公司认为,如果雇主向原先拒绝录用的申请人提供了无条件录用的要约,申请人对该要约的拒绝可以终止进一步的欠付工资的支付。但平等就业机会委员会则认为,仅仅有无条件录用的邀约并不足够,雇主还必须同时向歧视受害者提供可以回溯至所指控的歧视发生之日的资历级别,才能免于进一步的支付欠付工资的责任承担。本院需要决定的是上述观点哪一个更符合美国《民权法案》第七章的立法宗旨。

……

三

用以实施美国《民权法案》第七章的法律规则应当设计成这种方式,即鼓励第七章下的被告(雇主)通过及时向申诉人(被歧视的员工)提供补救性的、无条件的工作机会,由此达成被告对法案的“自愿遵守”。用这种方式来结束歧视,在时间上远比冗长的诉讼程序来得快捷。如今,诉讼程序一拖再拖的情况十分常见,这使在法庭判决给那些遭受就业歧视的申诉人工作之前,上述申诉人不得不经受数年失业或不充分就业的痛苦……

如果被告向申诉人提供后者一开始寻求的工作机会可以阻断欠付工资的支付责任,这将激励被告主动地向申诉人提供之前的工作,从而有利于通过被告的“自愿遵守”机制来达成消除歧视的效果。尽管对被告来说,申诉人可能不一定像其他工作申请者那么有吸引力,但被告如果把这个职位给申诉人,可以使被告免于进一步地承担欠付工资的支付责任。因为支付欠薪工资类似把工资支付给一个从来没有来上班的雇员,从这个角度来讲,福特汽车公司的做法实际上给了申诉人相较其他申请工作的人所不具有的绝对优势。

但是,下级法院在判决中所采纳的观点并没能提供同样的激励因素,这是因为,对于被告雇主来说,在同样一个岗位上,雇用美国《民权法案》第七章下的申诉人要比雇用其他申请人的花费更大。在法院决定赔偿的责任之外,如果还要求雇主给申诉人追溯工作资历,则雇主还需要支付给申诉人额外的与资历级别相对应的福利;而如果雇主雇用新的其他的员工则不会产生这笔费用。更重要的是,一旦雇主给了申诉人可追溯的资历级别,很容易造成公司员工的士气大减,员工不满以及生产力下降等问题,因为对于那些兢兢业业的现有资历职员来说,他们是通过工作获得薪酬,而雇主给了一个从未在公司工作的员工工作资历的做法会让他们觉得不公平。在很多案例中,除上述后果外,对现有工作资历体系的追溯会侵害员工集体的劳资协议,这种侵害会牵连雇主与员工之间的雇佣关系……

四

美国《民权法案》第七章的首要目的,当然是消除就业歧视。那些遭受就业歧视的受害者想要的是工作,而不是一场诉讼。美国《民权法案》第七章的次要目的是,当非法的就业歧视切实发生时,法律可以为那些遭受非法就业歧视的受害人提供赔偿。为了达到这个目的,美国《民权法案》第706条旨在为就业歧视受害者提供完全的法律救济,使之尽可能地处于犹如歧视没有发生之时。我们现在来考虑,福特汽车公司提出的观点是否不仅可以更好地达成消除就业歧视的目的,而且可以为就业歧视受害者提供适当的补偿。

(一)

如果斯塔尔和加迪斯在她们被召回至通用公司工作之前已经拒绝了福特汽车公司提出的无条件录用的邀约,那么在福特汽车公司发出上述邀约之时终止计算欠付工资,与为斯塔尔和加迪斯提供基于歧视遭受的损失并不矛盾。这是因为,一个失业的或者未充分就业的申诉人,就像所有其他美国《民权法案》第七章下的申诉人一样,负有按照该法案第706(g)条规定减轻损失的法定义务。这个义务源于一个古老的法律原则,这个法律原则要求申诉人通过合理的努力来寻找其他合适的职位。尽管上述失业或者不充分就业的申诉人并不需要改行,或者接受降职,或者接受一个降低身份的职位,但如果他拒绝接受一份实质上跟他原来被拒绝的工作相等同的工作,那么他将失去取得额外欠付工资的权利。因此,被指控实施就业歧视行为的雇主通常可以通过向申诉人无条件提供一份他一直在找的工作来免于进一步支付欠付工资,这样可以使申诉人有机会尽可能减少损失的进一步发生。*

雇主只需向作为就业歧视受害者的失业或者不充分就业的申诉人提供无条件录用的工作机会;在此基础上,雇主无须再给上述人员提供有追溯性的资历级别,以免与雇主其他的实质上相同的工作机会相比,雇主的行为招致不当非议。毕竟,有义务减少损失的申诉人需要接受另外一个雇主提供的工作机会来使他的损失最小化,即使那样的工作没能够给予相应的资历级别。当然,如果申诉人接受了被告提供的无条件的工作机会,满足了将损失最小化的要求,那么,在他赢得本案后,仍然有权获得全部的赔偿。法院可以判决让被告向申诉人支付在被告主动提供工作机会给申诉人之前的欠付工资,可追溯的资历级别以及在法院判决之前由于资历缺失所带来的一切损失。

总而言之,对于失业或者不充分就业的申诉人来说,他们负有将遭受的损失最小化的法定义务,这个义务要求他们接受雇主提供的无条件录用至他们之前想要的那个工作,即使雇主未能给他们有追溯力的资历级别。申诉人接受这样的工作机会更有利于维护而不是损害他们获得完全救济的权利。因此,在本案中,对于失业或者不充分就业的申诉人来说,福特汽车公司提出的观点体现了美国《民权法案》第706条的规定,使申诉人遭受的损失最小化,且不影响他行使要求赔偿的权利。

因此,我们的结论是,如果在向被告请求赔偿的权利不受影响的情况下,申诉人拒绝一份他之前寻求的工作,申诉人的这种选择可以被理解为由于存在更好的工作机会,他无须在被告处工作,因而他在被告处所遭受的损害也

---

* 按照原判决注18的说明,遭受就业歧视的申诉人向雇主主张赔偿时,负有将损失降到最小的义务,但上述义务并不要求申诉人与雇主就针对雇主的诉求达成部分或者全部的和解。因此,一个职位申请者或者被解雇的员工无须以向雇主妥协为条件接收雇主提供的工作机会。——笔者注

已经结束。基于这个原因,我们判定,除非存在一些特殊情况,* 当申诉人拒绝他之前一直在找的那份工作时终止欠付工资的计算,这样的结论符合美国《民权法案》第七章要求的,给予就业歧视受害者完全保护的立法宗旨。

……

六

我们认为,下级法院关于本案的结论不符合美国《民权法案》第七章的主要立法目的,也即使就业歧视受害者尽快地投入他们所希望的工作岗位中去。此外,下级法院的判决危及其他人的利益,无辜的雇员可能因为资历级别被打乱而不得不遭受不公正的解雇或者处于不利地位。我们判决,除非存在特殊情形,拒绝雇主提出的无条件录用的要约将终止欠付工资的进一步计算。判决撤销原判,发回重审,重审判决应当与本院结论一致。

事后发现可以合法解雇原告的相关证据或者不予录用原告的非歧视事由。实践中存在这样的情况,雇主以歧视性的事由解雇了雇员,但在雇员提起的针对雇主的就业歧视诉讼的过程中,雇主发现了雇员以前的不当作为。如果这些不当作为之前能够被及时发现,那么雇主完全可以基于正当、合理、非歧视性的理由解雇上述雇员。在这种情况下,雇主的行为是否仍然构成非法的就业歧视?怎样认定雇主的责任以及雇员可以获得的法律救济?这些问题曾给下级法院造成困扰,各个法院对上述问题的回答也不尽相同。

最终,在 1995 年联邦最高法院通过审理的"麦肯农与纳什维尔班纳出版社公司案"(McKennon v. Nashville Banner Publishing Co.)中,[1]联邦最高法院对相关问题进行了分析,并给出了权威的解答。在"麦肯农与纳什维尔班纳出版社公司案"中,原告麦肯农是一位 62 岁的女性,曾在被告公司担任文秘一职,在被解职后,向法院提起诉讼,指控被告实施了非法的就业年龄歧

---

* 按照原判决注 27 的说明,比如申诉人被迫搬去一个很远的地方找一份替代的工作,那么,这种情况下申诉人拒绝被告提供的工作机会可能是因为换地方工作的花费很高,而不是因为有更好的工作机会。——笔者注

〔1〕 McKennon v. Nashville Banner Publishing Co., 513 U. S. 352(1995).

视。在诉讼过程中的证据开示阶段,被告雇主通过原告的书面证词得知,在原告在职的最后一年中,原告擅自拷贝了被告公司的机密财务文件。按照原告自己的说法,她之所以这么做,是出于她有可能会因为年龄原因而被解雇的担忧。被告得知上述事件后,即刻给原告出具了一份书面通知,告知原告其行为严重违反了公司的规章制度,并再次强调她被解雇。基于上述事后发现的证据,联邦地区法院作出了有利于被告雇主的简易判决。案件在上诉后,联邦上诉法院维持了原判,案件最终走到了联邦最高法院。经过审理,联邦最高法院推翻了下级法院的判决。联邦最高法院认为,在本案中,不能对被告违反美国《就业年龄歧视法案》的行为置之不理;与此同时,雇员自身的不当行为也会影响她本可以获得的法律救济。由此,联邦最高法院的结论是,事后获得的证据如果能够证明雇员在雇用期间有不当行为并且性质足够严重,以至于仅依据该不当行为就可以导致雇员被解职,那么上述证据应当用来决定雇员可以获得救济,但不用于评价雇主的责任。[1] 联邦最高法院在判决中最终确立了三条涉及事后获得证据的审判规则:第一,在涉及事后获得证据的案件中,对原告原则上不适用复职或预付工资作为救济手段;第二,在计算欠付工资时,起算的起点是原告被非法解雇之日,起算的终点是新的证据被发现之日;第三,如果存在特殊的影响当事人合法权益的情况,最终的欠付工资的额度可以进行适当调整。

事后证据会导致欠付工资的终止,但事后证据指向的是雇员在被歧视性解雇之前的不当行为,而不适用于雇员在不当解雇之后的不当行为。比如,在一个案件中,雇员在被解雇之后涉嫌吸食大麻,法院认为这样的证据不适用事后证据规则;[2] 在另一个案件中,雇员在被解雇之后涉嫌披露机密信息,法院认为这样的证据同样不适用事后证据规则。[3] 值得注意的是,就举证责任的分配而言,被告应当证明事后获得的证据可以合法地解雇原告。

(d)导致欠付工资终止的其他事由。除上述事由外,还有其他一些可以

---

[1] 513 U.S. 352, at 358 - 360.

[2] Carr v. Woodbury County Juvenile Detention Center, 905 F. Supp. 619 (N.D. Iowa 1995).

[3] Ryder v. Westinghouse Elec. Corp., 879 F. Supp. 534 (W.D. Pa. 1995).

导致欠付工资终止的事由。例如，被告关门或者出售其业务的，在关门或者业务被出售之日其可终止支付欠付工资。再如，如果原告和被告之间签订的是固定期限的雇佣合同，那么在雇佣合同期限届满之日欠付工资也将终止；除非原告有证据证明双方极有可能续签合同，但基于歧视的原因而未能续签。此外，如果原告死亡、退休，或者基于其他原因不再适合继续履行工作职责的，也将导致欠付工资的终止。

(二)预付工资

预付工资，又称将来工资，是指当予以录用或者复职不切实际的时候，法院给予遭受就业歧视的受害者金钱上的救济措施。无论是拒绝录用或者是解除雇佣关系，一旦法院判定雇主的行为构成非法的就业歧视，按照美国《民权法案》第七章“完全救济”的原则，法院通常会责令雇主予以录用或者复职。但在一些情况下，通过法院命令的方式要求雇主对原告予以录用或者复职并不实际。比如，在原告寻求的职位上雇主已经录用了其他的雇员，此时，责令雇主对原告予以录用将会“挤掉”无辜的其他雇员。再如，经过一系列的诉讼和对抗程序，原告和被告雇主之间可能已经产生了不满甚至是敌对的情绪，此时责令雇主对原告予以录用，不仅不利于促进劳动生产力，也不利于在劳资双方之间形成和谐的雇佣关系。[1] 另外，如果法院认为存在雇主可能报复雇员的情况，法院不会责令雇主对原告予以录用或者复职。[2] 在上述情况下，法院通过判令雇主支付预付工资的方式来为歧视受害者进行救济。从这个角度来看，预付工资可以看成是予以录用或者复职的替代救济方式。

预付工资和欠付工资有着实质性的差异。欠付工资针对的是原告已经实际遭受的损失，而预付工资针对的是原告尚未实际遭受，但在将来必然会遭受的损失。但是，预付工资的计算方式与欠付工资有着极大的相似性，要考虑原告的工资和薪金、福利、可预期的奖金和分红等。从这个意义来说，预

〔1〕 Tadlock v. Powell, 291 F. 3d 541(8th Cir., 2002).

〔2〕 Mota v. University of Texas Houston Health Science Center, 261 F. 3d 512(5th Cir., 2001).

付工资也可以看成是欠付工资的延续。[1] 预付工资的具体数额由法院决定，法院考虑的因素包括原告的技能、年龄，当时的劳动力市场状况以及争议涉及的职位等。在实践中，当事人也可以通过邀请专家证人的方式来确定合理的预付工资的数额。[2] 原则上，可以被足够证据证明的，而非推测性的收入均可以成为预付工资的组成部分。

和欠付工资一样，主张预付工资的就业歧视受害者同样负有采取合理措施减少损失的义务。就业歧视受害者通常通过寻找与涉案工作岗位"相当的"工作岗位来履行减少损失的义务。法院在判定预付工资的数额时会考虑原告找到"相当的"工作岗位需要的时间。但在实践中，由于法院很难准确估计原告需要花费的时间，因此也面临一定的问题。一方面，如果法院责令被告支付固定时间跨度的预付工资，但原告在此之前找到了"相当的"工作，那么多出来的预付工资对原告来说是一笔意外之财；另一方面，如果法院责令被告支付的预付工资在原告找到"相当的"工作后或者未能采取合理措施寻找工作情况下可随时终止，这比固定时间跨度的预付工资更合理，但法院需要为此持续地跟踪原告找工作的情况，法院的负担无疑增加了。

已有的判例表明，在以下三种情况下，美国法院将会拒绝原告要求被告支付预付工资的主张。第一种情况是，如果被告雇主有证据证明，在案件判决下达之日，雇主有合法的、非歧视性的理由不再雇用原告。在已有案件中，如果雇主正在减员的，或者雇主关闭了相关的生产线的，或者原告申请的工作岗位不复存在的，或者非因雇主的过错致使原告无法任职的，当出现上述情况时，法院不再责令雇主支付预付工资。第二种情况是，如果被告雇主在被指控的歧视行为发生以后发现了原告的不当行为，包括被雇用前的足以导致原告不被录用的欺诈行为，以及被雇用后的足以导致原告被合法解雇的违法行为。法院会衡量原告上述不当行为的严重程度，以决定是否给予预付工资。如果不当行为足够严重，法院不再责令雇主支付预付工资。第三种情况

---

[1] See Barbara Lindemann and Paul Grossman (Editor): *Employment Discrimination Law* (4th Edition, 2007), BNA Books, p. 2801.

[2] Hartley v. Dillard's Inc., 310 F. 3d 1054 (8th Cir., 2002).

是,至案件审理之日如果出现原告由于参加全日制学校学习而无法投入工作,或者拒绝被告的复职提议,或者未能采取合理勤勉地寻找实质相当的工作的,法院也将不再责令雇主支付预付工资。

(三)补偿性损害赔偿

补偿性损害赔偿以及下面的惩罚性损害赔偿在最初的1964年美国《民权法案》中没有规定,而是美国国会在1991年修改美国《民权法案》时,将其作为纯粹新增的法律救济条款加入法案中去。1964年的美国《民权法案》仅提供包括欠付工资等在内的衡平法上的法律救济措施,在其后的实施过程中出现的一些新的情况,使原有的法律救济逐渐显示出不足。例如,在联邦最高法院判定工作场所中的性骚扰属于基于性别的就业歧视,并确认交换型和敌意工作环境型两种性骚扰之后,法院对于怎样救济性骚扰受害者出现了一些困惑。在敌意环境型性骚扰中,由于受害者遭受的主要伤害是精神上而非财产上的,按照1964年美国《民权法案》的规定,受害者能够获得的法律救济仅仅是法院颁布的禁制令,禁止骚扰者继续骚扰行为。而这样的法律救济显然不足以救济性骚扰受害者。[1] 修改后的1991年美国《民权法案》第102条允许就业歧视原告在符合法案规定的条件下,向故意违反该法案规定的被告主张补偿性和惩罚性损害赔偿。按照规定,补偿性和惩罚性损害赔偿同样适用于基于《美国残疾人法案》和美国《康复法案》第501节提起的残疾就业歧视诉讼。

美国《民权法案》并未对什么是补偿性损害赔偿作出具体的规定。按照美国联邦最高法院的解释,禁止就业歧视法律中规定的补偿性损害赔偿,是为符合条件的原告提供的针对"包括精神痛苦、精神创伤、生活不便、名誉损害等内在的非金钱性损害以及将来的具有金钱利益的损失"的救济措施。[2] 值得注意的是,并不是每一个获得胜诉的原告都可以获得补偿性损害赔偿,只有原告举证证明被告的非法就业歧视行为造成了原告的精神和名誉上的

---

〔1〕 See Thomas R. Haggard, *Understanding Employment Discrimination* (Second Edition), LexisNexis Matthew Bender, p. 216.

〔2〕 West v. Gibson, 527 U. S. 212(1999).

损害时，法院才有可能给予补偿性损害赔偿。关于原告应当如何证明遭受精神或名誉损害，法院并未给出特定的标准。法院的要求是，原告需要通过自己的行为或者其他人观察到的行为表明存在“真实”的损害。在实践中，一些法院认为原告可以仅凭自身的证词证明损害真实存在；[1]当然，如果原告可以提供额外的来自亲朋好友或者同事的证词，则更能证明损害的真实存在。[2] 有一些法院则指出，仅仅提出一些大概的、推断性或者模糊的涉及精神损害的证据无法获得法院的支持。[3] 还有一些法院认为，应当考察涉嫌歧视的行为的性质：如果歧视的行为本身性质恶劣，那么证明该行为造成的后果的证据可以相对减少；相反，如果歧视的行为本身较为中性，那么证明该行为造成的不良后果的证据相对要多且具体。例如，法院在“美国与巴里斯特里耶里案”(United States v. Balistrieri)的判决中就明确指出，被告的行为越是在本质上具有侮辱性和羞辱性，我们就越是可以合理推断该行为给受害者造成的羞辱和精神折磨；由此，就主张精神损害赔偿而言，较为推断性的证据也将被法院接受。[4] 此外，在实践中，法院较倾向于接受有资质的医学、心理学以及其他相关行业的专业意见，作为判定精神损害是否存在以及损害的程度等问题的依据。

补偿性损害赔偿的具体数额由陪审团裁定，但初审法院以及上诉法院均有权对陪审团的裁定进行审查。理论上，法官对陪审团裁定的赔偿数额能够施加的干涉非常有限，只有在陪审团裁定的赔偿数额“如此之大以至于震撼司法良心”，“如此不平常巨大以至于缺乏正当理由的支持”，“如此夸张以至于使人怀疑可能存在偏见、成见、腐败或者其他不当动机”或者“明显地超过任何合理的人感知原告有权获得的数额”时，法官才可以推翻或者减少陪审团裁定给原告的赔偿金。但是，从司法实践来看，法院通常会参考相似案件中的损害赔偿数额来决定原告可以获得的最终数额。如果陪审团裁定的数

---

〔1〕 United States v. Balistrieri, 981 F. 2d 916(7th Cir., 1992).

〔2〕 Jennifer Farfaras v. Citizens Bank and Trust of Chicago, 433 F. 3d 558(7th Cir., 2006).

〔3〕 Akouri v. State of Florida Department of Transportation, 408 F. 3d 1338(11th Cir., 2005).

〔4〕 United States v. Balistrieri, 981 F. 2d 916(7th Cir., 1992).

额过高或过低,法院会责令重审或者启动减少陪审团裁定赔偿金的程序。

(四)惩罚性损害赔偿

根据美国法律的规定,如果被告针对受联邦法律保护的个人实施了蓄意的或者不计后果地漠视其权利的歧视行为时,法院可以适用惩罚性损害赔偿。但当被告是政府机构时,不适用惩罚性损害赔偿。[1] 从上述规定来看,惩罚性损害赔偿的适用前提是,被告在行为时主观上具有"蓄意"或者"不计后果地漠视"的状态。根据联邦最高法院在"科尔斯塔德与美国牙科协会案"(Kolstad v. American Dental Association)中的解释,"蓄意"或者"不计后果地漠视"是指,被告知道自己的行为存在违反联邦法律的可能性,但并不一定要意识到自己的行为正在或者已经构成了非法的歧视。[2] 除要求被告"知道"自己的行为存在违法可能性外,适用惩罚性赔偿是否同时要求被告的行为本身具有极大的可谴责性或者令人愤慨呢?在"科尔斯塔德与美国牙科协会案"之前,针对上述问题下级法院之间存在一定的分歧。有的法院认为,只要被告主观上具有"知道"的意识,仍然实施非法歧视行为的,就可以适用惩罚性损害赔偿;而有的法院则认为,除被告的主观状态外,被告的行为客观上具有恶劣的性质是适用惩罚性损害赔偿的前提。联邦最高法院最终在"科尔斯塔德与美国牙科协会案"中给出了自己的答案。联邦最高法院认为,"蓄意"或者"不计后果地漠视"针对的是行为人的主观状态;虽然行为人的行为客观上具有的恶劣性质可以作为证明其主观状态的证据,但适用惩罚性损害赔偿并不要求原告证明行为人的行为客观上具有恶劣的性质。

"蓄意"或者"不计后果地漠视"的主观状态要求行为人知道自己的行为可能违反联邦法律的规定。但在现实生活中,行为人通常不会承认自己知道其实施的行为可能违反联邦法律的规定。在实践中,法院认为出现以下情形时,可以认定行为人对自己的违法行为具有认知:第一,对原告的投诉或申诉不予理睬的。在"诺尔顿与特尔斯德电话公司案"(Knowlton v. Teltrust

---

[1] 42 U. S. C. § 1981a(b)(1)(2000).

[2] 527 U. S. 526(1999).

Phones,Inc.)中,原告遭受了来自被告公司高层管理者的性骚扰,有足够的记录表明性骚扰实施者经常说一些淫秽语言,或者是包含性暗示的讥讽甚至是直接的性要求。原告向被告管理层进行过投诉,但被告对原告的投诉不予理睬。法院最终支持了原告提出的惩罚性损害赔偿的诉讼请求,因为被告对原告权利受保护的权利遭侵犯存在不计后果地漠视。[1] 第二,对经常性的违法行为知晓但未能采取有效干预措施的。在"帕文与斯威夫特案"(Pavon v. Swift. Transp. Co. ,Inc.)中,在被告的商店里充斥着涉及种族的侮辱性、诽谤性语言,被告的管理层知道上述情况但未能采取有效措施予以干预。上诉法院维持了下级法院作出的针对被告的高达 30 万美元的惩罚性损害赔偿判决。[2] 第三,如果被告曾经举行过有关平等就业机会和反歧视方面的培训的。在"平等就业机会委员会与哈特威公司案"(EEOC v. Heartway Corp.)中,行为人曾经参与了关于《美国残疾人法案》的培训,因此,被法院认定为知晓禁止歧视残疾人的规定。[3]

但也确实存在一些情况,被告在实施歧视行为时,并不知道自己的行为违反了联邦法院的规定,或者善意地以为自己的行为构成非法歧视的例外。比如,被告虽然实施了就业歧视行为,但认为自己的行为构成"真实职业资格"(Bona Fide Occupational Qualification)例外。如出现上述情况,法院将不再判令被告承担惩罚性损害赔偿责任。

由于惩罚性损害赔偿在本质上具有惩罚性,在赔偿的数额上通常会远超造成的实际损害,因此,必须考虑《美国联邦宪法》"法律正当程序"对惩罚性损害赔偿的限制。《美国联邦宪法》中的"法律正当程序"是宪法赋予公民的对抗危及剥夺其生命、自由和财产的政府行为的程序上和实体上的权利。如果惩罚性损害赔偿数额高得不合理,那么有可能因违反宪法规定的"法律正当程序"而无效。美国联邦最高法院曾在"太平洋共同人寿保险公司与哈斯利普案"(Pacific Mutual Life Insurance Co. v. Haslip)中背书了亚拉巴马州最

---

〔1〕 189 F. 3d 1177(10th Cir. ,1999).

〔2〕 192 F. 3d 902(9th Cir. ,1999).

〔3〕 466 F. 3d 1156(10th Cir. ,2006).

高法院审查惩罚性损害赔偿合理性的标准，包括：(1)被告的行为可能造成的损害以及实际造成的损害与惩罚性损害赔偿数额之间是否存在合理的联系；(2)被告的行为的可谴责性；(3)被告的行为给其带来的获利程度；(4)被告的经济实力；(5)诉讼产生的所有成本；(6)被告基于其行为遭受的刑事上的处罚；(7)对被告同一行为所施加的其他民事责任。[1] 两年后，在"北美宝马公司与戈尔案"(BMW of North America, Inc. v. Gore)中，联邦最高法院提出了涉及惩罚性损害赔偿合理性的三项原则，以审查惩罚性损害赔偿数额是否违反宪法规定：一是被惩罚的行为的应受指责性；二是实际损害与惩罚性损害赔偿之间的关系；三是惩罚性损害赔偿与案件判决中所作出的其他民事赔偿之间的差异。[2] 实际损害赔偿和惩罚性损害赔偿之间符合怎样的比例才能满足《美国联邦宪法》"法律正当程序"的要求，联邦最高法院并未给出明确的使用标准。但在 2003 年的"国家农场共同汽车保险公司与坎贝尔公司案"(State Farm Mutual Automobile Insurance Co. v. Campbell)中，联邦最高法院表示，如果惩罚性损害赔偿与实际的损害之间的比率超过一位数，那么就很难经受住宪法"法律正当程序"的考验。[3] 我们可以将联邦最高法院的意见解读为惩罚性损害赔偿通常不应当超过实际损害的 10 倍。

美国法律对就业歧视受害者可以获得的补偿性损害赔偿和惩罚性损害赔偿的上限作了规定。按规定，在就业歧视案件中，原告可以获得的补偿性损害赔偿和惩罚性损害赔偿的总额上限分别为：[4]

(1)被告员工数为 15 ~ 100 人的，不得超过 5 万美元；

(2)被告员工数为 101 ~ 200 人的，不得超过 10 万美元；

(3)被告员工数为 201 ~ 500 人的，不得超过 20 万美元；

(4)被告员工数为 500 人以上的，不得超过 30 万美元。

值得注意的是，前述总额上限并不包括原告依据美国《民权法案》第七

---

〔1〕 499 U. S. 1(1991).

〔2〕 517 U. S. 559(1996).

〔3〕 538 U. S. 408(2003).

〔4〕 42 U. S. C. § 1981a(b)(3)(2000).

章第706(g)条可以获得的救济。美国《民权法案》第七章第706(g)条规定,原告可以获得欠付工资,利息以及其他原告支付的开支。按照联邦最高法院的判决,原告可以获得的预付工资也不计入前述总额。[1] 也就是说,前述总额限制并不包括原告可以获得的欠付工资和预付工资,欠付工资和预付工资可以与补偿性损害赔偿和惩罚性损害赔偿并列计算。但是,前述总额上限适用于一个原告,还是适用于原告的一个诉讼因由(cause of action),目前尚未有定论。

三、律师费

在美国,参与诉讼的各方当事人应当自行承担自己的律师费用,这是一个基本的原则,也被称为"美国规则"(American Rule)。但美国国会通过立法对上述"美国规则"作了例外的规定:在涉及就业歧视以及其他有关民权的诉讼案件中,获得胜诉的一方当事人有权获得律师费。这些立法之间又存在一些差别,体现在:有的美国法律规定如果符合条件,法院必须判给获胜一方律师费,而有的则规定法院可以自由裁量是否给予获胜一方律师费。另外,有的法律规定只有获胜的原告才可以获得律师费,而有的法律则规定获胜的原告或者被告都可以有权获得律师费。具体来看,规定"美国规则"例外情形的联邦立法包括:

(1)美国《民权法案》。按照美国《民权法案》第七章第706(k)条的规定,依据本章规定提起的任何诉讼或者程序中,法院在其自由裁量之内,有权决定给予除平等机会委员会以及美利坚合众国外的胜诉的一方合理的律师费(包括专家费),作为诉讼成本的一部分;且平等机会委员会以及美利坚合众国应当像私人一样承担上述费用。

(2)美国《民权律师费用给予法案》(Civil Rights Attorney's Fee Awards Act)。按照美国《民权律师费用给予法案》第1988条的规定,在任何执行《美国法典》第1981节、第1981a节、第1982节、第1983节、第1985节以及第

〔1〕 Pollard v. EI du Pont de Nemours & Co. ,532 U. S. 843(2001).

1986 节的诉讼或者程序中,法院在其自由裁量之内,有权决定给予除美利坚合众国外的胜诉一方合理的律师费,作为诉讼成本的一部分。

(3)美国《就业年龄歧视法案》。美国国会在通过美国《就业年龄歧视法案》时,编入了众多美国《公平劳工标准法案》(Fair Labor Standards Act)中的相关条款。其中,有关律师费,美国《就业年龄歧视法案》第 626(b)条通过编入美国《公平劳工标准法案》第 216(b)条作了规定:在诉讼中,除给原告的判决外,法院还应当给予原告由被告支付的合理的律师费,以及诉讼开支。不难看出,美国《民权法案》和美国《民权律师费用给予法案》均授予法院自由裁量以决定是否给予获胜一方合理的律师费,而美国《就业年龄歧视法案》相关条款使用了"应当"一次,表明法院必须给予获胜一方合理的律师费。

(4)《美国残疾人法案》。美国国会在通过《美国残疾人法案》时部分编入了美国《民权法案》中的相关条款。其中,涉及法律救济的《美国残疾人法案》第一章完整编入了美国《民权法案》第七章的规定,包括第 706(k)条。因此,《美国残疾人法案》规定了与美国《民权法案》完全一样的律师费规则,即法院可以在自由裁量下决定是否给予获胜一方合理数额的律师费。

(5)美国《家庭和医疗休假法案》(The Family and Medical Leave Act)。按照美国《家庭和医疗休假法案》的规定,法院应当给予获胜的原告合理的律师费,以及其他与诉讼有关的费用,上述费用由被告支付。美国《家庭和医疗休假法案》只规定了获胜的原告可以获得合理的律师费,并且法院没有予以拒绝的自由裁量权。

(一)主张律师费的主体

从上述规定了律师费的联邦立法中不难看出,除美国《就业年龄歧视法案》和美国《家庭和医疗休假法案》明确规定获得合理律师费的主体仅限于获胜的原告外,其他法案均使用了获胜的一方当事人这样的用词。以最为主要的美国《民权法案》为例,从该法案的条文本身来看,获胜的一方当事人理所当然地包括原告以及被告。那么,是否可以得出这样的结论:在就业歧视案件中,被告可以和原告一样主张合理的律师费呢?联邦最高法院给出了否定性的解释。在"克里斯蒂安森斯堡服装公司与平等就业机会委员会案"

(Christiansburg Garment Co. v. EEOC)中,联邦最高法院明确指出获胜的原告不同于获胜的被告:首先,美国国会立法者通过选取原告作为推行和维护其最为关心的政策的工具;其次,联邦地区法院判决给予获胜的原告律师费时,其所针对的对象是联邦法律的违反者。给予获胜的被告律师费明显缺乏给予获胜的原告律师费背后所蕴含的政策考量。[1] 因此,在考虑律师费时,获胜的一方当事人通常仅指获胜的原告,而不包括获胜的被告。

但联邦最高法院并没有完全排除获胜的被告获得律师费的可能。在"克里斯蒂安森斯堡服装公司与平等就业机会委员会案"的判决中,联邦最高法院认为,通过对相关立法史的考察,立法者使用"获胜的一方当事人"这样的措辞,旨在防止针对被告提起的没有法律依据的诉讼。法院指出,通过准许给予被告律师费可以"劝阻没有根据的诉讼""劝阻无意义的诉讼"*"减少提起不正当诉讼的可能性"。只有这样,才能为真正需要起诉者扫清障碍,同时也保护被告免受没有法律依据或事实根据的诉讼带来的困扰。联邦最高法院认为,在基于美国《民权法案》第七章提起的诉讼中,如果经过审查发现原告的诉讼属于无意义的、不合理的,或者缺乏根据的,哪怕原告主观上不具有恶意,法院也可以自由裁量决定给予获胜的被告律师费。

(二)获得律师费的条件

尽管大多数规定了律师费的联邦法律授权法院在自由裁量权范围内决定是否给予获胜的原告律师费,现实的情况是,除非存在特别不寻常的情形,否则法院都会给予获胜的原告合理的律师费用。实践中,法院需要真正解决的问题是,怎样确定原告属于"获胜的原告"?如果原告只获得了部分胜诉,是否仍然可以被认为是"获胜的原告"?针对上述问题,在不同的联邦上诉法院之间曾出现不同的看法。有一些上诉法院认为,要成为"获胜的原告",当事方必须在涉及案件的"核心争议"方面得到法院的支持,并且获得了满足其诉求的"主要救济措施"。只有满足上述条件的原告才能成为"获胜的

---

〔1〕 434 U.S. 412(1978).

* "无意义的诉讼"在美国通常是指缺乏理由,几乎没有胜诉希望,通常为滋扰被告而提起的诉讼。——笔者注

原告”,从而获得律师费。[1] 另外的一些法院对“获胜的原告”的构成条件要求相对低一点,认为原告只要在“重要争议”方面得到法院的支持,并且获得了满足其诉求的“一些救济措施”,即可成为“获胜的原告”,从而获得律师费。[2] 最终,联邦最高法院在 1989 年的“得克萨斯州教师协会与加兰独立学区案”(Texas State Teachers Association v. Garland Independent School District)中给出了权威解答。[3] 在该案中,原告未能在涉及案件的“核心争议”方面得到法院的支持,审理该案的一审联邦地区法院由此驳回了原告要求被告支付律师费的主张。联邦上诉法院维持了联邦地区法院的一审判决。在案件上诉至联邦最高法院后,原审判决被推翻。联邦最高法院认为,只要原告在涉及诉讼的任何重要争议方面取得了成功并获得了提起诉讼试图获得的一些利益,那么,可以认为原告已经越过了要求获得律师费的门槛。显然,在该案的判决中,法院采纳了对原告要求相对较低的获得律师费的条件。

在“得克萨斯州教师协会与加兰独立学区案”的判决发布 3 年后,联邦最高法院在 1992 年审理的“法瑞与郝比案”(Farrar v. Hobby)中再次就“获胜的原告”的审查标准进行了阐述。[4] 在“法瑞与郝比案”中,原告以法律正当程序权利受到侵犯为由要求被告承担 1700 万美元的损害赔偿。负责一审的联邦地区法院在审理后认为,被告被指控的行为纯属技术性失误,并且被告的行为与原告所谓的损害之间不存在法律上的因果关系。一审法院要求被告支付 1 美元的象征性赔偿,驳回了原告的其他诉讼请求,但却判决被告承担 28 万美元的律师费以及将近 3 万美元的诉讼开支及利息。在案件上诉后,联邦上诉第五巡回法院推翻了地区法院涉及律师费以及诉讼开支方面的判决。上诉法院认为,相对于原告 1700 万美元的诉讼请求来说,1 美元的赔偿数额如此微不足道以至于不足以支持原告成为获胜的一方。因此,原告无权获得律师费等。案件再次上诉至联邦最高法院,联邦最高法院经过审理,

---

〔1〕 例如,联邦上诉第五巡回法院审理的“Simien v. San Antonio(809 F. 2d 255)”等案。

〔2〕 例如,联邦上诉第七巡回法院审理的“Lampher v. Zagel(755 F. 2d 99)”等案。

〔3〕 489 U. S. 782(1989).

〔4〕 506 U. S. 103(1992).

维持了上诉法院有关律师费的判决结果,但陈述了不同的理由。联邦最高法院认为,本案中的原告应当被认定为获胜的一方,因为即便一审法院只判给其1美元,相对1700万美元的诉讼请求微不足道,但原告获得的判决以变更被告行为的方式实质性地改变了当事人双方之间的法律关系,使之更有利于原告。从这个角度来说,原告是本案获胜的一方当事人。但原告可以获得的律师费受限于其在案件中的获胜情况。结合本案实际,由于原告仅获得了1美元的象征性赔偿,表明原告未能证明其诉求的基本要素成立。由此,本案中的律师费相应地应当为零。

此外,还有一种情况曾在不同的美国联邦上诉法院之间造成意见分歧:如果在原告提起的诉讼进行过程当中,被告自愿地改变了自己的行为,法院就此驳回原告的起诉的,此时,原告能不能被认定为"获胜当事方"?美国法院将这样的原告形象地比喻为"催化剂"(catalyst)原告。此前,绝大多数的美国联邦上诉法院认为"催化剂"原告属于获胜的原告,因而可以获得合理的律师费。[1] 但联邦最高法院的大法官们在2001年审理的"巴克安农食宿之家与西弗吉尼亚州卫生和人力资源部案"(Buckhannon Board & Care Home, Inc. v. West Virginia Department of Health and Human Resources)中以5∶4的表决结果,裁定前述"催化剂"原告无权获得律师费。[2] 在"巴克安农食宿之家与西弗吉尼亚州卫生和人力资源部案"中,在原告起诉后,被告自愿清除了被指控具有冒犯性的规定,法院随后以案件不再具有实际意义为由驳回原告起诉。但原告向法院主张被告应向其支付律师费,原因是案件取得了原告期待的结果,原告属于获胜的当事方。联邦最高法院审理后认为,相关法案中规定的获胜的当事方是指,通过法院裁判的方式获得救济的当事方。所谓的法院裁判,既包括法院基于事实作出的具体判决,也包括经由双方当事人同意的协议裁决。被告自愿地改变自己的行为,上述改变即便或许正是原告通过提起诉讼所想要达到的,但是,由于缺乏必要的司法认可,不能

---

〔1〕 比如,联邦上诉第一巡回法院审理的"Stanton v. Southern Berkshire Regional School Dist. 案"等(197 F. 3d 574, 1st Cir., 1999)。

〔2〕 532 U. S. 598(2001).

据此认定原告为获胜的当事方。联邦最高法院的判决表明,认定原告构成获胜的当事方的关键因素是,在原告提起诉讼后由于法院的司法介入直接导致了被告改变了自己的相关行为。[1]

如前所述,大多数规定了律师费的联邦法律授权法院在自由裁量权范围内决定是否给予获胜的原告律师费。也就是说,即便法院认定原告属于获胜的当事人,法院仍然有权力拒绝判给其律师费。当然,相关的联邦法律也明确规定,法院拒绝判给获胜的原告律师费的前提是"存在特别不寻常的情形"。从中也可以看出,法院只有在例外情形下才会反对给予获胜原告合理的律师费。

那么,究竟"存在特别不寻常的情形"是指哪些情形呢?有关的联邦法律没有给出明确的答案,而法院在审理的相关案件中给出了自己的回答。在联邦最高法院审理的"纽约煤气灯俱乐部与凯里公司案"(New York Gaslight Club, Inc. v. Carey)中,原告提起了基于性别的就业歧视诉讼。[2] 在诉讼过程中,原告所在州的平等就业机会机构提出愿意免费为其代理该案的诉讼活动,但原告选择由公益组织担任其诉讼代理人。最后原告获得了胜诉,但被告提出不应当支付律师费,因为存在特别不同寻常的情形。被告提出了两个观点:首先,原告本来完全无须自己找诉讼代理人,因为有州的专门机构免费为其提供法律服务;其次,退一步来讲,原告即使可以自己找代理人,但由于原告找的是公益组织,因此,向其支付律师费也是不应当的。联邦最高法院未支持被告的主张。法院认为,私人律师在保障和保护联邦权利和利益方面有着与政府律师不同的作用,因此,私人律师费应当支持。此外,对相关联邦法律立法史的考察表明公益组织也可以获得律师费。在联邦上诉第四巡回法院审理的"李与锥钢铁企业集团案"(Lea v. Cone Mills Corp.)中,被告请求法院驳回原告关于支付律师费的诉讼请求,因为本案中的原告是本着测试

[1] See Joel Wm. Friedman, *Employment Discrimination: Examples and Explanations*, Aspen Publisher, 2010, p. 191.

[2] 447 U. S. 54(1980).

的心态提起的诉讼。[1] 被告的主张未能得到上诉法院的支持。法院认为,原告提起诉讼的动机与其是否可以获得律师费没有关联性。从法院审理的其他案件来看,被告以下列情形作为"特别不寻常的情形"主张不给予原告律师费的理由未能获得法院支持:被告的行为是基于善意的行为;被告发现自己的行为涉嫌歧视后采取了及时的补救措施;基于私人费用安排,律师已经获得了报酬的;原告完全有能力自己负担律师费的;原告未参与和解程序的;案件案情简单的;律师费的数额超过案件本身涉及的损害赔偿的数额的;原告已经获得了可观的损害赔偿的等。[2]

在为数不多的案件中,法院支持了被告提出的,由于"存在特别不寻常的情形"而不给予原告律师费的主张。在"美国代阿威拜克与帕斯特医疗协会案"(United States ex rel. Averback v. Pastor Medical Associates)中,法院指出,在缺乏具体的、及时的律师工作时间记录的情况下可以拒绝支付律师费的请求。[3] 在"明德勒与克莱顿郡案"(Mindler v. Clayton County, GA.)中,原告在被告上诉期届满45天以后提出了支付律师费的请求,法院审查后认为这样不及时的请求构成"特别不寻常的情形",因为如果原告及时提出这样的请求,被告很有可能在上诉期限内提出上诉。法院最终驳回了原告有关支付律师费的请求。[4]

(三)律师费的计算方式

如果法院经过审查认定原告可以获得律师费,那么,接下来法院需要决定的问题是确定律师费的具体数额。由于相关的联邦法律本身并没有给出计算律师费的具体方式,这个工作留给了法院。其中,联邦上诉第五巡回法院在"约翰逊与佐治亚高速公路公司案"(Johnson v. Georgia Highway Express Inc.)中确立的"约翰逊标准"曾一度成为美国各级法院确定合理律师费的主

---

[1] 438 F. 2d 86(4th Cir., 1971).

[2] See Barbara Lindemann and Paul Grossman (Editor): *Employment Discrimination Law* (4th Edition, 2007), BNA Books, pp. 2910 – 2911.

[3] 224 F. Supp. 2d 342(D. Mass. 2002).

[4] 864 F. Supp. 1329(N. D. Ga. 1994).

要参考依据。[1] “约翰逊标准”确立了审查合理律师费的12项指标,包括:(1)律师参与案件的所花费的时间和劳动力;(2)案件涉及的争议的新颖性和处理的难度;(3)提供法律服务正确处理案件所需的技能;(4)律师接受案件以后不得不放弃的其他业务情况;(5)律师处理类似案件通常的收费标准;(6)律师费是固定收费还是风险代理性收费;(7)客户或者情势施加于律师身上的处理案件的时间限制;(8)案件的争议标的以及最终获得的赔偿数额;(9)律师的经验、名声以及能力;(10)案件不受欢迎的程度;(11)律师与客户之间的职业关系的性质和时间长度;(12)类似案件可以获得律师费等。[2] 但随着时间的推移,“约翰逊标准”在实践中出现的问题越来越多,主要体现在:许多指标过于模糊,缺乏实际操作性,并且不同的指标之间存在重叠和重复评价。上述问题造成的结果是,在实际案件中很多法官只是简单地引用“约翰逊标准”,便得出一个具体费用的数字,但并不说明究竟参照了“约翰逊标准”中的哪些指标以及分析的过程。

因此,在随后一些案件的审理中,联邦法院开始采用一种被称为“北极星规则”的律师费计算方式。1983年联邦最高法院在其审理的“汉斯莱与埃克哈特案”(Hensley v. Eckerhart)中对“北极星规则”进行了背书。[3] 相较“约翰逊标准”,“北极星规则”将律师费的计算简化为“两个合理”,即律师在办理案件时所花费的合理的总时长(小时数)乘以合理的每小时费率(小时费)。在1984年的“巴隆弗与史丹森案”(Blum v. Stenson)中,联邦最高法院进一步对合理的小时费进行了说明,指出律师合理的小时费应当根据相关地区通行的市场价格决定,至于原告律师来自私营律所还是非营利团体则在所不问。[4] 值得注意的是,原告方有义务向法院说明相关地区可比较的通行市场价格以及案件代理律师总的工作时间。考虑到代理就业歧视案件的律师通常只有在案件完全结案以后才能拿到律师费,联邦最高法院在其审理的

---

〔1〕 488 F. 2d 714(5th Cir. ,1974).

〔2〕 488 F. 2d at 717 – 719.

〔3〕 461 U. S. 424(1983).

〔4〕 465 U. S. 886(1984).

“密苏里与詹金斯案”(Missouri v. Jenkins)中明确指出,初审法院法官可以在合理律师费的基础之上适度增加律师费,以补偿由于延迟获得报酬给代理案件的律师造成的损失。[1] 此外,在“布兰查德与伯格龙案”(Blanchard v. Bergeron)中,联邦最高法院回应了原告和其代理律师达成协议约定只在胜诉前提下支付特定数额律师费的问题。联邦最高法院认为,如果原告和代理律师之间约定的数额低于代理律师根据“北极星规则”可以获得的数额,代理律师可以不受双方之间约定的限制,进而主张“北极星规则”下合理的律师费。[2] 最后,如果原告提起的诉讼中包含了数个可分离的诉讼请求,但只有部分的诉讼请求得到了法院的支持的话,原告可以获得的合理的律师费将相应地减少。也就是说,律师花费在那些未获得法院支持的诉讼请求上的时间将从“北极星规则”中予以扣除。

四、诉讼开支及其他花费

除律师费以外,符合条件的原告还可以获得与诉讼有关的开支以及其他花费方面的补偿。按照美国法律的规定,与诉讼有关的开支的补偿范围包括案件受理和执行等方面的行政性收费、文件誊本费、复印费、证人出庭产生的开支、法院指定的专家费、翻译费等。[3] 其他花费主要是原告自行垫付的与诉讼有关的开支,如电话费、停车费、自行调查取证等方面的支出等。值得注意的是,与诉讼相关的开支以及其他花费应当有确切的记录,才能获得法院的支持。

---

[1] 491 U. S. 274(1989).

[2] 489 U. S. 87(1989).

[3] 28 U. S. C. § 1920(2000).

参 考 文 献

一、中文文献

1. 薛波主编:《元照英美法词典》,法律出版社 2003 年版。

2. 蔡定剑、刘小楠主编:《反就业歧视法专家建议稿及海外经验》,社会科学文献出版社 2010 年版。

3. 蔡定剑主编:《中国就业歧视现状及反歧视对策》,中国社会科学出版社 2007 年版。

4. 周伟等:《中国的劳动就业歧视:法律与现实》,法律出版社 2006 年版。

5. 周伟等著:《禁止就业歧视的法律制度与中国的现实》,法律出版社 2008 年版。

6. 周伟等编著:《法庭上的宪法》,山东人民出版社 2011 年版。

7. 李薇薇主编:《禁止就业歧视:国际标准和国内实践》,法律出版社 2006 年版。

8. 林燕玲主编:《反就业歧视的制度与实践:来自亚洲若干国家和地区的启示》,社会科学文献出版社 2011 年版。

9. 刘小楠主编:《反歧视法讲义:文本与案例》,法律出版社 2016 年版。

10. 刘小楠主编:《反就业歧视的理论与实践》,法律出版社 2012 年版。

11. 刘小楠主编:《反就业歧视的机制与原理》,法律出版社 2013 年版。

12. 刘小楠主编:《反歧视评论》(第 3 辑),法律出版社 2016 年版。

13. 王治江:《反残疾人就业歧视法律制度研究》,华夏出版社 2014 年版。

14. 冯祥武:《反就业歧视法基础理论问题研究》,中国法制出版社 2012 年版。

15. 阎天编译:《反就业歧视法国际前沿读本》,北京大学出版社 2009 年版。

16. 李子瑾:《禁止歧视:理念、制度和实践》,北京大学出版社 2018 年版。

17. 阎天:《重思中国反就业歧视法的当代兴起》,载《中外法学》2012 年第 3 期。

18. 曹义孙、徐航:《中国制定"反就业歧视法"问题分析》,载《首都师范大学学报》(社会科学版)2015 年第 4 期。

19. 林嘉、杨飞:《论劳动者受到就业歧视的司法救济》,载《政治与法律》2013 年第 4 期。

20. 刘明辉:《论防治职场性骚扰的义务主体》,载《妇女研究论丛》2006 年第 S1 期。

21. 刘明辉:《关注女职工职业禁忌的负面影响》,载《妇女研究论丛》2009 年第 2 期。

22. 张姝:《论就业歧视的狭义界定:我国就业歧视法律规制的起点》,载《当代法学》2011 年第 4 期。

23. 贺东山:《我国反就业歧视立法的缺陷及完善路径——以英国(欧盟)反就业歧视法律规制的环节和依据为鉴》,载《法学杂志》2015 年第 10 期。

24. 李雄、吴晓静:《我国反就业歧视法律规控研究》,载《河北法学》2010 年第 12 期。

25. 庞铁力:《劳动权的平等保护及禁止就业歧视的法律思考》,载《法学杂志》2012 年第 3 期。

26. 赵海军:《论就业歧视的原因及其对策》,载《中国劳动关系学院学报》2007 年第 5 期。

27. 颜三忠、洪萍:《就业歧视及其立法规制》,载《江西社会科学》2004 年第 12 期。

28. 宁立成:《禁止就业歧视的“人本”之维》,载《法学论坛》2009 年第 2 期。

29. 谢增毅:《英国反就业歧视法与我国立法之完善》,载《法学杂志》2008 年第 5 期。

30. 竹文君:《试论就业歧视及其公法规制》,载《河北法学》2004 年第 10 期。

31. 刘晓农、叶萍:《美国、英国的反就业歧视立法及其对我国的启示》,载《江西社会科学》2009 年第 10 期。

32. 林嘉:《论我国就业歧视的法律调控》,载《河南社会科学》2006 年第 5 期。

33. 朱懂理:《促进就业与反歧视研究综述》,载《中国劳动》2004 年第 2 期。

34. 周伟:《从身高到基因:中国反歧视的法律发展》,载《清华法学》2012 年第 2 期。

35. 周伟:《我国就业中年龄歧视的实证研究——以 1995 ~ 2005 年上海和成都两市 30 万份招聘广告为例》,载《政法论丛》2007 年第 3 期。

36. 卢杰锋:《反就业歧视法的保护群体:美国经验及对我国相关立法的再思考》,载《反歧视评论》2016 年第 3 期。

37. 卢杰锋:《职场性骚扰案件证明问题研究》,载《妇女研究论丛》2019 年第 5 期。

38. 卢杰锋:《美国职场性骚扰雇主责任的判例法分析》,载《妇女研究论丛》2016 年第 2 期。

39. 卢杰锋:《就业性别歧视例外审查规则:美国实践及启示》,载《妇女研究论丛》2017 年第 2 期。

40. 卢杰锋:《就业中的性别认同歧视:美国经验及启示》,载《妇女研究论丛》2016 年第 4 期。

二、英文文献

1. Joel W. Friedman and George M. Strickler, *The Law of Employment Discrimination*: *Cases and Materials*(5th Edition), Foundation Press, 2001.

2. Owen M. Fiss, "A Theory of Fair Employment Laws", 38 *U. CHI. L. REV.* 235.

3. Thomas R. Haggard, *Understanding Employment Discrimination*(Second Edition), Lexis Nexis Matthew Bender, 2008.

4. Barbara Lindemann and Paul Grossman (Editor), *Employment Discrimination Law*(4th Edition), BNA Books, 2007.

5. Stephanie Rotondo, *Employment Discrimination against LGBT Persons*, 16 Geo. J. Gender & L. 103(2015).

6. 110. *Cong. Rec.* 2456(1964).

7. Mark Rothstein, Charles Craver, Elinor Schroeder, Elaine Shoben, *Employment Law*(3rd Edition), West Publishing Co., 2005.

8. Isaiah Berlin, "*Two Concepts of Liberty*" *in Four Essays on Liberty*, Oxford University Press, 1969.

9. Kenji Yoshino, "The New Equal Protection", *124 Harv. L. Rev.* 747 (2011).

10. Alan Freeman, "Racism, Rights, and the Quest for Equality of Opportunity: A Critical Legal Essay", *Harvard Civil Rights-Civil Liberties Law Rerview*, Vol. 23.

11. Courtney J. Jefferson, "Gender Confusion: The Need for Effective Legislation to Protect against Gender Identity Discrimination", 39 *U. Balt. L. Rev.* 137, 2009.

12. Jiefeng Lu, "Employment Discrimination in China: Current Situations and Principle Challenges", 32 *Hamline L. Rev.* 133(2009).

13. Jiefeng Lu, "Employment Discrimination Law Research in China: A Reflection on Current Approaches and a Discussion", 4 *Tsinghua China L. Rev.*

107(2012).

14. Jiefeng Lu, "Curb Your Enthusiasm: A Note on Employment Discrimination Lawsuits in China",10 Rich. J. Global L. & Bus. 211(2011).

15. 31 Fed. Reg. 8370(1966).

16. ILO,"Time for Equality at Work,Global Report under the follow-up to the ILO Declaration on Fundamental Principals and Rights at Work",*Report* 1 (*B*),*International Labor Conference*,91*st Session*,*Geneva*,2003.

17. William L. F. Felstiner, Richard L. Abel and Austin Sarat, "The Emergence and Transformation of Disputes: Naming,Blaming,and Claiming", 15 *Law & Soc'y. Rev.* 631(1980-81).

18. Lawrence Baum,*American Courts*: *Process and Policy*(2nd Edition), Boston,Houghton Mifflin(1990).

19. Harold S., Jr. Lewis and Elizabeth J. Norman, *Employment Discrimination Law And Practice*,West Group,Second Edition,2004.

20. Brittany Ems,*Preparing the Workplace for Transition*: *A Solution to Employment Discrimination Based on Gender Identity*,54 St. Louis U. L. J. 1329 (2010).

21. American Psychiatric Association Diagnostic and Statistical Manual of Mental Disorders(4th ed.,2000).

22. Shannon H. Tan, "When Steve Is Fired for Becoming Susan: Why Courts and Legislators Need to Protect Transgender Employees from Discrimination",37 *Stetson L. Rev.* 579(2007).

23. Jill D. Weinberg, "Gender Nonconformity: An Analysis of Perceived Sexual Orientation and Gender Identity Protection under the Employment Non-Discrimination Act",44 *U. S. F. L. Rev.* 1(2009).

24. Jillian B. Berman, "Defining the 'Essence of the Business': An Analysis of Title VII'S Privacy BFOQ after Johnson Controls",67 *U. Chi. L. Rev.* 749(2000).

25. Joel Wm. Friedman, *Employment Discrimination: Examples and Explanations*, *Aspen Publisher*, 2010.

26. Enforcement Guidance: Disability-Related Inquiries and Medical Examinations of Employees under the Americans with Disabilities Act (ADA), 3 Eeoc Compl. Man. 902.

27. EEOC, "ADA Enforcement Guidance: Pre-employment Disability-Related Questions and Medical Examinations", 3 EEOC Compl. Man. 902.

28. Michael J. Zimmer, Charles A. Sullivan, Rebecca Hanner White, *Cases and Materials on Employment Discrimination*, Eighth Edition, Aspen Publishers, 2012.

后　记

2020 年 9 月底,我收到一封来自四川省某市参加当地公务员招考考生的邮件,邮件标题为“尊敬的卢教授,我遇到一个《公务员体检标准》中自相矛盾的问题,涉嫌就业歧视”。该封邮件即刻引起了我的注意。在邮件中,该考生表示自己参加了 2020 年当地的公务员招考,笔试、面试成绩优异,但在之后的体检环节遇到了问题。按照《〈公务员录用体检通用标准(试行)〉实施细则》的规定,“先天性心脏病……等器质性心脏病,不合格”,但“先天性心脏病不需手术者或经手术治愈者,合格”。按照《公务员录用体检操作手册(试行)》的解释,“先天性心脏病不需手术”是指“某些轻型者,如直径小于 0.5cm 的小的房间隔缺损、少量的血液返流、右位心等,临床上无明显症状,不影响生长发育,即使不手术预计日后病情也不会进展,能保持正常心脏生理功能,由专科医院出具能够正常生活、工作和学习、无须手术治疗的诊断证明后,可按合格处理”。该考生的体检结果显示为“直径 0.48cm 的房间隔缺损”,但仍被体检医院以及当地人事主管部门认定为不合格。该考生反映的情况与 2003 年由我和周伟老师一起代理的我国首例乙肝歧视就业歧视案件——“张某某诉安徽省芜湖市人事局乙肝歧视案”,案情十分相似。在该案中,尽管张某某笔试、面试成绩均排名第一,但因乙肝检查阳性,张某某被认定为体检不合格,从而丧失了录用资格。但事实上,即便按照当时安徽省的公务员录用体检标准,张某某的乙肝阳性也不在体检不合格情形之列。后经诉讼,虽然法院最终判决张某某胜诉,认定被告的行为违法,但未能提供有意义的法律救济,因为“录用工作已经结束,相关职位已补录排名第二考生”。10多年后的今天,如何为遭受就业歧视的公务员考生提供有效的法律救济,这个问题似乎还没有得到较好的回答。

2008年实施的《就业促进法》整合了《劳动法》《妇女权益保障法》《残疾人保障法》《传染病防治法》等法律中涉及就业歧视方面的规定,单独设立“公平就业”一章来规制就业歧视问题,并在其第62条明确赋予劳动者针对就业歧视提起诉讼的权利。2018年最高人民法院将“平等就业权纠纷”正式列为民事案件案由,为法院审理就业歧视案件提供了有力支撑。应当说,我国在推进反就业歧视法治构建方面已经有了较好的立法和司法遵循。但在一些更具体和实操层面的问题上,如就业歧视究竟应当如何认定、证明责任如何分配、受害者如何救济、不同形式的歧视之间是否应作区分等,我们还有很多工作要做。

美国是最早通过法律手段规制就业歧视的国家,从20世纪60年代至今的半个多世纪的时间里发展完善了一整套相对完整的涉及就业歧视的理论,积累了较丰富的立法和司法实践经验。在美国联邦法律层面,以《民权法案》第七章为旗舰,结合《就业年龄歧视法案》《平等报酬法案》《康复法案》《美国残疾人法案》等其他立法,构建了涉及种族、肤色、宗教信仰、性别、宗源国、年龄和残疾的反就业歧视保护群体范围。

本书全面分析了美国的反就业歧视法律制度。除较系统地介绍美国反就业歧视立法之外,本书的一大特点,是分析了数量众多的美国法院相关判例。美国各级法院通过这些判例阐述就业歧视案件的司法审查规则。写作本书的目的是希望美国制度中的一些有益经验能为我所用。在本书的写作过程中,周伟教授、Scott Burris教授、刘明辉教授、刘小楠教授等对书中的相关内容提供了宝贵意见和指导,在此表示感谢。也感谢法律出版社陈妮、黄等编辑为本书的文字编辑付出的辛勤劳动。最后,感谢我的家人在本书写作过程中给予的关心、理解和支持。囿于作者水平,本书难免存在错误和不足,望读者批评指正。

卢杰锋

2021 年 1 月 22 日于北京

图书在版编目(CIP)数据

美国反就业歧视法律制度研究：原理与案例／卢杰锋著. -- 北京：法律出版社，2021
(贸大法学学术文库)
ISBN 978 - 7 - 5197 - 5102 - 9

Ⅰ. ①美… Ⅱ. ①卢… Ⅲ. ①劳动就业－劳动法－研究－美国 Ⅳ. ①D971.225

中国版本图书馆 CIP 数据核字(2020)第 218198 号

美国反就业歧视法律制度研究：原理与案例
MEIGUO FAN JIUYE QISHI FALÜ ZHIDU YANJIU: YUANLI YU ANLI

卢杰锋 著

策划编辑 陈 妮
责任编辑 陈 妮 黄 筝
装帧设计 马 帅

出版 法律出版社
总发行 中国法律图书有限公司
经销 新华书店
印刷 固安华明印业有限公司
责任校对 王 丰 郭艳萍 李景美
责任印制 吕亚莉

编辑统筹 法治与经济出版分社
开本 710 毫米×1000 毫米 1/16
印张 19.5
字数 291 千
版本 2021 年 5 月第 1 版
印次 2021 年 5 月第 1 次印刷

法律出版社／北京市丰台区莲花池西里 7 号(100073)
网址／www.lawpress.com.cn
投稿邮箱／info@lawpress.com.cn
举报维权邮箱／jbwq@lawpress.com.cn
销售热线／400 - 660 - 8393
咨询电话／010 - 63939796

中国法律图书有限公司／北京市丰台区莲花池西里 7 号(100073)
全国各地中法图分、子公司销售电话：
统一销售客服／400 - 660 - 8393/6393
第一法律书店／010 - 83938432/8433
西安分公司／029 - 85330678
重庆分公司／023 - 67453036
上海分公司／021 - 62071639/1636
深圳分公司／0755 - 83072995

书号：ISBN 978 - 7 - 5197 - 5102 - 9
定价：96.00 元
(如有缺页或倒装，中国法律图书有限公司负责退换)